新编高职体育教程

主编 钱红军 沈 震
主审 孙开宏

苏州大学出版社

图书在版编目（CIP）数据

新编高职体育教程/钱红军，沈震主编. —苏州：苏州大学出版社，2022.8（2025.6 重印）
ISBN 978-7-5672-4009-4

Ⅰ.①新… Ⅱ.①钱… ②沈… Ⅲ.①体育－高等职业教育－教材 Ⅳ.①G807.4

中国版本图书馆 CIP 数据核字（2022）第 111072 号

书　　名：	新编高职体育教程
	XINBIAN GAOZHI TIYU JIAOCHENG
主　　编：	钱红军　沈　震
责任编辑：	周建兰
装帧设计：	吴　钰
出版发行：	苏州大学出版社（Soochow University Press）
社　　址：	苏州市十梓街1号　邮编：215006
印　　刷：	丹阳兴华印务有限公司
邮购热线：	0512-67480030
销售热线：	0512-67481020
开　　本：	787 mm×1 092 mm　1/16　印张：18　字数：421千
版　　次：	2022年8月第1版
印　　次：	2025年6月第3次修订印刷
书　　号：	ISBN 978-7-5672-4009-4
定　　价：	49.00元

若有印装错误，本社负责调换
苏州大学出版社营销部　电话：0512-67481020
苏州大学出版社网址　http://www.sudapress.com
苏州大学出版社邮箱　sdcbs@suda.edu.cn

《新编高职体育教程》编写组

主　编　钱红军　沈　震

主　审　孙开宏

副主编　夏　淼　董秀华　吴小红
　　　　张立军　张　哲　高松贤

编　委　张　鑫　孙金鑫　陈　俊
　　　　王　涛　秦　军　张燕红
　　　　江　磊　徐春泉　徐雄飞
　　　　李　烽　洪程阳

前 言

著名教育家马约翰教授所说:"体育是培养健全人格的最好工具。"事实上,体育既是素质教育的重要内容,又可以通过育体进而全面育人。参与体育运动不仅能够强身健体,而且能够陶冶情操、启迪智慧、壮美人生,甚至对人的意志品质、自信心、心理调节能力及健康生活方式的培养等,都有着不可或缺的作用。教育兴则国家兴,教育强则国家强。在开启全面建设社会主义现代化国家新征程中,党和国家事业发展对教育的需要,对科学知识和优秀人才的需要,比以往任何时候都更为迫切。实现教育大国向教育强国迈进,是我们高等教育工作者不变的初心。高等职业教育是我国高等教育的重要组成部分,肩负着为经济社会建设与发展培养高层次技术应用型人才的使命。

高职院校公共体育课程是以身体练习为主要手段,通过对体育与健康知识、技能、方法的学习和科学的体育锻炼,掌握体育知识与技能、增强体质、增进健康,培养体育素养与健全人格,并以促进学生职业身心素质发展为主要目的的公共必修课程。要加强高职院校体育工作,树立"立德树人、健康第一"的教育理念,帮助学生在体育锻炼中享受乐趣、增强体质、健全人格、锤炼意志。这对于促进学生的身心健康、提高学生的体育文化素养、提升学生的整体素质具有十分重要的意义。根据中共中央办公厅、国务院办公厅印发的《关于全面加强和改进新时代学校体育工作的意见》,国务院办公厅印发的《体育强国建设纲要》,国务院印发的《全民健身计划(2021—2025年)》,国家体育总局、教育部印发的《关于深化体教融合 促进青少年健康发展的意见》,国家教育委员会、国家体育运动委员会发布的《学校体育工作条例》,教育部印发的《全国普通高等学校体育课程教学指导纲要》等文件,我们本着全面贯彻党的教育方针,落实"为党育人、为国育才"的精神编写了《新编高职体育教程》。

本教材紧扣"立德树人"的教育根本任务和"健康第一"的指导思想。健康是人类社会发展的永恒主题。大学阶段是接受健康教育的最佳时期,向大学生传授生理、心理、社会适应力等方面的健康新理念,让大学生掌握一至两项运动技能,培养其终身体育锻炼意识,使其终身受益。深入挖掘体育运动的文化价值,加强课程思政建设,让新时代大学生在体育教育和运动技能学习过程中,更好地践行社会主义核心价值观和学习中华民族的优秀传统文化,坚定为实现中华民族的伟大复兴贡献自己的青春和力量。

本教材紧扣"三教"改革和"三全"育人模式实践探索。教材是教师"教"和学生"学"的主要工具,是教师教书育人工作的具体依据,是学生获得系统知识、发展智力、提高思想品德觉悟的知识载体。在体育教学过程中,课堂教学与课后锻炼、课余训练融为一体的"俱乐部"教学模式是大学体育改革的方向。本教材大量应用信息化、可视化教学手段，教育过程中基本实现了线上、线下、课前、课中、课后相结合的教学模式，不断丰富阳光体育运动新内涵，传授给学生更多的锻炼身体的方法，让学生在业余时间也能参与体育锻炼和休闲运动，养成终身体育的习惯。

  本教材紧扣新时代职业教育的特征。在全面建设社会主义现代化国家新征程中，力求培养更多高素质技术技能型人才、能工巧匠、大国工匠。高等职业院校体育教育工作积极围绕学生工匠精神和精益求精习惯的养成，与专业教育相结合，与职业素质教育相适应，关注不同职业岗位对身心素质和体育文化素养的要求；结合各专业特点，充分利用体育教育的手段，为培养新时代高素质技术技能型人才、实现当代大学生德智体美劳全面发展，为全面建设社会主义现代化国家、实现中华民族伟大复兴的中国梦提供有力人才和技能支撑。

  本教材历经院系及编写团队多次论证，并以此前《高职体育教程》为基础，对其内容进行了全面修订、更新，既生动地介绍体育与健康的知识、技能，又在传统体育运动项目的基础上增加了当代大学生喜闻乐见的一些课外休闲运动项目，丰富了课外阳光体育运动的内容和形式，融系统性、针对性和可操作性为一体，并编配了丰富的二维码数字资源。本书既可以作为学生学习与拓展的体育教材，也可以作为体育爱好者的参考书。当然，教材的功能是可发展的，教材的作用须通过师生共同挖掘方能最终实现。因此，期望本教材能引起大学生们的阅读关注，并希望大学生们能给予我们反馈的声音；也期望相关专家学者、高校体育教师等提出改进的意见。

  在编写本教材的过程中，我们引用了相关专著、教材等文献资料，得到了相关单位领导、专家、老师的支持和帮助，限于篇幅，恕不一一列出，在此一并表示诚挚的感谢！

  高职体育的教育和研究的路还很长，我们还需要继续学习，不断探索！

Contents 目录

第一部分 体育理论篇

第一章 校园体育文化 ……………………………………………………（1）
  第一节 校园体育文化的概念及内容 ……………………………（1）
  第二节 校园体育文化的特征 ……………………………………（3）
  第三节 校园体育文化的功能 ……………………………………（3）

第二章 健康与体育 ………………………………………………………（5）
  第一节 健康与亚健康 ……………………………………………（5）
  第二节 体育运动与营养 …………………………………………（8）
  第三节 体育运动与保健 …………………………………………（12）
  第四节 体育运动与医务监督 ……………………………………（18）

第三章 大学生体质健康评价 ……………………………………………（29）
  第一节 实施《国家学生体质健康标准》的重要意义 …………（29）
  第二节 《国家学生体质健康标准》摘录 ………………………（31）
  第三节 《国家学生体质健康标准》测试成绩评价与应用 ……（37）
  第四节 《国家学生体质健康标准》测试的操作方法 …………（38）

第四章 大学生体适能 ……………………………………………………（42）
  第一节 体适能概述 ………………………………………………（42）
  第二节 健康体适能对大学生的影响 ……………………………（44）
  第三节 健康体适能运动指南 ……………………………………（45）

第二部分 运动实践篇

第五章 田径运动 …………………………………………………………（47）
  第一节 田径运动概述 ……………………………………………（47）

第二节　跑 …………………………………………………………（48）
　　第三节　跳跃 ………………………………………………………（52）
　　第四节　投掷 ………………………………………………………（55）
　　第五节　田径比赛的观赏 …………………………………………（56）

第六章　足球运动 ………………………………………………………（58）
　　第一节　足球运动概述 ……………………………………………（58）
　　第二节　足球运动基本技术 ………………………………………（59）
　　第三节　足球运动基本战术 ………………………………………（66）
　　第四节　足球比赛主要规则 ………………………………………（68）

第七章　篮球运动 ………………………………………………………（71）
　　第一节　篮球运动概述 ……………………………………………（71）
　　第二节　篮球运动基本技术 ………………………………………（72）
　　第三节　篮球运动基本战术 ………………………………………（79）
　　第四节　篮球比赛主要规则 ………………………………………（82）

第八章　排球运动 ………………………………………………………（85）
　　第一节　排球运动概述 ……………………………………………（85）
　　第二节　排球运动基本技术 ………………………………………（86）
　　第三节　排球运动基本战术 ………………………………………（90）
　　第四节　排球比赛主要规则 ………………………………………（92）

第九章　气排球运动 ……………………………………………………（95）
　　第一节　气排球运动概述 …………………………………………（95）
　　第二节　气排球运动基本技术 ……………………………………（96）
　　第三节　气排球运动基本战术 ……………………………………（100）
　　第四节　气排球比赛主要规则 ……………………………………（102）

第十章　乒乓球运动 ……………………………………………………（106）
　　第一节　乒乓球运动概述 …………………………………………（106）
　　第二节　乒乓球运动基本技术 ……………………………………（107）
　　第三节　乒乓球运动基本战术 ……………………………………（120）
　　第四节　乒乓球比赛主要规则 ……………………………………（121）

第十一章　羽毛球运动 …………………………………………………（125）
　　第一节　羽毛球运动概述 …………………………………………（125）
　　第二节　羽毛球运动基本技术 ……………………………………（126）

第三节　羽毛球运动基本战术 …………………………………………… (133)
　　第四节　羽毛球比赛主要规则 …………………………………………… (135)

第十二章　网球运动 …………………………………………………………… (139)

　　第一节　网球运动概述 …………………………………………………… (139)
　　第二节　网球运动基本技术 ……………………………………………… (140)
　　第三节　网球运动基本战术 ……………………………………………… (146)
　　第四节　网球比赛主要规则 ……………………………………………… (147)

第十三章　武术运动 …………………………………………………………… (149)

　　第一节　武术运动概述 …………………………………………………… (149)
　　第二节　武术运动基本技术 ……………………………………………… (151)
　　第三节　武术运动套路 …………………………………………………… (157)
　　第四节　散打与防身术 …………………………………………………… (170)

第十四章　健身气功 …………………………………………………………… (182)

　　第一节　健身气功概述 …………………………………………………… (182)
　　第二节　健身气功功法介绍 ……………………………………………… (184)
　　第三节　健身气功竞赛规则 ……………………………………………… (188)

第十五章　舞龙舞狮运动 ……………………………………………………… (193)

　　第一节　舞龙舞狮运动概述 ……………………………………………… (193)
　　第二节　舞龙运动基本技术 ……………………………………………… (194)
　　第三节　舞龙运动比赛规则 ……………………………………………… (198)
　　第四节　舞狮运动的分类 ………………………………………………… (199)

第十六章　跆拳道运动 ………………………………………………………… (202)

　　第一节　跆拳道运动概述 ………………………………………………… (202)
　　第二节　跆拳道运动基本技术 …………………………………………… (203)
　　第三节　跆拳道比赛主要规则 …………………………………………… (210)

第十七章　健美操运动 ………………………………………………………… (213)

　　第一节　健美操运动概述 ………………………………………………… (213)
　　第二节　健美操运动基本动作 …………………………………………… (215)
　　第三节　健美操运动成套动作 …………………………………………… (218)
　　第四节　健美操比赛规则 ………………………………………………… (225)

第十八章　瑜伽运动 ……………………………………………………………（228）

  第一节　瑜伽运动概述 …………………………………………………………（228）

  第二节　瑜伽运动基本动作 ……………………………………………………（229）

  第三节　瑜伽运动饮食、准备及注意事项 ……………………………………（234）

第十九章　形体训练 ……………………………………………………………（237）

  第一节　形体训练概述 …………………………………………………………（237）

  第二节　形体训练的基本内容、要求及基本动作 ……………………………（239）

第二十章　体育舞蹈 ……………………………………………………………（242）

  第一节　体育舞蹈概述 …………………………………………………………（242）

  第二节　体育舞蹈基础知识 ……………………………………………………（243）

  第三节　摩登舞和拉丁舞 ………………………………………………………（245）

  第四节　体育舞蹈比赛主要规则 ………………………………………………（247）

第二十一章　游泳运动 …………………………………………………………（250）

  第一节　游泳运动概述 …………………………………………………………（250）

  第二节　游泳运动基本技术 ……………………………………………………（251）

  第三节　游泳比赛的观赏 ………………………………………………………（255）

  第四节　游泳安全与救护方法 …………………………………………………（255）

第三部分　课外拓展篇

第二十二章　休闲娱乐类运动 …………………………………………………（258）

  第一节　街舞运动 ………………………………………………………………（258）

  第二节　飞镖运动 ………………………………………………………………（260）

  第三节　台球运动 ………………………………………………………………（262）

  第四节　旱地冰壶运动 …………………………………………………………（265）

第二十三章　户外拓展类运动 …………………………………………………（267）

  第一节　轮滑运动 ………………………………………………………………（267）

  第二节　滑板运动 ………………………………………………………………（270）

  第三节　微马运动 ………………………………………………………………（271）

  第四节　定向越野运动 …………………………………………………………（273）

第一部分 体育理论篇

第一章 校园体育文化

第一节 校园体育文化的概念及内容

一、校园体育文化的概念

体育文化是指关于人类体育运动的物质、制度、精神文化的总和。大学校园体育文化是指在大学这一特定的区域范围里，人们在历史实践过程中所创造出的精神财富和物质财富的总和。

校园体育文化是体育文化的子系统、亚文化，它是以大学生为主体，以课外体育文化为主要内容，以校园为主要空间，以校园精神为主要特征的一种群体文化。它涵盖了校园体育物质文化、行为文化和精神文化的内容。

二、校园体育文化的内容

校园体育文化的物质、行为、精神文化层面虽各有重点，但有着相互依存、渗透、制约、推动的关系，由内到外逐步深入，构成一个有机的整体。校园体育文化的各层面之间既有联系又有区别。

（一）校园体育物质文化的内容

校园体育物质文化包含校园里的体育建筑雕塑、场地、器材等，是校园体育文化的载体，也是大学生进行体育锻炼不可缺少的物质基础，更是校园体育文化建设的前提条件。

校园体育物质文化包括以下几个方面：一是校园体育标志。通常指校园内体育标志性建筑物、体育吉祥物、运动服饰、大学体育图标。有着悠久历史文化的大学校园通常都有承载学校历史与使命、体现大学文化精神的体育标志，并希望以此激励学校的持续发展。二是校园体育环境，包括自然环境、体育建筑风格、体育建筑布局、体育建筑雕塑等。校园体育环境的建设渗透着学校的人文气质和体育传统。三是校园体育场馆和器材设备，这是校园体育文化发展的基础和保障。校园体育活动的开展，包括体育教学、群众体育与校内体育竞赛、运动训练与竞赛、大型体育文化活动等，均离不开学校基础体育物质设施的支持。这些物质设施包括体育馆、体育场、体育器材、体育比赛器械等。

（二）校园体育行为文化的内容

校园体育行为文化形态是大学校园体育文化的活动表现，主要体现为师生的体育习惯、体育风气、体育传统、体育方式、体育活动质量和体育流向，以及校园体育在学校各项活动中的地位等。大学生在行为文化下建立良好的师生关系和同学关系，相互尊重，团结友爱，积极向上，不歧视、不排斥，培养一个良好的体育集体，创造一个良好的人际环境。

首先，大学体育是大学生的必修课，是校园体育的最重要内容之一。当前大部分大学的体育必修课程安排在大学一、二年级，部分大学采取学分制管理办法。在规定的选课时间内，大部分大学生实行"三自主"体育选课模式，即大学生可以在规定资源内任选上课内容、上课时间和任课老师。除了体育必修课外，各大学均为大学生安排了健身性、娱乐性、休闲性更强的体育选修课。

其次，校内外体育竞赛、课余运动训练、学校大型体育文化活动为广大师生提供了表现自己、展现个性、表演运动技能的舞台。

再次，大学体育社团建设情况能够反映出校园体育行为文化水平。体育社团文化建设的好坏直接影响到教师、员工，尤其是大学生体育综合素质的培养和提高。体育社团文化建设的多样性与丰富性能极大地调动师生体育运动的积极性。丰富多彩的体育社团活动，种类齐全的体育社团类别，浓厚的体育社团文化氛围，都在直接或间接地影响着校园每个个体的体育思想意识与体育行为举止，体育运动中的交际与沟通能力、组织管理与协调能力、团结与合作能力等。

最后，校园体育行为文化还包括大学生的个体健身活动。大学生个体健身活动具有自发性、自觉性，它能够有效地培养大学生的体育健身意识，有利于大学生体育健身习惯的养成。但是由于缺乏组织、管理和指导，如果引导不当，大学生不良的体育行为文化会导致大学生体育行为的异化。例如，运动场上的突发事故、比赛场上的暴力冲突，以及体育课堂中学生之间的敌视等不文明行为。触发这些行为的原因不一，学习压力、感情的变故、报复心理、竞争压力等都会成为行为异化的原因。这些行为具有一定的突发性，很多在发生前没有任何的先兆。当前体育行为文化建设的重点之一就是去竭力预防和制止这类行为的发生。

（三）校园体育精神文化的内容

校园体育精神文化形态是校园体育文化的灵魂所在，主要反映在体育的价值观念、对体育的态度、道德风尚、体育知识等方面，涉及学生的理想追求、观念转变、道德修养、人格塑造、行为自律、纪律约束等各个方面。它一经形成，就成为学生的向心力和凝聚力，有明确的指向性，影响和规范每个学生的思想和行动，决定他们的价值取向和思想品质的形成，并成为激励大学生奋发向上的精神力量。因此，强化和弘扬良好的体育精神文化是校园体育文化建设的核心和宗旨。

第二节 校园体育文化的特征

校园体育文化特征是指校园体育文化区别于其他文化的、特有的、独立的典型特质。

一、校园体育文化的内隐性

校园体育文化是以间接、内隐的方式呈现的。它通过无意的、非特定心理反应机制影响大学生，大学生在体育文化环境中学习、生活，在不知不觉中接受体育文化信息，并受到感染、熏陶，潜移默化地形成了文化的心理积淀，并逐渐内化为自己的行为方式。

二、校园体育文化的独立性

校园体育文化是校园里的人群共同参与体育活动所形成的一种文化。它有着特殊的主体和环境，这个主体具有较高的知识水平，在接受传统体育精神和物质文化的同时，还能主动吸取世界优秀体育文化的精髓，并逐步创造、发展具有特色的校园体育文化。

三、校园体育文化的多样性

校园文化的优势注定了校园体育文化的多样性，无论是体育精神文化、体育行为文化，还是体育物质文化，都极为丰富多彩。以人为本，注重学生个性培养的体育教育指导思想，使个性鲜明的体育文化主体得以充分展示个体的创造性、独立性和自主性，因而极大地丰富了校园体育文化的内容。

四、校园体育文化的娱乐性

校园体育文化的魅力就在于娱乐，娱乐性是校园体育文化所具有的重要特征。校园体育文化作用于人的情感世界，具有很强的教化作用，有着鲜活生动的活动内容，在潜移默化中影响着参与者和欣赏者，净化人的心灵，提升人的品格。不同的活动项目、不同的组织形式会给人带来不同的愉悦之情。参与过程激动人心，结果会随着参与者的不断努力而产生变化，最终不可预测的结果会给人带来无限的刺激，吸引着参与者和欣赏者，从而达到娱乐身心、消除疲劳、锻炼身体的目的。

五、校园体育文化的实践性

校园体育文化最突出的特点是实践性，即身体活动。身体活动在校园体育文化中表现出强烈的人的生物属性，同时又具有鲜明的人文精神。所有身体活动都需要亲自参与，这为师生提供了一个自由、平等、有效的交流舞台，在这个平台上依靠个人与个人、个人与集体或集体与集体的互动协作，来完成每个项目，而参与者在任何项目中都必定扮演某个角色，在每个环节中都必须发挥出自己的能力、特长，通过不断地相互配合，齐心协力，取得最后的成功。

第三节 校园体育文化的功能

一、教育功能

校园体育文化的教育功能主要表现在其潜移默化、耳濡目染、暗示性和渗透性上。

这种教育形式不同于教师教、学生学的单项为主的课堂教育，它是在具体可感的体育活动中，通过统一的规则、规范的行为、严密的组织和一些约定俗成的规定，是参与者和观赏者自觉或不自觉地接受校园体育文化的教育，并逐步内化为行为、习惯、意识的教育过程。另外，校园体育文化教育能消除某些正面教育所引起的逆反心理，收到有些正面教育所不能收到的效果。总之，校园体育文化所产生的效应，无疑会使学校成员自觉地将自己与学校融为一体，形成强烈的责任感和使命感，产生激励、进取、令人振奋、催人向上的教育力量。

二、情操陶冶功能

校园体育文化可以理解为一种校园精神的环境和文化氛围，其作用是通过体育文化氛围的营造来陶冶大学生的情操，规范大学生的行为。校园体育文化活动通过整体环境、文化氛围、实践活动、激励机制等影响和教育广大学生，使他们积极主动地投入这一环境和氛围中，既从中学到知识，又丰富生活；既锻炼组织能力，又培养合作精神和竞争意识。人体的健康美、形体美、姿态美是长期运动的结果。高雅的校园体育文化活动所带来的语言美、行为美、心灵美等，对于培养大学生感受美、鉴赏美、表现美和创造美的能力具有特殊的、不可替代的作用。

三、心理疏导功能

大学校园体育文化活动以其固有的竞争性、娱乐性、艺术性，丰富大学生的精神生活，使他们在紧张的学习之余获得愉快的心理体验。大学校园体育文化活动产生的精神氛围可以帮助大学生消除心理上和情绪上的自我干扰和互相摩擦，减少内耗，协调人际关系。

四、社会实践功能

校园体育文化活动加强了大学生之间的交流，使他们逐步积累不同的角色体验和经验，扩大人际交往圈，既能增进同学之间的友谊，又能使其逐步学会自我管理，不断增强自主、自强意识，提高独立生活、组织管理和社会活动等方面的能力，提升社会责任感。

五、导向功能

大学校园体育文化的导向功能是指以先进、合理的体育文化价值取向，引导师生的体育生活方式向合乎人类理想的方向发展，引导师生的体育意识和锻炼行为方式，使其主动地适应健康的、全面发展的个人和社会需求。

校园体育文化的导向功能主要通过明确人的全面发展目标，倡导体育运动价值取向，建立体育锻炼和体育活动的参与规则和规章制度。同时，校园体育文化的导向功能还体现在对大学所在的地域甚至是全社会的体育理念、体育价值观和大众体育发展的潮流发挥导向作用。

思考题

1. 简述校园体育文化的概念。
2. 校园体育文化具有哪些特征？

第二章

健康与体育

第一节　健康与亚健康

一、健康的概念

（一）对健康的认识

健康是人类的基本需求之一，是每个人所渴望和追求的。随着医学科学的发展，特别是医学和心理学的结合，这一概念所包含的内涵正在逐步演变。

古代的人们，对于患病和不幸，认为是看不到外形的神和恶魔发怒的结果。当时，人们就是依靠这种信仰来进行防病和治病的。这就是古代人们对健康的认识。

在古希腊、古罗马时代，具有良好的体格和健壮的体力被认为是健康的象征。

到了近代（公元16—17世纪），自然科学研究空前繁盛，人们重视观察和实验，掌握了解剖学和生理学等方面的知识，能从人体的构造和机能去研究健康。

以往国外也有学者认为健康有三个条件，即"吃得快，便得快，睡得快"，就是说，一个人健康的标志是要食欲好，消化能力强，神经系统运行好，能按时就寝，从不失眠。然而，这种对健康概念的理解还不够全面。根据世界卫生组织对健康概念的解析，一些学者提出，判断健康的基本标准，应加上"说得快"和"走得快"。"说得快"即思维敏捷，反应快，能迅速、准确地接收和理解并回答对方提出的问题。"走得快"即有活力、有精神、有力量，说明运动功能及神经协调功能良好。为了让人们对健康的内涵有更直观、更深刻的理解，世界卫生组织于1999年提出了机体健康的"五快"和精神健康与社会交往方面健康的"三良好"。"三良好"即良好的个性人格、良好的处世能力和良好的人际关系。

从上面的表述我们知道，人们对健康的认识和对健康概念的确定有一个历史过程，在不同的历史时期，人们对健康有不同的认识和理解，并表现出一定的局限性。

人类已经步入21世纪，对健康的认识首先体现了大健康观，突破了只注重生理健康的局限，并将个体健康扩展到群体健康、整个人类的健康。

世界卫生组织根据对社会发展和人类自身需要的研究，提出了权威的健康概念，即"健康不仅仅是没有疾病和不虚弱，而是生理方面、心理方面和社会方面都处于一种安宁完好的状态"。

（二）健康与寿命

人类的寿命随着时间的推移、社会的发展、科学技术的飞跃与人们健康知识水平的提高而不断地延长着。

日本家薄丰氏提出推算人的寿命的方法，即所谓"寿命系数"学说，指出寿命系数为5~7，哺乳动物寿命（岁）=生长期（岁）×寿命系数。例如，人的寿命为25×5~25×7岁，即125~175岁。

也有的科学家以性的成熟期作为推算寿命的方法：哺乳动物寿命=性成熟期×（8~10）。人类的性成熟期约14岁，则人的寿命为14×8岁~14×10岁，即112~140岁。

从这些科学的推算可知，人的寿命是完全可以超过100岁的，问题在于如何使自己达到生理与心理上的健康标准。

（三）健康标准

世界卫生组织提出的健康标准如下：

(1) 精力充沛，能从容不迫地应对日常生活和工作的压力而不感到过分紧张。
(2) 处事乐观，态度积极，乐于承担责任，事无巨细不挑剔。
(3) 善于休息，睡眠良好。
(4) 应变能力强，能适应环境的各种变化。
(5) 能够抵抗一般性感冒和传染病。
(6) 体重得当，身体均匀，站立时头、肩、臂位置协调。
(7) 眼睛明亮，反应敏锐，眼睑不发炎。
(8) 牙齿清洁，无空洞，无痛感；齿龈颜色正常，不出血。
(9) 头发有光泽，无头屑。

（四）运动与健康

没有运动就没有生命。有人曾在动物身上做过一个实验：将兔子、乌鸦和夜莺在很小的时候就关进笼子，从外表上看，这些动物长大后似乎发育正常。然而，当将它们放出笼子后，令人吃惊的情景出现了：兔子刚跑几步便倒下死去；乌鸦在天空飞了半圈就一头栽下；夜莺欢唱了几声就死去了。实验者对这些动物死亡的原因进行了解剖分析，发现兔子和夜莺死于心脏破裂，乌鸦则死于动脉撕裂。显而易见，这是由于它们长期不运动，从而导致内脏器官发育不良，一旦激烈运动就不能适应。

国外对人也做过类似的实验：将若干20~30岁的健康男子分成两组，要求第一组被试者20天里一直躺着，不许他们起坐、站立，第二组被试者也接受同样的规定，所不同的是他们可以在专门的器械上锻炼4次。20天的实验结束后，第一组被试者感到头昏眼花、四肢乏力、心慌气短、肌肉酸痛和不想吃饭；第二组被试者依然有一定的活动能力，身体反应也没有第一组被试者那样剧烈。

动物和人的实验均表明，人如果没有运动就没有生命，运动得少，生命力就弱。要保持旺盛的生命力，就应该进行有规律的体育锻炼。

二、亚健康现象

所谓亚健康，是指处于健康与非健康之间的一种灰色状态。进入这一状态的人群主要表现为：具有似疼非疼的感觉、睡眠障碍、身心疲劳、便秘、性功能障碍、注意力不集中、神经衰弱、焦虑、恐惧等多种身心障碍，如不及时调解诊治，很有可能会发病，危害身体健康。

（一）对亚健康的认识

中医认为，亚健康的发病多因七情内伤，加之劳倦、饮食、生活不洁等导致体内阴阳平衡失调，升降失常，气血津液、脏腑经络功能紊乱，出现心脾气血两亏、脾虚湿盛、肝郁气滞、气滞血淤、肝肾阴亏等，如不加以调整，任其进一步发展，将引起肝脏气血功能失调，导致气滞、血淤、痰湿、郁久化热，进而出现热、淤、虚等一系列的病理变化。

（二）产生亚健康的原因

1. 情志因素

中医认为，喜、怒、忧、思、悲、恐、惊七情过极或持久作用会使脏腑气血功能失常，称为七情内伤。《黄帝内经·灵枢·口问》指出，"心者，五脏六腑之主也……故悲哀愁忧则心动，心动则五脏六腑皆摇"，说明心神是人体的主宰，强调情志因素是影响机体的因素。《黄帝内经·灵枢·百病始生》曰，"喜怒不节则伤脏"，伤及脏腑的具体表现有"怒伤肝，喜伤心，思伤脾，悲伤肺，恐伤肾"。这说明情志因素直接作用于机体脏腑，引起人体的生理变化，导致机体活动的改变。临床上尤以心、肝、脾失调多见，如思虑劳神过度，常损心脾，导致心脾气血两虚，出现神志异常等。郁怒伤肝，怒则气上，血随气逆，可出现肝郁气滞、气滞血淤等症。

2. 起居无常、劳逸过度因素

起居无常，劳逸过度，也是导致亚健康发生的重要原因。亚健康状态属于中医"虚"的范畴，其中又分表虚、里虚、虚实夹杂等类型。表虚多为患者抵抗力不足，营卫不和，体虚自汗，中气不足，肌腠不密，容易导致外邪侵袭，邪气入里致病；里虚多为先天不足，脏腑虚弱，加之调养不当，导致五脏六腑的虚损而致病；虚实夹杂以虚中夹郁多见，多发于女性，这与女性大多先天性格怯弱、多愁善感，一旦病邪困扰，就会抑郁不舒、心神不安、情致受伤、肝气郁结、气血郁阻、气机不畅有关。

（三）大学生亚健康状况

大学阶段是人生发展的关键时期，大学生心理活动复杂多变，心理矛盾和冲突强烈，能否处理好各种矛盾，调节好自己的心理，直接影响着大学生的成长和成才。有关部门对20所大学进行的调查发现，近40%的大学生有体虚、易疲劳、失眠、注意力不易集中、情绪不稳定等亚健康状况；某大学在对近年来休学学生的分类统计中发现，其中近50%是由于精神或神经方面的问题造成的；又有某大学精神学教研室教师对来求询的大学生病例进行分析发现，以神经症性障碍者为大多数，占69.4%（抑郁、失眠、强迫、焦虑等），人际问题和适应环境问题占14.5%。许多大学生因承受能力差、情绪脆弱、神经衰弱等原因而导致退学与休学，大学生的轻生自杀现象时有发生，给国家、学校、学生家庭及个人都造成了很大损失。

（四）亚健康的防治

现代理论研究认为，精神性疾病、机能性疾病、内分泌系统疾病、免疫性疾病，包括很多器质性疾病，如心脑血管疾病、消化性疾病及肿瘤等，均与情感因素、遗传因素、环境因素有关。而导致亚健康状态的也正是这些病因，它们有共同的病理基础。故医学界提出，亚健康是众多现代疾病的先导。防治亚健康状况，应从心理、行为、生活方式等各个环节切入，使心身交互作用，阻断亚健康向临床病变发展，从真正意义上提高个人的生活质量。

体育最大的特点就是以身体练习为基本手段。适量的体育锻炼不仅能改善人体的循环系统，增强呼吸系统的功能，促进新陈代谢，增强体质，增加食欲，促进睡眠，而且它还通过改善人体心理和身体功能两个途径起作用。据有关专家论证，人在运动时，脑的左半球逐渐受到抑制，而右半球逐渐活跃，进而取得支配的地位，正是这种大脑的兴奋与抑制区域的变化，促进了人的情绪高涨。也就是说，在运动中，人体通过大脑的整合和认知，调节人体的生理唤醒水平，从而缓解单一的紧张状态。比如，健美操、武术等项目，随着音乐的变化及富有竞争协作的团队群体气氛，大学生能充分地体验到人性美的一面，树立积极向上的人生观，也培养了大学生对自己情感的控制能力和遇到困难、挫折百折不挠的承受能力。有关专家曾对大学生健康状况与参加体育活动的关系的调查分析表明：经常参加体育运动的大学生其焦虑水平相对较低，与不经常参加体育运动的大学生存在着非常显著的差异。此外，防治亚健康还可以采用中医的推拿针灸治疗、中药治疗，以及心理治疗、音乐治疗等方法。

第二节　体育运动与营养

营养是人类为维持生命与健康、保证生长发育和从事各项活动而摄取、利用食物的综合过程。营养是人类生存的基本条件，它与健康有着密切的关系。合理的营养意味着机体能够获得足够的保持身体健康所必需的各种营养物质，是增进身体健康、增强体能、提高工作效率、预防疾病的重要物质基础；而营养过剩或营养不均衡所致的慢性疾病则已成为使人类丧失劳动力和死亡的重要原因。

一、平衡膳食

（一）平衡膳食的概念

平衡膳食或健康膳食，是指符合人体卫生要求的膳食。平衡膳食的质和量都能满足人体生理状况、生活环境、劳动条件及一切活动的需要。平衡膳食由多种食物构成，它提供足够数量的热能和各种营养素，满足人体正常生理需要，而且保证了各种营养素之间数量的平衡，以利于消化、吸收和利用。

存在于食物中为身体健康所必需的营养素，可分为以下7类：糖类、脂类、蛋白质、维生素、无机盐、水和食物纤维。糖类、脂类和蛋白质的主要营养功能是提供热能、构成机体组织；维生素、无机盐和水的营养功能则在于调节物质代谢、维持细胞功能、保证生理机能，虽然其不能作为供能物质来释放热量，但糖类、脂类、蛋白质的分解和利用离不开它们的参与。

目前，我们已进入了一个科学技术高度发展、高度分工的社会。体力活动的逐渐减少和膳食品种的日益丰富，一方面使我们体内的能量代谢过程减慢，体内能量的消耗减少；另一方面热量、糖、脂肪等与某些疾病有密切关系的物质则在体内堆积增多，从而造成被人们称为"现代文明病"的心血管疾病、高血压、糖尿病、肥胖病及癌症等疾病的发病率逐年上升，并已成为现代社会中危及人类生命的最主要杀手。对此，我们可以通过改变饮食、调整营养结构、提供符合卫生和健康要求的平衡膳食，有效地予以遏制，以减少这些疾病的发生。

（二）平衡膳食的饮食指导

供给平衡膳食，应包括以下几类食物：谷类、食用脂肪类、肉类（肉、鱼、蛋）、根茎薯类、奶类（或奶制品）、水果和蔬菜类。而各类食物的数量及质量，应根据不同年龄、性别、职业、身体状况及气候、季节、环境的变化合理调配。

中国营养学会于1989年10月24日通过了"中国居民膳食指南"，以简明通俗的语言对我国居民的膳食提出了建议，内容主要为：食物要多样，饥饱要适当，油脂要适量，粗细粮要搭配，食盐要限量，甜食要少吃，饮酒要节制，三餐要合理。

经数年的实践后，中国营养学会鉴于上述8条建议中缺少了对维持标准体重等理论的科学论述，于1997年4月10日又提出了"中国居民膳食指南——合理营养、平衡膳食、促进健康"，其内容主要为：食物多样、谷类为主；多吃蔬菜、水果和薯类；每天吃奶类、豆类或其制品；经常吃适量鱼、禽、蛋、瘦肉，少吃肥肉和荤油；食量与体力活动要平衡，保持适宜体重；吃清淡少盐的膳食；如饮酒应限量；吃清洁卫生、不变质的食物。

二、健身运动与饮食

营养与运动都是维持和促进人体健康的重要因素。现代运动医学非常重视两者之间的关系。科学、合理的营养既是促进生长、增进健康的重要物质基础，也是进行各种体力活动及健身运动的基本保证。而健身运动本身则可以增强机体活动的功能。因此，两者科学地配合，对于促进身体发育，提高健康水平，有效地遏制"现代文明病"，无疑是积极、有效的最佳手段。

（一）运动的能量来源

能量是物质的一种表现形式，它既不能产生，也不能被消灭，只能连续不断地从一种形式转化为另一种形式。在人体中，参与身体运动的热能来源于食物所提供的基本营养物质，它们作为"燃料"，释放能量供运动时肌肉收缩做功之用。

食物中的三大营养素糖、脂肪、蛋白质，是供给机体热能的重要物质，又称"三大能源物质"。

在正常的生理状态下，糖和脂肪是主要的能源物质。其中糖对人体运动有很大影响，是运动中最重要、最直接的能量来源。一般情况下，糖每日的供热量占总热量的60%~70%，运动时肌肉的摄糖量可达安静时的20倍以上。运动使体内的糖被大量消耗，体内糖的储备量和运动能力成正比关系，若机体摄糖不足，将导致蛋白质分解转变为葡萄糖供能，所以，膳食中的糖不仅是机体的直接能源，而且对节省蛋白质有重要影响。

脂肪是能源的有效储存形式，每克脂肪所产生的能量是每克糖或蛋白质所产生的热量的两倍多。脂肪是人体从事长时间运动的主要能源，但必须在氧供应充足的情况下方可实现能量供给。

蛋白质虽然可用作功能转换系统中的一种能源，但不是主要的能源物质，人体每天所需要的能量仅 10%~14% 来自蛋白质。然而，当体内热能供给不足，或机体处于应激状态时，蛋白质则被分解参与少量供能。

（二）运动对基本营养素的要求

1. 糖

糖主要来源于谷物类的淀粉，是体育运动和健身锻炼中最重要的能量来源和供给肌肉收缩的主要能源。按照我国传统的饮食习惯，在我们每日饮食的总热量中，糖提供的热能约占总热能的 70%。

根据分子结构，糖可以分为单糖、双糖和多糖。有专家认为，以结构复杂的多糖（如淀粉）为主的饮食比简单的单、双糖（如蔗糖）饮食对人体有更多的好处。其消化、吸收的时间较长，能够持续地作为血中葡萄糖的来源，也有利于通过代谢来生成糖原。在体育运动、健身锻炼中人体需要能量时，可快速提供机体能量；同时，淀粉还可以向人体提供必需的微量营养素，如纤维素、维生素及矿物质等。而单糖或双糖，则不足以维持人体糖原的含量，它们主要转化为脂肪酸，并进而合成脂肪储存于体内。若有大量的糖在短时间内进入人体，还可能会有引起继发性低血糖的危险。

因此，为了保证肌肉和肝脏糖的供能，满足体育运动中能量的需要，科学家建议参与运动锻炼的人应增加膳食中多糖的摄入，摄入量为摄入总能量的 58%~70%，以维持足够的能量摄入。而对于食糖（主要是蔗糖等纯糖），则一般认为不宜摄入过多。应该说，我国居民素有的食用粗米和近乎全麦面小麦制品的饮食习惯，是我国居民保持强健体魄的一个重要因素，应当受到肯定和弘扬。

2. 脂肪

脂肪主要存在于动物性食物及植物性食物的油脂当中，同时也来自膳食中过多的糖和蛋白质的转化。脂肪食品是提供热量的食品，它所提供的热量，各国、各地、各人差异较大，占总热量的 15%~35%。

体育运动时，在氧充足的情况下，脂肪氧化分解，产生大量的热量以供机体所需，是低、中等强度运动时一种重要的能量来源。但此时作为"燃料"的脂肪，并非来源于饮食，而主要来源于体内的储存。由于饮食中过多的热量不论是来自糖、蛋白质还是来自脂肪，最终都将以脂肪的形式储存于体内，而饮食中的脂肪并不是维持体内脂肪储存量所必需的，因此，在进行体育运动时，没有必要为了运动而单纯地增加饮食中脂肪的含量。况且，通过运动减少体内储存的脂肪以控制体重，也是我们运动的目的之一。

但是，我们对脂肪的摄入量不可因此而过分限制，从膳食中摄取适量的脂肪对人体有一定的生理意义，它不仅可以提供人体不能合成的必需脂肪酸，帮助维生素 A、D、E、K 的吸收，同时还具有保护内脏器官的作用。故脂肪的摄入量不宜过高或过低，以适当为宜，其所提供的热量一般要求占每日摄入总热量的 25%~30%。

供给人体脂肪的动物性食物主要有猪油、牛脂、羊脂、肥肉、奶脂、蛋类及其制品；植物性食物有菜油、大豆油、麻油、大豆、花生、芝麻、核桃仁、瓜子仁等；含磷脂丰富的食品有蛋黄、瘦肉、脑、肝及肾等。

3. 蛋白质

蛋白质是构成人体组织细胞的重要成分，也是合成体内酶、激素、抗体等维持机体功能所不可缺少的重要物质。食物蛋白质的最好来源是动物性食物和植物性豆类食物。正常膳食蛋白质可供的热量约占膳食总热量的 11%~14%。

人体进行体育运动时，通常不以蛋白质作为主要的能源物质，虽然氨基酸能够分解释放热量，但运动中所需要的能量并不依靠它来产生。在糖摄入充足的情况下，食物中过多的蛋白质则转变为脂肪，储存在脂肪组织中。因此，体育运动时所消耗的蛋白质可以被正常的膳食蛋白所补充，人们只需要食用合理平衡的膳食，而无须简单额外地补充蛋白质。运动时蛋白质摄入的推荐标准为每千克体重 0.8~1.0 克，这一数量占饮食中所含热量的 10%~12%。过量的蛋白质摄入会加重肝脏和肾脏的负担。

含蛋白质数量丰富、质量良好的食物有肉类（包括畜、禽、鱼类），奶类，薯类，等等。

4. 维生素

维生素分为水溶性维生素和脂溶性维生素，水溶性维生素有 B_1、B_2、B_{12}、C 等，大多与糖代谢、能量代谢、神经功能有关，直接影响人体的运动能力。因此，运动者的膳食中可增加水溶性维生素含量较高的食物，如粗粮、绿叶蔬菜、动物肝脏等。脂溶性维生素有 A、D、E、K 等，其中维生素 E 有助于提高运动能力，其含量丰富的食物有植物油和青菜等。

5. 无机盐

无机盐是维持正常生理功能所必需的化学元素，存在于许多食物中，并在调节机体许多重要功能方面起重要作用。其中微量元素铁、锌、铜、钴在运动过程中容易减少，从而导致运动能力下降，因此，在体育运动中应注意适当补充，尤其是食物补充。此外，三个重要的微量元素——钙、钾、钠，也应在膳食中予以重视，适当补充。

最新的研究表明，维生素和无机盐还具有防止组织损伤的功能，这对体育运动参加者来说是十分重要的。

6. 水

水是生命之源，对体育运动者来说，水是最重要的营养素。人体有 60%~70% 是由水构成的，水参与机体所有重要的生命过程，对维持体温、消化和吸收食物、造血、排泄废物等都是十分重要的。在炎热、潮湿的环境中进行运动，人体每小时将通过排汗失去 1~3 升的水。若失水达机体含水的 5%，将导致血容量减少和运动能力下降；失水达 15%，则可能导致死亡。

水存在于所有的食物中，特别是水果和蔬菜中。正常情况下，人体每天需要饮用 2.5~3 升的水，运动量大、出汗多时，可适当增加饮水量。

7. 食物纤维

食物纤维是指食物中不能被消化、吸收的糖类，是一种来自植物性食物的非多糖结构的木质素。虽然食物纤维不能为人体直接利用，但与人体健康的关系十分密切，因此，其具有独特而不可忽视的营养功能。食物纤维对人体主要的营养作用为：在肠道中促进发酵，有利于各类营养素的消化和吸收；充分吸收水分，吸附肠道中的细菌和有毒物质，并加速其排泄，利于通便，预防结肠癌；吸附消化道中的胆酸，减少胆酸的重吸收，可降低血浆胆固醇；有效吸附肠道中的油脂，有助于减肥，控制体重。

食物纤维主要存在于粗粮及果蔬类食物中，在日常的饮食中注意获取足够的食物纤维是非常必要的。

总之，有效控制体重、保持理想的体内脂肪比例、杜绝肥胖，是一个长期的过程，其关键在于要有乐观向上的人生态度，持之以恒地参加运动锻炼，一生保持良好的饮食习惯及科学的生活方式。

第三节 体育运动与保健

体育保健课是普通高等院校体育教育的一个组成部分。参加体育保健班学习的是一些身体先天不足，或后天疾病、损伤等造成不能参加正常体育课学习的学生。体育保健班的学生是一个特殊的体育教育群体，他们有着健全的大脑和正常人一样的思维。同样，他们也渴望像正常人一样参加体育活动，并有从中获得锻炼身体、愉悦身心的欲望。因此，根据他们的身心特点，选择适宜的教材，运用恰当的教学手段和方法，对于引导和帮助他们排除自卑、封闭等不良心理因素，锻炼坚强的意志品质，进一步发展身体，树立正确的体育观和良好的人生观，具有重要的意义。

一、肥胖者的保健

（一）肥胖的判断

脂肪是人体不可缺少的部分，在人体的生命运动和体育活动中起着重要的生理作用。但体脂要适当，一旦体内的脂肪堆积数量大于身体重量的正常比例，就意味着已步入肥胖者的行列。肥胖会造成器官功能和代谢的障碍，并诱发出许多慢性疾病。对于18岁的年轻人来说，男性体重中有15%~18%是脂肪，女性则为20%~25%（其他年龄的体内脂肪比例见表2-1）。所以，人们通常依据脂肪含量与体重的比例来决定是否肥胖，其标准是：男性脂肪含量超过体重的25%，女性超过30%，就说明他或她是肥胖者。这里需要说明的是，肥胖是脂肪问题，而不是体重问题。"超重"和"肥胖"不是一回事，它们有着本质的差异。超重是指体重超过某种体形的理想重量。虽然肥胖者总是超重，但超重者不一定就是脂肪多，也不一定就是肥胖者。因为肌肉发达的人也可能是超重者，而肌肉发达的人体内可能只有少量的脂肪。减肥的目标是消除过多的脂肪，而不是针对肌肉或其他什么。体重仅仅是判断肥胖的一个参数。

表2-1 不同年龄男女的体内脂肪比例

年龄/岁	男性/%	女性/%
20~29	21.6	25.0
30~39	22.4	24.8
40~49	23.4	26.1
50~59	24.1	29.3
60以上	23.1	28.3

（二）肥胖者的分类

根据体重，可将肥胖者分成三组：第一组"轻度肥胖"，指超过标准体重的24%～25%；第二组"中度肥胖"，指超过标准体重的35%～49%；第三组"重度肥胖"，指超过标准体重的50%。

根据肥胖的原因，可将肥胖者分成三组：第一组"先天性肥胖"，他们的体重并不涉及情感问题；第二组"反应性肥胖"，当感到压力或空虚时，他们就吃得比往常多得多，大有以生理性的暂时满足来缓解心理紧张和孤独的倾向；第三组"发展性肥胖"，他们一生都肥胖。

依照肥胖者的年龄，可将肥胖者分成两组：第一组"青少年肥胖"，指在少年期或青春期即已肥胖的青少年；第二组"成人肥胖"，指在青春发育期后成年才开始发胖的人。

门德尔索（Mendelso）根据情绪稳定性的复杂心理因素设计了一个肥胖连续统一体。处于最低位置的是情绪稳定的肥胖者，他们占肥胖者的20%～25%；处于中间位置的肥胖者，常常随情绪的波动而改变其饮食量，过量的饮食往往出现在机体处于某种应激状态的时候；处于最高位置的是那些饮食紊乱的人，他们整天与食物为伴，时刻都想吃东西。

（三）肥胖的成因

各种年龄均可能发生肥胖，但大多数肥胖是出现在中年以后。引起肥胖的原因大体上可分为遗传和环境两类。

有人研究发现，其父母亲都是正常体重的儿童，他们肥胖的可能性只有7%～8%。但是，一旦父母亲是肥胖者时，儿童的肥胖率就立即上升为40%，可见遗传因素的重要性。当然，除遗传因素外，也有环境的影响。例如，早期形成的饮食习惯会影响人的一生。

研究也发现，肥胖还与饮食、运动、心理、社会、文化等环境因素有关。其中，导致肥胖的主要原因是缺乏锻炼，而不是饮食及其他。身体肥胖的人通常吃得并不多，但是，他们的活动却相对较少。而身体偏瘦的人常常是吃得多，动得多。其他的一些研究也证明了这一观点：缺乏锻炼或活动少是造成身体肥胖的主要原因。

（四）体育锻炼对肥胖者的意义

许多人认为节食是一种最为简便的减肥法，它不影响正常的生活起居，不需要做出太大的努力，常常被人们视为减肥的捷径。其实，最佳的减肥法是体育锻炼和节制饮食的结合，因为它们比运用一种方法更能快捷有效地减肥。从长远的眼光看，要想成功地、持久地控制体重，避免减肥后的反弹，就必须养成体育锻炼和节制饮食的习惯。

（五）肥胖者锻炼的注意事项

第一，要有正确的减肥目的。减肥的目的应该是为了健康。美国著名学者列威次基博士认为，如果你并不患因体胖而引起的或与体胖有关的疾病，那么，减轻体重就不能帮助你延长寿命。

第二，要正确地对待减肥速度。减肥并非越快越好，美国莫尔豪斯博士认为，体重每周减轻1磅（1磅＝0.4536千克）以上，简直等于自杀。迅速减肥，无异于把肉从身上撕下来，既有害又无必要。

第三，要注意锻炼的时间。不论是散步、做操，还是打球、练拳，都要持续一段时间，最好是每次30分钟左右。当然，最初的持续时间可短些，每次5~10分钟，以减少运动损伤的发生和缓解锻炼初期机体的酸痛反应。

第四，要循序渐进地进行体育锻炼。要在机体可以承受的程度下逐渐增加运动量和锻炼时间。

第五，要注意环境的选择。因为肥胖者耐热的能力差，故应尽量避免在炎热和潮湿的环境中锻炼。

第六，要以改善心血管系统的功能为中心，不要一味追求体形的改善和力量的提高。

第七，要养成经常锻炼的习惯。

第八，要培养加大动作幅度的意识。

二、消瘦者的保健

（一）消瘦的危害

人体内的肌肉、脂肪含量过低，体重低于标准体重20%以上即为消瘦。消瘦既是一种症状，又是一种疾病，它对人体健康有着多方面的危害。消瘦者不仅容易疲倦、体力差、兴趣低、工作和学习效率不高、自我效能低、常有力不从心之感等，而且他们抵抗力低、免疫力差、耐差抗病能力弱，易患肺结核、肝炎、肺炎等疾病，也经不起疾病的折磨。此外，消瘦者还因羞于自己的单薄体形而有运动隐退、不愿交往的心态。显然，消瘦与肥胖一样，既不是人类健康的标志，也不是人体健美的象征，而是人类身心健康的大敌。

（二）消瘦者的分类

成年男子标准体重(千克)＝身高(厘米)－100

成年女子标准体重(千克)＝身高(厘米)－105

若实际体重低于标准体重15%~25%者为低度消瘦，低于标准体重26%~40%者为中度消瘦，低于标准体重40%以上者为重度消瘦。

（三）消瘦的成因

第一，由慢性病及器质性病变所引发，如慢性消耗性疾病、胃肠道疾病、肺结核、贫血等。

第二，由遗传、内分泌因素所形成的家族特有的"徽记"。虽然他们没有器质性病变，但家族成员都比较瘦的遗传基因在他们身上呈现，典型地表现为：身材瘦长，颈细脖长，肩垂胸平，易患各种慢性病。

第三，由于情绪变化无常、精神紧张、生活起居不定、学习过度劳累、睡眠不足、对体形美的错误观念及由此而产生的消耗大于营养摄入等因素所造成。

（四）消瘦者锻炼的注意事项

第一，形成正确的体形观。肥胖固然不美，不利于健康；同样，消瘦也不是美的"别名"，更不是健康的尺度。所以，作为消瘦者首先要走出崇尚消瘦时潮之误区。

第二，克服不良饮食习惯（如偏食、挑食），保证摄入充足的营养。

第三，要有进行康复锻炼"持久战"的思想准备。俗话说，"一口吃不成胖子"，同样，体育锻炼的增强体能、强壮体魄、健美体形等功效，皆非一日之功。唯有锲而不舍、持之以恒，方见其效。

第四，消瘦者的锻炼应以全身性的运动为主，以提高体能为宗旨，配合身体局部区域的健美运动。

三、神经衰弱者的保健

（一）神经衰弱的症状

神经衰弱是一种常见的神经官能征，一般表现为精神容易兴奋、脑力容易疲劳，并伴有睡眠障碍和各种躯体不适感等症状。

（二）神经衰弱者的分类

1. 衰弱症状

患者感到脑力易疲劳、精力不足、思维能力减弱、注意力难以集中、记忆力下降、工作与学习效率降低等。

2. 情绪症状

烦躁易怒、紧张、抑郁、精神不振、感觉过敏、自控力降低，工作和学习中的零星琐事均会引起他们的情绪波动等。

3. 兴奋症状

在工作和学习中感到兴奋，常表现出联想丰富、回忆频繁，且难以抑制自己的思绪，不能集中精力完成当前的工作、学习。

4. 肌肉紧张性疼痛

多无固定的部位，表现为胀痛或紧张性头痛，尤其在中午、下午或看书学习时症状显著。

5. 睡眠障碍

入睡困难、辗转难眠、多梦易醒，或缺乏睡眠感，或睡醒后仍觉不解乏。

6. 继发性生理、心理反应

心跳加快或减慢、血压升高或降低、耳鸣、眼花、气短、厌食、腹胀等。

（三）神经衰弱的成因

1. 心理社会因素

心理社会因素是诱发神经衰弱的重要原因。学习、工作的过度疲劳和紧张积累，生活规律的紊乱，消极情绪的影响，等等，均会导致神经衰弱的产生。从个性角度来看，神经衰弱者常常是那些敏感、多疑、自卑、任性、好强、急躁或依赖性强的人。

2. 生理因素

个体因先天和后天所形成的生理特征，也与神经衰弱的发病有一定的联系。从先天遗传角度看，患者家族中有重性精神疾病或神经征者的比例大大超出普通人的家族。从神经活动的特征看，那些神经活动呈弱性、低灵活性的个体，在长期的紧张工作、学习中，最易导致体内抑制的防御能力的破坏，从而出现神经系统活动的紊乱。

3. 疾病因素

有脑外伤、感染、营养不良的人，因神经系统的功能在一定程度上受到削弱，也易患神经衰弱。

（四）体育锻炼对神经衰弱者康复的意义

研究资料表明，体育锻炼对于神经衰弱者的康复具有重要的作用。这是因为人体所有的组织器官都是在神经系统调节下的随意或自主活动。体育锻炼时，大脑皮层与运动有关的区域（运动区）即出现一个新的兴奋区域（兴奋灶），该兴奋灶有规律地兴奋，使得大脑皮层的"兴奋-抑制"过程出现新的分配、转移，即原先负责工作、学习的大脑皮层相关区域，在体育锻炼时由于大脑皮层运动区的工作，而得以积极地休息。因此，坚持不懈地锻炼，可以改善大脑皮层"兴奋-抑制"过程的灵活性，提高神经系统的功能，加快神经衰弱者的康复速度。所以，有人把体育锻炼比喻成"神经活动的体操"。

此外，体育锻炼还能分散、转移患者对疾病的忧虑和对工作、学习的焦虑等的注意，缓解或消除患者的烦躁、抑郁及迁怒他人他事等不良情绪，从而起到振奋精神、改善情绪状态的作用。美国著名心脏病学家怀特说："运动是世界上最好的安定剂。"

（五）神经衰弱者锻炼的注意事项

第一，要有耐心，克服立竿见影、急于求成之浮躁。只有坚持长期的锻炼，才能取得明显的效益。

第二，选择环境优美的场所进行锻炼。同时，也要注意主动地创造一个良好的生活和学习环境。

第三，形成科学的生活方式，合理安排自己的学习和休息时间，注意充分休息。

第四，时刻关注自己的感受。在运动中，一旦大量出汗、心跳加速、情绪激动，就应注意调整锻炼时的运动强度。

第五，养成对运动后恢复时间的自检习惯。若心率恢复时间超过 10 分钟，说明锻炼的运动强度过大，应该重做整理运动，并在下次锻炼时降低运动强度；若心率在 5 分钟内即已恢复到安静状态，即表明仍有逐步提高运动强度的潜力。最佳的运动强度是在运动后 5~10 分钟内心率恢复正常。

四、哮喘者的保健

在参加体育保健班的学生的病历中，几乎有三分之一是呼吸系统的问题（包括哮喘）。哮喘是因为肺泡摄氧量骤然下降而产生的支气管痉挛或呼吸困难。平时，患者一般呼吸正常，但发作时来势凶猛，先感到胸闷，旋即咳嗽和呼哧呼哧地喘息。病发的时间，短则几分钟，长达数日。症状程度也轻重不一，重者会出现呼吸严重困难，需急诊治疗，或每天要发作。目前，哮喘的发病率逐步上升，特别是青少年患者增多，幸运的是适当的医疗和科学的锻炼能缓解哮喘的症状。

（一）哮喘的类型

支气管哮喘有两种类型。一种是外源性的（过敏性哮喘），它可以找到某些触发患者过敏的物质（变应源），如空气污染、花粉、灰尘、动物气味、霉菌、食物的化学成分等；另一种是内因性的（感染性哮喘），可能由于呼吸系统感染（如感冒、气管炎等）造成，也可能因情绪因素所致。

（二）哮喘的成因

引起哮喘发作的因素多样复杂，有的是变应原的作用，有的是病毒感染的并发，还有的是药物和化学刺激的结果。它可能是冷空气、空气污染所致，可能是情绪变化的伴随产物，是心理因素的驱动，也可能是体育活动的"激活"。其中，运动和环境变应源是哮喘的主要诱发因素。

（三）体育锻炼与哮喘

运动是"激活"哮喘的一个重要因素。加拿大一研究者发现，在哮喘性受试者中，60%~90%是运动诱发的气管痉挛。哮喘患者在较剧烈运动早期会出现气流阻力减小，但继续运动下去气流阻力即会继发性增加。更为严重的是，剧烈运动或持久地用力所带来的急性呼吸窘迫很可能在停止运动数分钟内才会出现。在一般情况下，痉挛在剧烈运动或用力后6~8分钟达到峰值，20~40分钟后会自行缓解，有时也可能会持续1小时之久。在体育活动中，耐久性项目（耐久跑、骑自行车）要比间歇性项目（球类、游戏）对哮喘"激活"的可能性大得多。因此，体育活动还是检测潜在性支气管痉挛的一种手段。研究也表明，因运动而诱发的哮喘，是由于运动时过度通气所引起的呼吸道水和热量丢失直接或间接地刺激平滑肌而触发的。

然而，对哮喘者而言，只要采取适当的预防措施，体育锻炼不失为一种既安全又可行的健身方法。虽然在运动开始时会有咳嗽和哮喘等不良症状，但经常地锻炼不仅能缓解哮喘病症，缩短身体不适的时间，减少运动性哮喘的发作次数，而且体育锻炼还能提高哮喘者的机体免疫能力和适应能力。赛里格门（Seligman）等人报告，8周的集体游戏和水上游戏训练后，哮喘患者在活动平板上步行时心率比训练前降低。瓦尔克（Walker）的实验也发现，每天进行1小时的体育活动，患者的心率在安静时和在体育活动中都呈现了下降趋势，机体活动的功能较以前有较大的提高，特别是肺功能得以改善。

（四）哮喘者锻炼的注意事项

第一，在锻炼前，准备活动要充分，尤其是须做数分钟的呼吸准备性练习。

第二，不要用口呼吸，养成用鼻呼吸的习惯，并逐渐形成"吸短呼长"（吸与呼的时间之比约为1∶2）、"呼吸轻缓"（平稳）的呼吸模式。

第三，宽衣松带，确保呼吸时胸腹轻松自如地起伏。

第四，最好不要单身一人进行运动，注意随身携带哮喘喷雾器。

第五，避免在寒冷天气和污染的环境中进行锻炼。

第六，要特别注意对呼吸肌的锻炼，如主动地开怀大笑，经常地进行诸如吹起飘落的气球、吹灭点着的蜡烛和吹动桌上的乒乓球等锻炼。

五、慢性肝炎患者的保健

（一）肝炎的类型

肝炎是由于病毒引发的以肝脏损害为主的疾病，根据病原体的不同，一般将肝炎分成甲、乙、丙、丁、戊五种类型。

1. 甲型、戊型肝炎

主要经消化道传播，多在冬、春季节发病，在青少年和壮年人群中较为多见。通过治疗，一般在 2~4 个月内都能恢复健康，很少会转入慢性。

2. 乙型、丙型和丁型肝炎

传播途径多样，主要途径是血液，无明显的季节性，往往以青壮年为多发对象，病程较长，较易转为慢性。全世界约有 20 亿人感染乙型肝炎病毒，约 3.5 亿转为慢性，我国约占 1/3。

肝炎不仅是医疗卫生界颇为棘手的难题，也是影响大学生生活和学习的主要感染性疾病。

(二) 体育锻炼对慢性肝炎患者康复的意义

目前，一般认为，慢性肝炎患者在注意合理营养和必要休息的同时，还应积极地投身于体育锻炼，以促进康复速度，改善心理状况。实践也证明，慢性肝炎患者若长期休息，并不一定能促进病情好转，相反可能会加重症状。这是因为长期休息（甚至完全卧床休息）缺乏必要的活动，血液循环和胃肠蠕动的速度会变慢，内脏器官的瘀血增多，这不仅降低消化、吸收的功能，造成肝脏的实质性损伤，也会导致患者精神萎靡不振、情绪抑郁低落。适当的体育锻炼，不仅可以提高患者中枢神经系统的张力，改善皮层和自主神经系统对肝脏的调节功能，增强身体的抵抗和免疫能力，活跃肝脏血液循环，改善肝细胞的营养，有助于肝功能的恢复，等等，而且能够减轻慢性肝炎患者所常有的神经官能性症状（如神经过敏、失眠、情绪低落等）。国外运动医学专家曾对慢性肝炎患者进行功率自行车锻炼的实验（每日两次，每次 10~20 分钟），7 天后发现：患者精神愉悦、心情舒畅，血清胆红素和转氨酶明显下降。

(三) 慢性肝炎患者锻炼的注意事项

第一，以不引起疲劳为度。肝炎患者的耐力较差，易发生低血糖，故应在疲劳出现前结束自己的锻炼。

第二，锻炼的时间不要太长，一般在 20 分钟左右。锻炼时不要强调运动量，心率在 100 次/分即可。

第三，养成定期（两周）检查肝功能的习惯。当病变处于活动期（低热、疲惫、食欲不振、恶心、肝区疼痛、血清转氨酶高等）时不要进行锻炼。

第四，在运动时，一旦感觉到肝区疼痛、肝功能异常、发烧、恶心等，应立即停止运动。

第四节 体育运动与医务监督

一、体育锻炼的医务监督

体育锻炼的医务监督是保证学校体育能健康发展的一项重要措施，其目的是在体育活动过程中，采取一切必要措施，消除或控制一切有害健康的因素，保证体育运动参加者，能在合理的营养配备下，在必备的卫生条件下，从事符合生理规律的运动，以实现增强体质、增进健康的目的。

（一）体育课的医学观察

通过体育课的医学观察，可以了解学生的健康状况，以及机体对运动负荷和运动强度的反应，评定运动负荷是否适宜，了解体育课的组织方法是否合理，运动环境和场地设备是否符合卫生要求，等等。总之，进行医学观察的目的在于改进体育教学工作，提高教学质量，使体育锻炼能达到最佳效果。

1. 观察教学过程中学生的机体反应

观察学生的机体反应，包括：课前询问学生的自我感觉，测定脉搏、血压、肺活量和呼吸频率等生理功能指标；在课的各个部分结束后，或某个练习开始前或结束后，测量学生脉搏等指标，并观察某些外部表现（如面色、神情、动作和出汗量等），以确定疲劳程度；课后立即进行检查（内容同运动前），同时询问学生在运动过程中和运动后的自我感觉；课后 10~15 分钟，还可进行补充负荷试验。有条件的学校，也可检查学生课后恢复期的机体情况，如询问自我感觉，测量脉搏、血压、呼吸频率、肺活量和体重等指标。

2. 观察体育课的组织和教法

观察体育课的组织和教法，包括：了解体育课的任务、内容和组织教法（包括保护和帮助），还应记录体育课的时间、学生人数、组织纪律性和运动成绩；观察体育锻炼是否遵循循序渐进性、系统性、全面性和个别对待的教学原则；对健康状况较差或有某些生理缺陷的学生，是否按健康分组的原则进行分组教学；教师是否重视安全教育，体育课的安全防范措施如何；组织测定体育课的生理负担量。

3. 观察和检查运动环境、场地设备的卫生条件

观察和检查运动环境、场地设备的卫生条件，包括：观察和检查运动场所的环境是否清洁卫生，有无污染和噪声；运动场地器材设备的卫生状况是否达标，以及器械安放地点是否合理；学生的穿着是否符合卫生要求；室内场馆的通风、照明条件和空气温度、湿度等情况。对运动环境和场地设备的检查应在每一次上课前进行。

根据医学观察的内容，应对检查结果进行全面的分析与评定。

（二）早锻炼和课间操的医务监督

1. 早锻炼（早操）

早锻炼（早操）是在每天清晨起床后至上午第一节课前进行的体育活动。早锻炼可以迅速消除大脑皮质因一夜睡眠而形成的抑制，活跃各器官系统的功能，振奋精神，以充沛的精力和愉快的情绪，开始新的一天的学习生活，从而提高学习效率。同时，经常在清新的空气中进行适当的早锻炼，能促进体内的新陈代谢，提高机体的工作能力，对增进健康、增强体质有显著的作用。

早锻炼的项目和内容应根据不同的年龄、性别、健康状况和季节而定，一般应以学生比较熟悉的、简单易行的活动内容为主，如做广播操、慢跑、拉韧带、训练武术基本功等。

早锻炼的时间不宜过长，以 20~30 分钟为宜，运动负荷也不宜过大，以 130~160 次/分为宜，并避免做一些剧烈的运动或比赛。早锻炼后应及时擦干汗水，冬天在室外进行早锻炼时应有御寒用品。早锻炼后至早餐前应有一定的时间间隔。

2. 课间操

课间操一般安排在上午第二节课后至第三节课前进行。课间操的主要作用是通过身体锻炼这一积极性休息方式，帮助学生消除学习过程中产生的疲劳，防止因长时间坐位或单一的身体姿势导致的身体畸形发育，激发学生愉快的情绪，松弛神经，使之精神愉快地投入再次学习，提高学习效率。

课间操的时间一般是10~15分钟，内容以广播操为主，也可安排视力保健操、徒手操和轻器械练习。根据季节变化或实际需要，也可安排一些简单易行的活动内容，如武术、跑步、健美操和游戏等。

课间操应集体进行，并在体育教师直接领操下进行，以培养学生良好的精神面貌和组织纪律性。做广播操时要求姿势正确，动作到位。如安排其他活动内容，则运动负荷不宜过大，最高心率应控制在150次/分。

（三）课外活动的医务监督

课外活动是体育课的补充和加强。丰富多彩、生动活泼的课外活动，可使一天处于紧张学习状态之中的大脑得到充分的放松，巩固和提高体育课所获得的知识和技能，养成自觉锻炼的习惯，增强体质，增进健康。同时，课外活动时间也是提高身体素质和锻炼心肺功能的主要活动时间。

课外活动的内容和形式应多种多样。可以复习巩固体育课所学的基本技能和基本技术。根据季节特点，还可以组织长跑、跳绳、拔河、踢毽子、做游戏和游泳等活动。对有生理缺陷、患有慢性病或体质很弱的学生，可以利用课外活动时间，将他们组织起来，在专人指导下进行医疗体育活动，以提高他们的健康水平。课外活动的时间，每周至少两次，每次以1小时左右为宜，运动强度（心率）应在180次/分以下，并与体育课错开安排。

由于参加课外活动的学生人数多，内容多，如安排不当，容易发生伤害事故，造成不良影响。所以，为保证课外活动有条不紊、安全实效地进行，事先应做周密安排，做到定时、定内容、定场地器材和定辅导人员。应事先检查场地器材的安全程度，做器械练习时，要安排人员保护或帮助。运动前要做好充分的准备活动，教育学生遵守纪律，预防运动损伤的发生。对课外活动时间的安排，应与体育课的时间间隔开来，以利于体质的增强和健康水平的提高。

有些学校，也常常把课余运动队训练的时间，安排在下午课外活动时进行。对课余运动队（或学校的高水平运动队）训练的医务监督要求就不能按照体育锻炼医务监督的要求进行，因体育锻炼的医务监督要求是按照健身体育（也叫保健体育）医务监督的要求进行的，其特点是：第一，健身运动必须在健身运动价值阈的强度内进行，即心率在180次/分以下；第二，健身运动的特点是具有运动项目的多样性，因为世上没有任何一种运动项目能解决所有的健身问题，就好像世界上没有任何一种药物能治百病一样，所以下午课外活动的内容要具有多样性。当然，在开展下午课外活动时还要针对发育不良和某些处于伤、病恢复期的学生，开展一些医疗体育活动。而运动队训练的医务监督的要求则不同，运动队训练必须按竞技体育要求进行。

二、不同运动项目的医务监督

（一）球类运动的医务监督

1. 篮球

篮球运动是一项对抗性强、体力消耗大、进攻和防守瞬息万变的运动。在训练过程中突然起动、加速和停止、跳跃和下蹲、体位不断变化是其运动的特征。因此，篮球运动不但需要运动员有良好的耐力素质，而且需要有良好的爆发力和灵敏性。因此，必须对运动员进行定期体格检查，特别要进行心血管系统功能检查。在训练中常见踝关节扭伤、膝关节损伤、腰扭伤、骨折、跌倒引起的急性损伤和髌骨劳损，因此，要对场地、器材的安全与卫生进行检查，避免不必要的冲撞和其他粗野动作，以保证运动员的身体健康和预防运动损伤。由于篮球运动时间长、出汗多，故运动员在运动间隙可适当补充饮料或水，以防脱水。

2. 排球

排球运动体力消耗大，在训练过程中既有跑、跳，又有翻滚、扣杀等动作，运动强度也较大，运动时心率往往达到本人最高心率，因此，对运动员身体素质的要求较全面。应定期进行体格检查，及时发现伤病和是否过度训练，加强基本技术训练和指导，预防手指关节扭伤、膝部损伤、腰部损伤和肩部损伤。此外，应注意检查场地卫生安全条件，注意地面平整、不太硬、不太滑，使用护膝及护腰。训练时要充分做好准备活动，尤应注意肩、膝、腰、指及腕关节的保护。

3. 足球

足球运动对抗性强，训练时运动强度大，体力消耗大，易受伤，并多集中于下肢。该运动对运动员身体素质要求全面，因此，在加强身体素质训练的同时，要定期进行体格检查和心血管系统的功能检查。早期发现伤病，特别是膝关节周围和踝穴前后的损伤，要及时处理并调整训练计划。在训练场所要配备医务人员和急救药物，要对伤病及时判断、及时处理。较重伤病者一般不能继续参赛，以免加重伤情。足球运动出汗较多，特别是在炎热气候下，易造成脱水，影响运动员的健康，故应该准备饮料或水。另外，要培养运动员良好的体育道德，避免粗野的和有伤害性的动作，以减少受伤。在训练过程中要合理安排营养和休息，并通过按摩、热水浴等方式尽快消除疲劳。

（二）田径运动的医务监督

1. 短跑

短跑时单位时间消耗的能量极大，加之大脑皮层极度紧张，易造成过度疲劳。短跑时几乎全部为无氧供能，氧债极高，而短跑完毕若立即站立不动，很容易出现"运动性休克"，因此，应加强预防下肢肌肉拉伤的准备活动和短跑完毕后的继续慢跑。

2. 中、长跑

中、长跑时常出现"极点"现象，经较短时间后，即可改善，无须采取其他措施。长跑主要依靠有氧供能。长跑时，血乳酸上升，碱储备下降，机体处于假稳定状态。超长跑运动强度最小，但持续时间最长，全程需要大量的能量供应，运动中体温可升高到39.8℃，直肠温度可达40℃，由于大量出汗，体重可下降2.5~6千克，恢复期需3天左右。因此，对中、长跑的运动，要在预防肌肉拉伤的同时，特别注意运动后恢复期的医务监督。对长跑、超长跑运动，还要注意运动时的补糖、补液。

3. 跳跃和投掷

跳跃要求具备爆发力、速度、柔韧性和灵敏性，对下肢肌肉力量要求较高，尤其是肌纤维组成中快肌纤维的含量对运动成绩的影响很大。

投掷对感觉器官的要求较强，铅球、铁饼和链球都有身体的旋转动作，前庭器官机能的稳定性非常重要。要特别预防肌肉和韧带的拉伤、扭伤。

与此同时，还要特别注意主要着力部位的专项准备活动和场地器材安全措施的检查。

（三）游泳运动的医务监督

游泳运动对提高身体全面素质有良好作用，尤其对提高心肺功能和适应寒冷的能力都很有好处。在参加游泳运动前应对身体进行全面体格检查，有发热症状的或患有心脏病、高血压病、活动性肺结核、活动性肝炎、传染性皮肤病、中耳炎、结膜炎、精神病、癫痫等疾病者不允许参加游泳运动。女子月经期不宜参加游泳运动。

游泳必须选择合适的水源。禁止在有污染、有漩涡及水下有杂物的水域内游泳。游泳池中的水应达到卫生标准。

游泳前不要吃得过饱，也不应空腹。下水前应该做好准备活动，在水温较低时，应先用冷水淋身，以适应水温。在水中不要停留时间过长或停止不动，以防止体热散发过多，引起肌肉痉挛。也应防止能量消耗过多而引起疲劳。如发生了上述情况，应立即上岸休息，牵拉痉挛的肌肉以缓解痉挛，并做一些轻缓的活动以加强产热。在游泳时要戴防护眼镜和耳塞，以预防结膜炎及中耳炎。

在组织集体游泳时，要加强纪律和安全教育，防止未掌握游泳技术的人因误入深水而发生溺水。

（四）武术运动的医务监督

武术是我国传统的体育项目，深受人们的喜爱。除以健身为目的的武术项目外，还有观赏性或比赛性的武术项目。这类项目在练习中，常因动作难度不断加大，或因失误而造成损伤。例如，因压腿、正踢腿和劈叉时用力过猛，或因局部负担过大而引起股后肌群或内收肌群拉伤；跳起落地不稳、场地不平或动作错误等，引起踝、膝和腰部扭伤。因此，教学训练中要循序渐进，合理安排运动负荷，做好运动场地和器械的检查，以防运动损伤的发生。

三、运动训练医务监督常用指标

在运动训练过程中应定期进行机能诊断，以及时了解训练计划是否与运动员生理机能状况相适应，为制订下一步切实可行的训练计划提供科学依据。一般进行机能诊断常用的指标有以下几个。

（一）脉搏

正常人安静时平均脉率（心率）为70次/分左右，正常范围为60~100次/分。经常参加体育活动的人心率较低，一些优秀的耐力运动员心率常小于50次/分。一般心率低于60次/分，称为运动性心动过缓。运动员的心率缓慢是由于长期训练，迷走神经紧张性增高引起的，是心血管系统对长期训练产生适应的表现，多数情况下标志着良好的训练状态。少数心脏病患者也会表现为心率缓慢，如冠心病、心肌炎等，但多伴有心悸、胸闷等不良感觉。

如果安静时心率超过 100 次/分，称为心动过速。常由心脏疾病、甲亢、发热等病理原因引起。正常人运动训练期间安静时心动过速或心率比平时明显增快，表示机体功能状态不良、过度疲劳或早期训练过度。此时，更应注意晨脉变化。必要时进行临床医学检查，以便查出原因，及时调整训练计划。

经常检查定量负荷运动后的心率，有助于了解机体功能状况。如运动后即刻心率增加的幅度不变或下降，说明机体功能状况提高，训练中运动负荷安排得当。如运动后即刻心率增加的幅度明显上升，说明机体功能状况较差或训练安排不当，可能是过度训练。

检查训练课后心率的恢复情况，可了解运动负荷大小。课后 5~10 分钟，心率已恢复到课前水平，属小运动负荷；心率较课前快 2~5 次/分，属中等运动负荷；心率较课前快 6~9 次/分，属大运动负荷。

在触摸脉搏频率的同时，应注意血管的紧张度、充盈度和节律是否正常。

（二）血压

在训练期间应经常做血压检查。正常成人动脉收缩压≤140 毫米汞柱，舒张压≤90 毫米汞柱，如果收缩压≥160 毫米汞柱和/或舒张压≥95 毫米汞柱，则称为高血压。高血压分为原发性高血压和继发性高血压两种。

除原发性高血压外，正常人训练期间血压增高可能是过度训练或过度紧张的表现，也可能由力量训练（如举重、健美、投掷等）引起，青少年可能是由神经、内分泌改变引起的青少年性高血压。

血压偏低可由心肌收缩下降、脱水导致的血容量减少、炎热导致外周血管扩张等原因引起。

出现血压异常应调整训练计划，注意休息。如果血压异常不能改善，并伴有头晕、头痛等症状，应做进一步检查。

（三）心功指数

根据测得的安静时的心率和血压，可算出布兰奇心功指数，该指数能全面地反映心脏和血管的功能。

$$布兰奇心功指数 = \frac{心率 \times （收缩压 + 舒张压）}{100}$$

式中，收缩压、舒张压单位为毫米汞柱，心率的单位为次/分。布兰奇心功指数在 110~160 范围内表示心血管功能正常，平均值是 140。如果超过 200，可能是过度训练或机体功能状态不良的表现，或有心血管系统疾病，应做进一步检查。

（四）蛋白尿

正常人尿中无蛋白或偶有微量蛋白。因运动导致的一过性蛋白尿，称为运动性蛋白尿。正常情况下运动性蛋白尿于数小时至 24 小时内恢复正常。

运动性蛋白尿几乎可出现于所有的运动项目，以长跑、游泳、足球等运动后出现率较高。

运动性蛋白尿出现率及恢复情况与运动训练的强度、运动负荷、训练水平和机能状况有关。如果运动后尿蛋白排泄率比以往高，说明训练时运动强度大或身体机能状况不良。训练后第二天尿蛋白排泄率仍很高，特别是训练期间晨尿中蛋白排泄率高，说明训练课运动负荷太大或身体机能状况不良，应及时调整训练计划，加强休息及营养，以防过度训练，造成身体伤害。

运动性蛋白尿经休息、调整负荷后会逐渐减少、消失。如仍不消失，甚至不运动仍有蛋白尿，提示可能是病理性蛋白尿，如肾炎等，此时应停止训练，并做进一步检查。

（五）血红蛋白

血红蛋白是红细胞中具有携氧功能的含铁蛋白质。我国标准正常男子血红蛋白含量为120~160克/升，女子为105~150克/升。血红蛋白是评定运动员身体机能状况的一个重要生理指标。在训练期间，血红蛋白正常，成绩提高，说明机体功能状况良好；如果血红蛋白下降至男子低于120克/升，女子低于105克/升，称为运动性贫血，此时一般均有运动成绩下降，自我感觉不良，说明机体功能状况不良，可能有过度训练和过度疲劳，应当注意调整训练，并应注意在饮食中多补充铁和蛋白质，以弥补运动训练中过多的消耗。

（六）心电图

心电图反映了心肌的生物电变化，与心肌的自律性、兴奋性和传导性有关，能较敏感地反映心肌的电生理变化。心电图既是临床上检查心脏疾病的一种重要方法，又是观察运动员机能状况的重要指标。

经长期运动训练后，心电图可表现出迷走神经张力增高，表明心泵功能较好，是心脏对长期运动的适应。但少数情况下，有训练过度、运动负荷过大、心脏功能不良时也会出现上述变化，这时运动员自我感觉不良，会伴有胸闷、乏力等症状。

如果心电图出现多发性期前收缩、显著窦性心律不齐、ST段及T波变化，提示有过度训练、过度疲劳等引起的心肌损害、心功能下降。此时运动员往往会有很明显的不良感觉，应进一步做临床检查，调整训练计划，或暂停训练。

（七）最大吸氧量

最大吸氧量是反映人体在有氧极量运动负荷时心肺功能水平的一个重要指标。研究表明，最大吸氧量值的高低，主要取决于最大心排血量，即与心泵功能的强弱关系最大。经长期运动训练，特别是耐力训练，运动员的最大吸氧量较高。我国青年男子普遍最大吸氧量约为50毫升/（千克·分），女子约为45毫升/（千克·分），而有良好训练的男女运动员分别约为70毫升/（千克·分）、55毫升/（千克·分）。

当运动员由于过度疲劳或过度训练引起心肺功能下降时，最大吸氧量会明显下降，运动成绩也下降。经过运动负荷调整和相应的休息后，其值会回升。

新参加运动训练的运动员，在训练期间最大吸氧量值稳步提高，说明训练计划得当，心肺功能提高明显，机体功能状况良好。

（八）肺活量和最大通气量

肺活量和最大通气量是肺通气功能中意义较大的指标，其值的高低反映了运动员训练水平和有氧能力。在训练期间，其值的变化还反映了训练负荷和机体功能状态。如果训练后所测得的值比训练前明显减少，或者在恢复期逐渐下降，说明训练课的运动负荷过大，可能有过度疲劳。当运动员机能水平下降或有过度训练时，肺活量和最大通气量也会下降。如果训练期间其值稳步上长，说明训练计划和运动负荷适宜，机体功能状态良好。

四、运动创伤预防和处理方法

经常参加体育锻炼，可以促进青少年的生长发育，增强体质。如果锻炼时不遵循科学的锻炼方法，不注意安全，不讲究运动卫生，就容易发生运动创伤。对待运动创伤，一方面，我们要重视，要贯彻执行"预防为主"的方针，采取有效的预防措施；另一方面，也应该学习和掌握几种常见运动创伤的简单处理方法。

（一）运动创伤的基本原因和预防原则

1. 运动创伤的基本原因

造成运动创伤的原因是多方面的。其基本原因主要有：对预防运动创伤的意义认识不足；缺乏准备活动或准备活动不正确；技术上存在缺点和错误；运动量（特别是局部负担量）过大；身体机能和心理状况不良；组织与方法不当；动作粗野或违反规则；场地、器械设备和气候、光线等存在问题。

2. 运动创伤的预防原则

加强思想教育（特别要加强安全和组织纪律性教育），合理安排教学、锻炼、训练和竞赛，充分、正确地做好准备活动，加强易伤部位的锻炼，加强保护和自我保护，加强医务监督，并注意设备的安全、卫生。

（二）常见运动创伤的简单处理方法

1. 扭伤

扭伤多发生于四肢关节处。不同的体育项目，发生扭伤的部位是不同的。球类运动的扭伤，多在腕、肩、踝、膝和腰部关节；体操多在腕、肩和肘关节；田径运动最容易使髋关节扭伤。

扭伤原因多为场地不平、准备活动不充分、技术不熟练或粗心大意、负荷量安排不当造成过度疲劳等。

轻度扭伤只是关节周围的韧带或肌腱撕裂一小部分，伤处有轻微疼痛感觉。这种扭伤，在伤部的外表看不出什么，关节活动也没有障碍。轻度扭伤一般不需要急救处理，但应暂时停止锻炼。一般情况下，过一两周后伤处疼痛就会逐渐消失而痊愈。

重度扭伤可出现关节周围的韧带、肌腱和血管断裂。受伤后感到剧烈疼痛，关节不能活动。在受伤几小时后，受伤部位逐渐肿大并变为青黑色。这是由于血管破裂，血液流进组织间隙的缘故。

急救重度扭伤须先止痛、止血。在扭伤的当时可做冷敷。做冷敷时先把伤部微微抬高，用毛巾沾冷水，拧干后盖敷伤处。也可用冷水淋洗伤部。冷敷可使断裂的血管收缩，减轻出血程度，并有麻痹神经末梢、减轻疼痛的作用。冷敷后，伤部垫上棉花，用绷带包扎，包扎时稍加压力，但不能包得太紧，以免影响血液循环。

2. 挫伤

身体被钝重的体育器械打伤称为挫伤。器械打击到身上时，受伤部位的皮肤往往只有轻微的损伤，甚至好像完整无损，而皮肤下面的组织（肌肉、韧带、血管）可能发生与重度扭伤相同的损伤，如内出血、肌肉纤维撕断等。挫伤的急救方法与扭伤相同。

3. 擦伤

擦伤是当跌倒时身体的裸露部分接触地面，与地面猛烈摩擦而发生的创伤。小臂外侧、手掌、大腿外侧、膝盖及小腿外侧都是最容易发生擦伤的地方。

轻度擦伤，伤部表面只渗出少许黄色液体（淋巴液），出现少量分散在伤面上的小血点。伤部感到轻微疼痛，肢体的功能丝毫不受影响。

重度擦伤，皮肤、皮肤下面和血管及其他组织损伤较重，伤面上可以看到大量血液，几乎可以把创面盖满，在伤面上还可以看到受损伤的不整齐的皮下组织（脂肪和肌肉）。伤面上有时会沾染或刺入地面的炭渣、碎砖石等物。擦伤的急救方法首先是止血。由于血液有自行凝结的能力，所以轻度擦伤时的渗出性出血，在数分钟后即可自行停止。范围较大的重度擦伤，如出血不止，应先把受伤肢体抬高，同时用手指压住流血部位上方的动脉血管。鼻梁两侧的面部出血，可压住面动脉；手指出血，可压住尺、桡动脉；小臂出血，可压住腋下动脉或肱动脉；下肢出血，可压住大腿内侧的股动脉。进一步的急救处理，是用纱布或棉花浸以温水，把创面周围的污物除去。如创面有污物，可用生理盐水或肥皂水冲洗，冲洗后用消毒纱布吸干创面，涂以杀菌消炎药水，不要包扎，使创面暴露。这样，创面就可以很快干燥，一两天后即可结痂。大面积的、比较深的擦伤，为了预防感染化脓，可在伤面上撒适量消炎粉，再盖上涂有医用凡士林的纱布块，用绷带包扎。

4. 鼻出血

鼻部受到外力打击（器械或人碰）时，鼻内的血管破裂，可能发生相当严重的鼻内出血。鼻出血时，需暂时用口呼吸，以预防因鼻部的呼吸运动而使出血程度加重。同时，头要向后（可使伤者坐在椅上，将头部靠在椅背上），在鼻部放置冷毛巾。如果出血还不止住，可将凡士林纱布卷塞入出血的鼻腔内。

5. 脑震荡

头部受外力打击或碰在坚硬地方时，脑组织的神经细胞和神经纤维受到过度震动，称为脑震荡。

轻度脑震荡：受伤以后，只有短时间的（有时只有几秒钟）头晕眼花、眼前发黑，没有其他不舒服的感觉。

中度脑震荡：受伤后，可能发生数分钟甚至1小时的昏迷，大部分病人在清醒后有头晕、头痛现象。

重度脑震荡：昏迷的时间在1小时以上，有时病人数日不清醒，清醒后头晕、头痛较重，记忆力下降。

中、重度脑震荡痊愈后，常常患脑震荡后遗症，除经常头痛外，记忆力大大减退。

在急救时，对轻度脑震荡的人，应立即停止锻炼，卧床休息，1~2天内如无其他异常现象（如头晕、头痛），即可参加学习，但在一周内最好不要参加剧烈的体育活动。中度及重度脑震荡，如果急救时仍处于昏迷状态，应使病人仰卧在平坦的地方，头部微垫高，并尽快送医院诊治。在送往医院途中，要避免病人身体受剧烈震动。

6. 骨折

遇到突然的强大外力打击时，或附着在骨骼上的肌肉剧烈收缩时，可能发生骨折。

轻微的骨折只在骨骼上出现一条很不明显的裂纹，医学上称为骨裂。这种骨折只有用 X 光把骨像拍照下来，仔细观察，才能看出，在急救时是很难观察出来的。明显的骨折症状是伤部变形，肢体活动功能丧失，剧烈疼痛，内出血严重。

骨折的急救步骤：先除去压在伤者身上或阻碍搬移伤者的障碍物，把伤者的身体放平。在移动伤者时，动作要缓慢、轻柔。伤者因剧烈疼痛及流血过多，可能发生外伤性休克。预防休克时，首先要使其身体温暖，用毯子或棉被等物将伤者身体盖好，给其饮用热茶水、热糖水或温开水，使用镇痛剂止痛，然后迅速送医院处理。

7. 关节脱位

由于暴力作用（如突然跌倒、外力过度牵引或暴力打击等），使关节的关节面失去正常的相互联系，称为关节脱位（又称脱臼）。在关节脱位时，本人往往能听到关节内有碎裂声，脱位关节剧痛，关节功能丧失，关节变形；由于关节的位置改变，正常关节隆起处塌陷，或正常关节凹陷处隆起或突出，肢体变长或缩短。

关节脱位的急救方法是先止痛和抗休克（具体措施与骨折同），然后迅速用夹板、绷带固定脱位变形的伤肢，尽快送医院处理，争取早期复位。

8. 重力性休克

重力性休克是参加体育锻炼者心血管系统暂时性机能失调的现象。这种现象较多发生在赛跑时。

重力性休克的症状，是当跑完全程达到终点时，突然停止跑动，出现眼前发黑、头晕、全身发软、两腿无力、面色发白、心跳气喘等症状。轻度的重力性休克，上述症状可很快消失；重度的重力性休克，上述症状延续时间较长，如果不尽快搀扶，病者就有突然倒在地上的危险。

重力性休克的急救方法很简单。轻者可以搀扶着走一段路，出现的症状很快就可以消失。重者必须躺下，把下肢抬高一点，身上用毯子或衣物盖住，数分钟后，面色发白、心跳气喘、头晕眼花的现象就可以消失。如果病人想喝水，可喝些热茶水或热糖水。

要预防重力性休克，必须在跑到终点后，减慢速度，再向前慢跑一段距离，然后慢慢地停下来。最重要的是在赛跑时，要加强保护工作。另外，应了解预防重力性休克的常识，以避免事故的发生。

9. 运动中腹痛

运动中腹痛多出现在各种奔跑的项目中。产生腹痛的原因比较复杂，如饭后立即活动，可引起痉挛性胃痛；肠系膜受到震动牵制，可导致腹绞痛；有时剧烈运动可使肝、脾瘀血肿大而出现疼痛；呼吸方法不当和慢性腹部疾病也会产生腹痛。运动中腹痛多发生在上腹部（即肝、脾相应的部位），疼痛性质多为锐痛和钝痛。

对轻度腹痛，可减慢运动速度继续活动，同时用手压住痛点做深呼吸，疼痛即可缓解。如果仍不能缓解，应停止运动，请医生诊治。

10. 肌肉痉挛

肌肉痉挛俗称抽筋，是肌肉不自主地强制收缩，运动中小腿腓肠肌及足底的屈拇肌、屈趾肌最容易发生痉挛现象。当身体疲劳、大量排汗使体内盐分丧失过多，破坏了水盐平衡，或受寒冷刺激时，容易发生肌肉痉挛。

肌肉痉挛时，要使患者平卧，注意保暖，并用力牵引痉挛的肌肉，使之伸展和放松。如小腿肚痉挛或脚趾向下痉挛时，可将膝关节伸直，用力将脚掌、脚趾向上扳，即可缓解；还可用手指掐按小腿中央，并用手掌上下推揉，拍打小腿，帮助缓解。

11. 中暑

夏季在炎热的环境中做剧烈运动，由于散热困难，体温急剧增高；或由于出汗过多，体内缺盐缺水，会发生肌肉痉挛；烈日直接照射头部，使脑膜和脑髓发生充血和受刺激，会出现中暑。

轻度中暑，有头晕、头痛、眼花、恶心、口渴等症状；较重的中暑，会出现体温升高、面色潮红、胸闷、皮肤灼热等；严重的中暑会出现休克现象。急救时，应将患者移到阴凉通风的地方，仰卧、垫高头部或让其采取半坐姿势，解开患者的衣扣，对其扇风，额部冷敷，用酒精或白酒擦身。患者清醒时可让其喝清凉饮料。

思考题

1. 什么是平衡膳食？
2. 根据自己的情况，怎样做到合理营养？
3. 肥胖者如何保健？
4. 消瘦者如何保健？
5. 神经衰弱者如何保健？
6. 哮喘者如何保健？

第三章

大学生体质健康评价

中华人民共和国成立以来,党和国家一直非常关心和重视广大学生的身体健康,原国家教委、原国家体委等有关部门从鼓励和推动学生积极参加体育锻炼,增强学生体质的目的出发,在不同时期先后制定了《劳卫制》《国家体育锻炼标准》《大学生体育合格标准》《中学生体育合格标准》《小学生体育合格标准》《初中毕业生升学体育考试办法》等一系列制度,并于2002年开始在全国试行《学生体质健康标准》。这些制度的制定和实施,对于增强学生体质,促进我国学校体育工作具有积极作用。

教育部、国家体育总局在认真总结各地试行工作的基础上,根据新的形势,对《学生体质健康标准》进行了修改和完善,将《学生体质健康标准》正式定名为《国家学生体质健康标准》(以下简称《标准》),并从2007年开始在全国各级各类学校全面实施,成为学生体质健康的评价依据,2014年教育部对《标准》进行了全面修订。本章将对《标准》中大学生体质健康评价方面的内容进行阐述。

第一节 实施《国家学生体质健康标准》的重要意义

一、《标准》名称含义诠释

《标准》的内涵是测量学生体质健康状况和锻炼效果的评价标准,是国家对不同年龄段学生体质健康方面的基本要求,是学生体质健康的个体评价标准。健康的概念包括身体健康、心理健康和社会适应。《标准》涵盖的是与学校体育密切相关的学生身体健康范畴。为了界定它的内涵,又避免与三维的健康概念相混淆,故将"体质"作为"健康"的定语以示其内涵。

《标准》名称的外延涉及它的教育和激励功能、反馈功能和指导锻炼功能。

(1) 教育和激励功能:《标准》是促进学生体质健康发展、激励学生积极进行身体锻炼的教育手段。所选用的指标可以反映与身体健康关系密切的身体成分、心血管系统功能、肌肉的力量和耐力及关节和肌肉的柔韧性等要素的基本情况。《标准》的实施将使学生和社会能够对影响身体健康的主要因素有一个更加明确的认识和理解,引导和帮助人们去积极追求身体的健康状态,实现学校体育的目标。《标准》实施办法还规定,对达到合格以上等级的学生颁发证章,以激发学生对体育锻炼的内在积极性。

(2) 反馈功能:《标准》是学生体质健康的个体评价标准,并规定了各学校应将每年测试的数据按时上报至国家学生体质健康标准数据管理系统，该系统具有按各种要求进行统计、分析、检索的功能，并定期向社会公告。该系统为学生及家长提供了在线查询和在线评估服务，向学生提供了个性化的身体健康诊断，使学生能够在准确了解自己体质健康状况的基础上进行锻炼；该系统还可以为各级政府机关、教育行政部门、学校提供翔实的统计和分析数据，使之了解学生的体质健康状况，及时采取科学的干预措施。

（3）引导锻炼功能：《标准》增加了一些简便易行、锻炼效果较好的项目，并提高了部分锻炼项目指标的权重，对引导学生进行体育锻炼具有较强的实效性；同时，通过国家学生体质健康标准数据管理系统，学生还可以查询到针对性较强的运动处方，用于自身因地制宜地进行科学的体育锻炼，提高身体健康水平。

二、实施《标准》的重要意义

（一）贯彻落实《中华人民共和国体育法》

《国家体育锻炼标准》是经国务院批准实施的我国重要的体育制度，《中华人民共和国体育法》明确规定：学校必须实施国家体育锻炼标准，对学生在校期间每天用于体育活动的时间予以保证。《标准》是《国家体育锻炼标准》在学校的具体实施，目的在于激励广大青少年自觉积极地锻炼身体，促使身体的正常发育和全面发展，增强体质，为全面建设社会主义现代化国家，为培养德智体美劳全面发展的建设人才服务。《标准》的实施不仅会促进学生积极锻炼，纠正和改变目前学生体质健康状况出现的突出问题，使学生拥有健康的体魄和健全的人格，而且还是依法办学、依法执教的重要内容。

（二）贯彻落实"健康第一"的指导思想和全国学校体育工作会议的精神

学校教育，特别是学校体育直接肩负着"增强学生体质"和"促进学生健康"的使命。《标准》是积极贯彻落实《中共中央、国务院关于深化教育改革　全面推进素质教育的决定》所提出的"健康体魄是青少年为祖国和人民服务的基本前提，是中华民族旺盛生命力的体现。学校教育要树立健康第一的指导思想，切实加强体育工作"这一思想的重大举措，也是深化学校体育教学改革、推进素质教育的重要步骤。《标准》是学生体质健康的个体评价标准和学生是否能够毕业的基本条件之一，是激励学生积极参加体育锻炼、促进学生体质健康发展的一种教育手段，引导广大青少年学生努力拥有健康的体魄和健全的人格，将健康第一的指导思想落到实处，充分发挥学校体育在素质教育中的作用。

（三）满足社会发展对人体健康的需要

现代文明在带给人们充分物质享受的同时，也给人类的健康带来了新的威胁。由于精神紧张、营养过剩、运动不足、环境污染等因素所引发的非传染性疾病在全球蔓延，处于"亚健康状态"的人群不断地扩大。关爱生命、追求健康是现代人渴望的目标。实施《标准》对于唤起学生的健康意识、改变学生不良的生活习惯和生活方式、促进学生健康成长必将起到积极的作用。《标准》是激励学生积极进行身体锻炼的教育手段，而不是为了甄别和选拔优秀体育运动员。《标准》采用的是个体评价标准，针对身体形态、身体机能、身体素质和运动能力设置了专门的测评项目，有些项目还具有简便易行、锻炼身体实效性较强等特点，能够帮助学生发现自身的不足或个体差异，并通过测评促进学生积极参加体育锻炼，改善体质健康状况，促进身体全面发展，使之成为具有正确的体育意识和健康的生活方式的高素质的社会建设者，使学校体育在促进国民健康素质方面起到应有的作用。

（四）发展和完善学生体质健康评价体系

学生体质健康评价是学校体育工作中的重要环节，也是学校教育评价体系中的重要组成部分。正确、合理地对学生进行体质健康评价，对于促进学校体育和教育工作有着重要的意义。《标准》继承了《劳卫制》《国家体育锻炼标准》的成功经验，是在认真总结了《学生体质健康标准》试行工作经验的基础上，根据当前学校体育工作中的有关问题（特别是学生体质调研发现的肺活量水平继续呈下降趋势，速度、爆发力、力量耐力、耐力素质水平进一步下降，肥胖检出率继续上升等问题），参考了国际上有关研究的成功经验和先进做法而制定出来的。《标准》对于评价学生的体质健康状况，引导学生积极锻炼都有了新的发展。《标准》从建立和完善我国学校教育评价体系的目标出发，体现了学校体育的价值，回答了学校体育为什么要以"体质健康"为本和怎样以"体质健康"为本的问题，明确了"体质健康"不仅是学校教育和学校体育追求的目标，而且是学校体育课程存在的根本理由。《标准》的实施将对我国深化学校体育改革，发展和完善学生体质健康评价体系，促进全体学生综合素质的提高，具有深刻的影响和深远的历史意义。

第二节　《国家学生体质健康标准》摘录

一、说明

（1）《标准》是国家学校教育工作的基础性指导文件和教育质量基本标准，是评价学生综合素质、评估学校工作和衡量各地教育发展的重要依据，是《国家体育锻炼标准》在学校的具体实施，适用于全日制普通小学、初中、普通高中、中等职业学校、普通高等学校的学生。

（2）2014年修订后的《标准》坚持健康第一，落实《国家中长期教育改革和发展规划纲要（2010—2020年）》《国务院办公厅转发教育部等部门关于进一步加强学校体育工作若干意见的通知》（国办发〔2012〕53号）和《教育部关于印发〈学生体质健康监测评价办法〉等三个文件的通知》（教体艺〔2014〕3号）有关要求，着重提高《标准》应用的信度、效度和区分度，着重强化其教育激励、反馈调整和引导锻炼的功能，着重提高其教育监测和绩效评价的支撑能力。

（3）本标准从身体形态、身体机能和身体素质等方面综合评定学生的体质健康水平，是促进学生体质健康发展、激励学生积极进行身体锻炼的教育手段，是我国学生发展核心素养体系和学业质量标准的重要组成部分，是学生体质健康的个体评价标准。

（4）本标准将适用对象划分为以下组别：小学、初中、高中按每个年级为一组，其中小学为6组、初中为3组、高中为3组。大学一、二年级为一组，三、四年级为一组。

（5）小学、初中、高中、大学各组别的测试指标均为必测指标。其中，身体形态类中的身高、体重，身体机能类中的肺活量，以及身体素质类中的50米跑、坐位体前屈为各年级学生共性指标。

（6）本标准的学年总分由标准分与附加分之和构成，满分为120分。标准分由各单项指标得分与权重乘积之和组成，满分为100分。附加分根据实测成绩确定，即对成绩超过100分的加分指标进行加分，满分为20分；小学的加分指标为1分钟跳绳，加分幅度为20分；初中、高中和大学的加分指标为男生引体向上和1 000米跑，女生1分钟仰卧起坐和800米跑，各指标加分幅度均为10分。

（7）根据学生学年总分评定等级：90.0分及以上为优秀，80.0~89.9分为良好，60.0~79.9分为及格，59.9分及以下为不及格。

（8）每个学生每学年评定一次，记入《〈国家学生体质健康标准〉登记卡》。特殊学制的学校，在填写登记卡时可以按规定和需求相应地增减栏目。学生毕业时的成绩和等级，按毕业当年学年总分的50%与其他学年总分平均得分的50%之和进行评定。

（9）学生测试成绩评定达到良好及以上者，方可参加评优与评奖；成绩达到优秀者，方可获体育奖学分。测试成绩评定不及格者，在本学年度准予补测一次，补测仍不及格，则学年成绩评定为不及格。普通高中、中等职业学校和普通高等学校学生毕业时，《标准》测试的成绩达不到50分者按结业或肄业处理。

（10）学生因病或残疾可向学校提交暂缓或免予执行《标准》的申请，经医疗单位证明，体育教学部门核准，可暂缓或免予执行《标准》，并填写《免予执行〈国家学生体质健康标准〉申请表》，存入学生档案。确实丧失运动能力、被免予执行《标准》的残疾学生，仍可参加评优与评奖，毕业时《标准》成绩需注明免测。

（11）各学校每学年开展覆盖本校各年级学生的《标准》测试工作，《标准》测试数据经当地教育行政部门按要求审核后，通过"中国学生体质健康网"上传至"国家学生体质健康标准数据管理系统"。测试和数据上传时间由教育行政部门确定。

（12）本标准由教育部负责解释。

二、单项指标与权重

大学生测试单项指标与权重见表3-1。

表3-1 大学生测试单项指标与权重

测试对象	单项指标	权重/%
大学各年级	体重指数（BMI）	15
	肺活量	15
	50米跑	20
	坐位体前屈	10
	立定跳远	10
	引体向上（男）/1分钟仰卧起坐（女）	10
	1 000米跑（男）/800米跑（女）	20

注：体重指数（BMI）= 体重（千克）/身高的平方（米^2）。

三、评分表

(一) 单项指标评分表

大学生单项指标评分表见表3-2、表3-3、表3-4。

表3-2　大学生体重指数（BMI）单项评分表（单位：千克/米²）

等级	单项得分	男生	女生
正常	100	17.9～23.9	17.2～23.9
低体重	80	≤17.8	≤17.1
超重		24.0～27.9	24.0～27.9
肥胖	60	≥28.0	≥28.0

表3-3　大学男生单项指标评分标准

等级	单项得分	肺活量/毫升 大一、大二	肺活量/毫升 大三、大四	50米跑/秒 大一、大二	50米跑/秒 大三、大四	坐位体前屈/厘米 大一、大二	坐位体前屈/厘米 大三、大四	立定跳远/厘米 大一、大二	立定跳远/厘米 大三、大四	引体向上/次 大一、大二	引体向上/次 大三、大四	耐力跑（时间）大一、大二	耐力跑（时间）大三、大四
优秀	100	5 040	5 140	6.7	6.6	24.9	25.1	273	275	19	20	3'17"	3'15"
优秀	95	4 920	5 020	6.8	6.7	23.1	23.3	268	270	18	19	3'22"	3'20"
优秀	90	4 800	4 900	6.9	6.8	21.3	21.5	263	265	17	18	3'27"	3'25"
良好	85	4 550	4 650	7.0	6.9	19.5	19.9	256	258	16	17	3'34"	3'32"
良好	80	4 300	4 400	7.1	7.0	17.7	18.2	248	250	15	16	3'42"	3'40"
及格	78	4 180	4 280	7.3	7.2	16.3	16.8	244	246			3'47"	3'45"
及格	76	4 060	4 160	7.5	7.4	14.9	15.4	240	242	14	15	3'52"	3'50"
及格	74	3 940	4 040	7.7	7.6	13.5	14.0	236	238			3'57"	3'55"
及格	72	3 820	3 920	7.9	7.8	12.1	12.6	232	234	13	14	4'02"	4'00"
及格	70	3 700	3 800	8.1	8.0	10.7	11.2	228	230			4'07"	4'05"
及格	68	3 580	3 680	8.3	8.2	9.3	9.8	224	226	12	13	4'12"	4'10"
及格	66	3 460	3 560	8.5	8.4	7.9	8.4	220	222			4'17"	4'15"
及格	64	3 340	3 440	8.7	8.6	6.5	7.0	216	218	11	12	4'22"	4'20"
及格	62	3 220	3 320	8.9	8.8	5.1	5.6	212	214			4'27"	4'25"
及格	60	3 100	3 200	9.1	9.0	3.7	4.2	208	210	10	11	4'32"	4'30"
不及格	50	2 940	3 030	9.3	9.2	2.7	3.2	203	205	9	10	4'52"	4'50"
不及格	40	2 780	2 860	9.5	9.4	1.7	2.2	198	200	8	9	5'12"	5'10"
不及格	30	2 620	2 690	9.7	9.6	0.7	1.2	193	195	7	8	5'32"	5'30"
不及格	20	2 460	2 520	9.9	9.8	-0.3	0.2	188	190	6	7	5'52"	5'50"
不及格	10	2 300	2 350	10.1	10.0	-1.3	-0.8	183	185	5	6	6'12"	6'10"

表 3-4　大学女生单项指标评分标准

等级	单项得分	肺活量/毫升		50米跑/秒		坐位体前屈/厘米		立定跳远/厘米		1分钟仰卧起坐/次		耐力跑（时间）	
		大一、大二	大三、大四	大一、大二	大三、大四	大一、大二	大三、大四	大一、大二	大三、大四	大一、大二	大三、大四	大一、大二	大三、大四
优秀	100	3 400	3 450	7.5	7.4	25.8	26.3	207	208	56	57	3′18″	3′16″
	95	3 350	3 400	7.6	7.5	24.0	24.4	201	202	54	55	3′24″	3′22″
	90	3 300	3 350	7.7	7.6	22.2	22.4	195	196	52	53	3′30″	3′28″
良好	85	3 150	3 200	8.0	7.9	20.6	21.0	188	189	49	50	3′37″	3′35″
	80	3 000	3 050	8.3	8.2	19.0	19.5	181	182	46	47	3′44″	3′42″
及格	78	2 900	2 950	8.5	8.4	17.7	18.2	178	179	44	45	3′49″	3′47″
	76	2 800	2 850	8.7	8.6	16.4	16.9	175	176	42	43	3′54″	3′52″
	74	2 700	2 750	8.9	8.8	15.1	15.6	172	173	40	41	3′59″	3′57″
	72	2 600	2 650	9.1	9.0	13.8	14.3	169	170	38	39	4′04″	4′02″
	70	2 500	2 550	9.3	9.2	12.5	13.0	166	167	36	37	4′09″	4′07″
	68	2 400	2 450	9.5	9.4	11.2	11.7	163	164	34	35	4′14″	4′12″
	66	2 300	2 350	9.7	9.6	9.9	10.4	160	161	32	33	4′19″	4′17″
	64	2 200	2 250	9.9	9.8	8.6	9.1	157	158	30	31	4′24″	4′22″
	62	2 100	2 150	10.1	10.0	7.3	7.8	154	155	28	29	4′29″	4′27″
	60	2 000	2 050	10.3	10.2	6.0	6.5	151	152	26	27	4′34″	4′32″
不及格	50	1 960	2 010	10.5	10.4	5.2	5.7	146	147	24	25	4′44″	4′42″
	40	1 920	1 970	10.7	10.6	4.4	4.9	141	142	22	23	4′54″	4′52″
	30	1 880	1 930	10.9	10.8	3.6	4.1	136	137	20	21	5′04″	5′02″
	20	1 840	1 890	11.1	11.0	2.8	3.3	131	132	18	19	5′14″	5′12″
	10	1 800	1 850	11.3	11.2	2.0	2.5	126	127	16	17	5′24″	5′22″

（二）单项加分指标评分表

大学生单项加分指标评分表见表3-5。

表 3-5　大学生单项加分指标评分表

加分	引体向上（男生）/次		1 000米跑（男生）/秒		1分钟仰卧起坐（女生）/次		800米跑（女生）/秒	
	大一、大二	大三、大四	大一、大二	大三、大四	大一、大二	大三、大四	大一、大二	大三、大四
10	10	10	−35	−35	13	13	−50	−50
9	9	9	−32	−32	12	12	−45	−45
8	8	8	−29	−29	11	11	−40	−40

续表

加分	引体向上（男生）/次		1 000米跑（男生）/秒		1分钟仰卧起坐（女生）/次		800米跑（女生）/秒	
	大一、大二	大三、大四	大一、大二	大三、大四	大一、大二	大三、大四	大一、大二	大三、大四
7	7	7	-26	-26	10	10	-35	-35
6	6	6	-23	-23	9	9	-30	-30
5	5	5	-20	-20	8	8	-25	-25
4	4	4	-16	-16	7	7	-20	-20
3	3	3	-12	-12	6	6	-15	-15
2	2	2	-8	-8	4	4	-10	-10
1	1	1	-4	-4	2	2	-5	-5

四、《国家学生体质健康标准》登记卡

《标准》登记卡见表3-6。

表3-6 《国家学生体质健康标准》登记卡（大学样表）

学　校　_____

姓　名			性　别			学　号					
院（系）			民　族			出生日期					

单项指标	大一			大二			大三			大四		毕业成绩
	成绩	得分	等级	成绩	得分	等级	成绩	得分	等级	成绩	得分	等级	得分	等级
体重指数（BMI）/（千克/米²）												
肺活量/毫升												
50米跑/秒												
坐位体前屈/厘米												
立定跳远/厘米												
引体向上（男）/次 1分钟仰卧起坐（女）/次												
1 000米跑（男） 800米跑（女）												
标准分												

加分指标	成绩	附加分	成绩	附加分	成绩	附加分	成绩	附加分
引体向上（男）/次 1分钟仰卧起坐（女）/次								
1 000米跑（男） 800米跑（女）								

续表

单项指标	大一			大二			大三			大四			毕业成绩	
	成绩	得分	等级	成绩	得分	等级	成绩	得分	等级	成绩	得分	等级	得分	等级
学年总分														
等级评定														
体育教师签字														
辅导员签字														

注：高等职业学校、高等专科学校参照本样表执行。　　　　　学校签章：　　　　　年　月　日

五、免予执行《国家学生体质健康标准》申请表

学生因病或残疾而需填写的免于执行《国家学生体质健康标准》申请表见表3-7。

表3-7　免予执行《国家学生体质健康标准》申请表（样表）

姓　名		性　别		学　号	
班级/院（系）		民　族		出生日期	
原因					
				申请人： 年　月　日	
体育教师签字			家长签字		
学校体育部门意见					
				学校签章： 年　月　日	

注：中等职业学校及普通高等学校的学生，"家长签字"由学生本人签字。

第三节 《国家学生体质健康标准》测试成绩评价与应用

《标准》成绩等级评定分为两个部分,第一部分是对各项指标测试结果分别评分,得出相应评价指标的得分和等级;第二部分是对每个学生给出一个总的得分和等级。

一、单项指标的成绩等级评定及其应用

(一)评定

各单项指标的评分均采用百分制,根据得分有相应的评价等级。体重指数(BMI)分为低体重、正常体重、超重和肥胖四个等级,正常体重为100分,低体重和超重为80分,肥胖为60分。其他指标按照得分均分为优秀、良好、及格和不及格四个等级。评分时,教师或学生可以依据《标准》评分表,确定该单项指标的成绩等级。

(二)应用

通过对学生每一项指标进行评价,可以了解学生在体质健康各个方面的具体情况和等级,学生可以对不够理想的指标,进行有针对性的锻炼;教师也可以根据学生的个体差异,有区别地进行指导,鼓励学生进步和发展,从而不断提高每个学生的体质健康水平。

二、总的成绩等级评定及其应用

(一)评定

对学生体质健康总体成绩等级评定,应先根据《标准》评分表,对各单项指标进行成绩评定,再根据表3-1中各评价指标所对应的权重系数,核算各单项的得分并相加,得到总分,用总分进行等级评价,共分为四个等级。

优秀:总分90.0分以上。

良好:总分80.0~89.9分。

及格:总分60.0~79.9分。

不及格:总分59.9分以下。

(二)应用

(1)总分高于80分(含)等级为良好者,方可参与当学年"三好学生"、奖学金的评选;成绩达到优秀者,方可获体育奖学分。

(2)在校生每年参加《标准》测试一次,评定后的成绩记入《国家学生体质健康标准登记卡》,毕业时放入学生档案。学生毕业时的《标准》等级评定,按毕业当年的成绩和其他学年平均成绩各占50%之和评定。学生毕业时《标准》测试的成绩达不到50分者按肄业处理。

(3)因病或残疾学生,可向学校提交免予执行《标准》的申请,填写《免予执行〈国家学生体质健康标准〉申请表》,经校医保中心证明、体育部(系)核准后,可以免予执行《标准》,所填表格存入学生档案。对确实丧失运动能力、免予执行《标准》的残疾学生,仍可参加"三好学生"、奖学金、奖学分评选,毕业时的《标准》成绩可记为满分,但不评定等级。

（4）全国各级各类学校每年均直接将本校各年级《标准》测试数据，通过"中国学生体质健康网"，报送至教育部"国家学生体质健康标准数据管理系统"。

第四节　《国家学生体质健康标准》测试的操作方法

在《标准》实施的过程中，测试数据要能准确地反映学生真实的体质健康状况，因此，掌握好各个项目正确的测试方法，是所有体育教师和测评人员迫切需要了解的内容。测试工作必然和所使用的测试仪器有一定关系，目前各个测试单位使用的仪器是多种多样的，有全手工操作的，也有用 IC 卡、感应卡或手工输入学号来测试的电子仪器。虽然操作流程不完全相同，但对测试人员的基本操作要求是一致的。下面对《标准》中各个项目基本的测试方法及操作要求进行介绍。对于不同的测试器材，可参考相应的说明书。

一、身高、体重

（一）测试目的

测试学生的身高，与体重测试相配合，评定学生的身体匀称度，评定学生生长发育的水平及营养状况。

（二）场地器材

身高体重测试仪。使用前校对仪器底盘的水平度，连接电源，打开测试仪器。

（三）测试方法

受试者赤足，以立正姿势站在仪器底盘上（上肢自然下垂，足跟并拢，足尖分开成约60°角）。足跟、骶骨部及两肩胛区与立柱相接触，躯干自然挺直，头部正直，耳屏上缘与眼眶下缘呈水平位。

（四）注意事项

（1）仪器应选择平坦靠墙的地方放置。

（2）严格掌握"三点靠立柱""两点呈水平"的测量姿势要求。

（3）头发蓬松者要压实，头顶的发辫、发结要放开，饰物要取下。

（4）测试人员按键测量时，受试者禁止移动，以免影响体重的测试。

（5）测量身高前，受试者应避免进行剧烈的体育活动和体力劳动。

二、肺活量

（一）测试目的

测试学生的肺通气功能。

（二）场地器材

肺活量测试仪。

（三）测试方法

房间通风良好；使用干燥的一次性口嘴（非一次性口嘴，则消毒后必须使其干燥方可使用）。检查肺活量测试仪电源线及接口是否牢固，按测试仪操作规范进行测试。

首先告知受试者不必紧张，学会深吸气（避免耸肩提气，应该像闻花似的慢呼吸），以中等速度和尽全力吹效果最好。令受试者手持吹气口嘴，面对肺活量测试仪站立试吹一次，看口嘴或鼻处是否漏气，调整口嘴和用鼻夹（或自己捏鼻孔）。测试时，受试者进行一两次较平日深一些的呼吸动作后，更深地吸一口气，屏住气向口嘴处慢慢呼出至不能再呼出为止，测试中不得中途二次吸气。吹气完毕后，液晶屏上最终显示的数字即为肺活量毫升值。每名受试者测两到三次，每次间隔15秒，记取最大值为测试结果，以毫升为单位，不保留小数。

（四）注意事项

定期用干棉球及时清理或擦干手柄（有的仪器为气筒）。严禁用水或酒精等任何液体冲洗手柄内部。测试前避免进行剧烈运动。

三、50米跑

（一）测试目的

测试学生速度、灵敏素质及神经系统灵活性的发展水平。

（二）场地器材

50米直线跑道若干条，地面平坦，地质不限，跑道线要清楚。发令旗一面，口哨一个，秒表若干块（一道一块）。秒表在使用前，应用标准秒表校正，每分钟误差不得超过0.2秒。标准秒表选定，以北京时间为准，每小时误差不超过0.3秒。

（三）测试方法

受试者至少两人一组测试。站立起跑，受试者听到口哨声后开始起跑。发令员在发出口令同时要摆动发令旗。计时员视旗动开表计时，受试者躯干部到达终点线的垂直面停表。以秒为单位记录测试成绩，精确到小数点后一位，小数点后第二位数按非"0"时则进1，如10.11秒读成10.2秒记录之。

（四）注意事项

受试者测试时最好穿运动鞋或平底布鞋，赤脚也可。但不得穿钉鞋、皮鞋、塑料凉鞋。发现有抢跑者，要当即召回重跑。如果遇风时一律顺风跑。

四、800米跑或1 000米跑

（一）测试目的

测试学生耐力素质的发展水平，特别是心血管呼吸系统的机能及肌肉耐力。

（二）场地器材

400米、300米、200米田径场地跑道，地质不限。也可使用其他不规则场地，但必须丈量准确，地面平坦。发令旗一面，秒表若干块，使用前需要校正，要求同50米跑测试。

（三）测试方法

受试者至少两人一组进行测试，站立式起跑。当听到"跑"的口令后开始起跑。计时员看到旗动开表计时，当受试者躯干部到达终点线的垂直面停表。以分、秒为单位记录测试成绩，不计小数。

五、立定跳远

（一）测试目的

测试学生下肢爆发力及身体协调能力的发展水平。

（二）场地器材

立定跳远测试仪或沙坑、丈量尺。沙面应与地面平齐，如无沙坑，可在土质松软的平地上进行。起跳线至沙坑近端不得少于 30 厘米。起跳地面要平坦，不得有坑凹。

（三）测试方法

受试者两脚自然分开站立，站在起跳线后，脚尖不得踩线（最好用线绳做起跳线）。两脚原地同时起跳，不得有垫步或连跳动作。丈量起跳线后缘至最近着地点后垂直距离。每人试跳两到三次，记录其中最好的一次成绩。以米为单位，保留两位小数（立定跳远测试仪能够自动采集）。

（四）注意事项

发现犯规时，此次成绩无效。三次试跳均无成绩者，允许再跳，直至取得成绩为止。可以赤足，但不得穿钉鞋、皮鞋、塑料凉鞋参加测试。

六、引体向上

（一）测试目的

测试学生的上肢肌肉力量和耐力的发展水平。

（二）场地器材

高单杠或高横杠，杠粗以手能握住为准。

（三）测试方法

受试者跳起双手正握杠，两手与肩同宽成直臂悬垂。静止后，两臂同时用力引体（身体不能有附加动作），上拉到下颚超过横杠上缘为完成一次。记录引体次数。

（四）注意事项

受试者应双手正握单杠，待身体静止后开始测试。引体向上时，身体不能做大的摆动，也不能借助其他附加的动作撑起。两次引体向上的间隔时间超过 10 秒终止测试。

七、坐位体前屈

（一）测试目的

测量学生在静止状态下的躯干、腰、髋等关节可能达到的活动幅度，主要反映这些部位的关节、韧带和肌肉的伸展性和弹性及学生身体柔韧素质的发展水平。

（二）场地器材

坐位体前屈测试仪。

（三）测试方法

受试者两腿伸直，两脚平蹬测试纵板坐在平地上，两脚分开为 10~15 厘米，上体前屈，两臂向前伸直，用两手中指指尖逐渐向前推动游标，直到不能前推为止。测试仪的脚蹬纵板内沿平面为 0 点，向内为负值，向前为正值。记录以厘米为单位，保留一位小数。测试两次，取最好成绩。

（四）注意事项

身体前屈，两臂向前推游标时两腿不能弯曲。受试者应匀速向前推动游标，不得突然发力。

八、仰卧起坐

（一）测试目的

测试学生的腹肌能力。

（二）场地器材

垫子若干块（或代用品），铺放平坦。

（三）测试方法

受试者仰卧于垫上，两脚稍分开，屈膝约呈 90°角，两手手指交叉贴于脑后。同伴压住其踝关节，以固定下肢。受试者坐起时两肘触及或超过双膝为完成一次。仰卧时两肩胛必须触垫。测试人员发出"开始"口令的同时开表计时，记录 1 分钟内完成次数。1 分钟时间到时，受试者虽已坐起但肘关节未达到双膝者不计该次数。精确到个位。

（四）注意事项

如果发现受试者借用肘部撑垫或臀部起落的力量起坐时，该次不计数。测试过程中，观测人员应向受试者报数。受试者双脚必须放于垫上。

思考题

1. 简述实施《国家学生体质健康标准》的重要意义。
2. 大学生体质健康评价有哪些单项加分指标？

第四章

大学生体适能

第一节 体适能概述

对健康的评价，可因评价的视角不一，而有不同的评价方法和指标。从体育角度评价健康，常用的是"体适能"这一指标。

一、体适能相关概念的特点及关系

现今，体质、健康、体适能等词语频繁出现在与体育和健康相关的知识和应用中。因此，界定它们的概念，弄清各自的内涵和特点，对于加强体育理论掌握和体育锻炼运用十分必要。体质是指人体的质量，是生命活动和工作能力的物质基础，是在先天遗传和后天环境的影响下，在生长、发育和衰老的过程中逐渐形成的身、心两方面相对稳定的特质。健康不仅是没有疾病和衰弱状态，也是一种身体上、精神上和社会上的完好状态。体适能是机体在不过度疲劳状态下，能以旺盛的精力从事日常工作和休闲活动，能从容地应对不可预测的紧急情况的能力。体质、健康和体适能三者的关系是紧密相连、不可分割的。体质是人体维持良好状态的基础，健康是体质的外在表现形式，是一种动态平衡。体质是一种"质量"，健康是一种"状态"，体质与健康的关系是"质量"与"状态"的关系，"质量"决定"状态"。体质与体适能既有相同之处，又有不同之点。相同的是两者都反映身体适应生活、运动和环境等因素的一种应变能力；不同的是体质的概念除反映人体的形态结构、生理功能和运动能力外，还包括心理因素和机体免疫力，体适能则强调了身体适应生活、运动和环境等因素的一种应变能力。体质是身体的质量，是静态的，就好比是制造物品的材料或材质。体适能是身体的适应力，是动态的，就如物品的用途或功能。在一定程度上"材料"决定了"功能"。体适能是一种"能力"，健康和体适能的关系就是"状态"与"能力"的关系，"状态"决定"能力"。也就是说，当身体处于健康状态时，体适能就好；当身体处于非健康状态时，体适能就差。体适能是健康的必要条件。体适能与体能的目的不同，要求不同，状态不同。体能在我国主要已经演变成为针对竞技运动员的体能，而体适能更符合大众健身。

二、体适能的分类

对体适能的分类主要有三分法和两分法，其中以两分法的划分代表性更强，也普遍

能够得到认同。

(一) 三分法

陈佩杰等（2005）将体适能分为健康相关体适能、技能相关体适能及代谢相关体适能三方面内容。与健康相关的体适能直接与个体从事日常生活和工作能力有关，主要评价机体的呼吸循环系统、身体成分（体脂为主要指标）和肌肉骨骼系统（包括肌肉耐力、肌肉力量和柔韧性）三方面机能。

中国台湾学者林正常（2001）将体适能分为：与健康有关的体适能、与基本运动能力有关的一般运动体适能及与运动项目有关的专项技术适能。

(二) 两分法

钱伯光（1996）将体适能分为与健康相关的体适能和与运动相关的体适能，这也是国际通用的分类。美国健身体育休闲舞蹈协会（1980）将体适能分为健康体适能和运动体适能。其中健康体适能包含肌肉力量和肌肉耐力、心肺耐力、柔韧性及身体组成，而运动体适能则包含平衡、协调性、敏捷性、速度、爆发力。卡斯珀森（Casperson, 1985）认为，体适能是人体须拥有有氧能力、肌肉耐力、柔韧性、肌肉肌力与身体组成等要素。科尔宾（Corbin, 1991）认为，体适能包含身体组成、心肺适能、柔韧性与肌肉耐力等。一个拥有良好的健康体适能者并不一定具有优秀的技能体适能，技能体适能需要进行适当的训练，但拥有优秀技能体适能的前提是具有良好的健康体适能。

目前国际上对体适能的分类，通常采用世界卫生组织和美国运动医学学会对体适能的两分类法，即分为健康体适能和技能体适能。

1. 健康体适能

健康体适能是与健康有关的体适能，包括如下四个方面。

心肺适能：身体摄取氧和利用氧的能力。通常心肺适能与有氧工作能力是同义词，心肺适能越强，完成学习、工作、走、跑、跳、劳动时就会越轻松，并能够胜任强度较大的工作，对较为剧烈的运动也能逐步适应。

肌肉适能：肌肉适能包括肌肉力量与肌肉耐力。肌肉力量是竭尽全力从事抵抗阻力的活动能力。肌肉强壮有助于预防关节的扭伤、肌肉的疼痛和身体的疲劳。肌肉耐力是肌肉承受某种适当负荷运动时重复次数的多少、持续运动时间的能力。肌肉适能的重要性在于避免肌肉萎缩、松弛。维持较匀称的身材，有利于防止身体疲劳，减少运动伤害发生，提升身体活动能力，提高生活质量。

柔韧性：柔韧性是指用力做动作时扩大动作幅度的能力，包括身体各个关节的活动幅度及跨过关节的肌肉、肌腱、韧带、皮肤和其他组织的弹性与伸展能力。

柔韧性对于提高身体活动水平，维持正确的体姿，减少运动器官损伤，改善动作效果都有重要意义。

身体成分：身体成分是指组成人体各组织器官的总成分。总重量为体重，含脂肪成分和非脂肪成分。体适能与体内脂肪比例的关系最密切。脂肪过多，心肺功能的负担就越重，要维持适宜的体内脂肪，必须注意能量的吸收和消耗的平衡。

人体的脂肪重量占体重的百分比称为体脂百分比，余下的包括骨、水分、肌肉等，称为去脂体重，体适能的强弱与合理的体重和体脂百分比关系密切，体重得当，身体成分适宜是健康的标志。肥胖给健康带来威胁，体重过轻也不利于健康，对脑力、体力均有负面影响，出现体质虚弱、骨密质较差的现象。

2. 技能体适能

技能体适能包括灵敏性、平衡感、协调性、速度、肌肉爆发力和反应时间六要素。

灵敏性：身体或身体某部位迅速移动并快速改变方向的能力。

平衡感：人体在静止站立或运动时能维持身体稳定性的能力。

协调性：肌肉系统表现的正确、和谐、优雅的活动动作，这主要反映一个人的视觉、听觉、平衡感与熟练的动作技能相结合的能力。

速度：人体进行快速移动的能力或最短时间内完成某种运动的能力。

肌肉爆发力：肌肉在最短时间内收缩时所产生的最大张力，通常用肌肉单位时间内的做功量来表示。

反应时间：对某些外部刺激做出生理反应的时间。体适能较好的人，动作协调、轻巧、灵活、敏捷，在活动中动作准确、变换迅速。

第二节　健康体适能对大学生的影响

一、大学生体适能需求

普通高校的学生年龄一般在 18～24 岁，正值生长发育的第二高峰期，这一时期是系统学习健身知识和多种运动技能、养成健身习惯的最佳时期。对于学校体育环境而言，可以把体适能分为两类：与学生健康有关的"健康体适能"和与学生运动能力有关的"运动技能体适能"。学校的体育教育应该在确保健康体适能的基础上，尽量拓展运动技能体适能的教育，两者有机结合，才能促进体适能全面有效地发展。

学校阶段的健康体适能，主要是指学生能够适应学习，又可应付日常生活，并且形成良好的生活习惯；运动技能体适能，主要是指学生在课外活动时具有能够从事各项活动所需要的一般运动能力，包括速度、爆发力、灵敏性、协调性、平衡、反应时间等要素，能处理突发紧急情况。运动技能体适能又可分为与一般基本运动能力有关的一般运动技能体适能及与特定运动项目有关的专项技术技能体适能。

二、体适能对大学生的影响

随着社会生产力的巨大发展，人类的体力劳动急剧减少，这是产生现代文明病的根本原因所在。现代文明病已严重影响着人类的健康，并且呈现出年轻化的趋势，这已经成为人类生存、发展的重要障碍。

（一）良好的体适能使大学生有充沛的精力适应日常生活和学习

学生学习、上课的精神专注程度和效率都与体适能有关，尤其是有氧能力。体能锻炼要消耗大量的能量，为了满足运动的需要，人体新陈代谢加速、血液循环增强，从外界获取氧的能力增强，从而使大脑获得更多的氧气和营养物质。一般而言，有氧能力较好的大学生脑部获取氧的能力较佳，看书的持久性和注意力也会很强。

（二）发展体适能可促进学生发育，增强对疾病的抵抗力

调查表明，经常参加运动的大学生，拥有良好的体适能，健康状况较佳，生病的概率相对较小。经常进行体适能锻炼，能经受住各种气温的刺激，尤其是在冬季，能更有效地改善心脏、血管系统的功能，提高身体对寒冷刺激的适应能力，提高青少年儿童适应环境和抵御疾病的能力。

（三）体适能锻炼有助于大学生身心等方面均衡、全面发展

大学生应保证有足够的时间参加体育活动，在体育活动中互助合作、公平竞争，培养团队精神等，改善心理品质，形成热情、积极向上的精神风貌，享受欢乐、活泼、有生机的生活方式，为个体树立正确的人生观、价值观、道德观打下良好的生理、心理基础。

第三节 健康体适能运动指南

健康体适能的发展是积极参加体育锻炼的结果，只有规律的身体锻炼才能获得最佳的健康体适能。

一、基础知识储备

影响大学生健康水平的因素是多方面的，其中个体对健康知识的了解、掌握和运用是重要因素之一，它将影响个体认知水平和行为能力。因此，了解体育基础知识和健康体适能理论，将能够有效地促进个体体质健康和建立终身体育意识。同时，健康体适能的获得需要靠健康、体育锻炼、营养、健康的生活方式等来支撑。

（一）体育锻炼基础知识

体育锻炼必须从实际出发，指根据体育锻炼的目的、内容、方法，以及自身的条件状况，选择适宜的运动负荷。

（二）健康行为知识

日常生活中要保持有益于健康的基本行为，包括合理营养、平衡膳食、适当锻炼、积极地休息与适度睡眠等。

（三）营养知识

人体需要的能量都来自三大营养素，即碳水化合物、蛋白质和脂肪。三大营养素在体内进行生物氧化、释放能量，一部分用于维持体温和向外环境散热；另外一部分存储于三磷酸腺苷（ATP）中，需要时三磷酸腺苷（ATP）释放能量供机体需要。

运动过度和运动不足一样不健康，营养不良和营养过剩一样不健康。在理想状态下，营养的摄入量等于消耗量。过少会影响身体健康，过多则会导致肥胖。因此，应当了解食物的营养价值，按照营养学原理，科学选择、合理搭配和烹调食物，做到科学合理调配饮食，以促进身体健康，减少各种慢性疾病的发生。

二、健康体适能的获得

世界卫生组织（WHO）运动锻炼指南给出以下建议，成年人每周至少应累计进行150分钟的中等强度的有氧运动，如快走、慢跑、骑自行车、跳绳等，或至少进行

75分钟的大强度有氧运动。同时每周至少有两天进行涉及主要大肌肉群的力量练习，如负重练习、俯卧撑、仰卧起坐等，并保持活跃的生活方式，减少久坐时间。此外，美国运动医学学会（ASCM）针对健康体适能的锻炼，在运动频率、运动强度、运动时长、运动项目等方面给出了一些具体的建议。

（一）心肺耐力运动处方

在心肺耐力方面，建议每周锻炼3~5次，每次不低于10分钟，中等强度运动每天累计30~60分钟，大强度运动每天累计20~60分钟，以慢跑、游泳、有氧操和骑自行车等有氧运动为主。

（二）肌肉力量和耐力运动处方

肌肉力量和耐力方面，建议每周锻炼2~3次，肌肉力量锻炼强度保持在8~12RM（repetition maximum，最大重复次数，即能够连续维持某个负荷量的最高重复次数，如1RM表示一次能举起的最大重量，5RM就是能举起5次的最大重量），肌肉耐力锻炼保持在15~20RM，肌肉力量锻炼时长为2~4组/每肌群，肌肉耐力锻炼为小于等于2组/每肌群，组间间隔2~3分钟，以器械或自身负重项目为主。

（三）柔韧性运动处方

在柔韧性练习方面，建议每周锻炼2~3次，运动强度以肌肉和肌腱拉至某点使肌肉有拉紧感或稍微不适，进行静态拉伸时应该在该点保持住10~30秒，运动项目以静态拉伸和动态拉伸为主。

三、安全提示

我们在运动时还应该注意以下事项：

（1）开始锻炼前，评估是否存在不适合运动的潜在健康风险。

（2）从事运动锻炼项目前应该量力而行，循序渐进。

（3）注意运动的时间点的选择，饭后不应立即运动，长时空腹后也不应运动（易引起低血糖）。

（4）运动前应适当进行热身，运动后应放松拉伸，这样有助于降低运动损伤的风险，并有利于身体的恢复。

（5）运动锻炼时应注意适当补水。

（6）运动后应适当休息，保证有充足的睡眠时间。

（7）当身体出现感冒、发热等不适或疲劳症状时，不应进行运动。

思考题

1. 简述体适能的分类。
2. 简述提高健康体适能的注意事项。

第二部分　运动实践篇

第五章

田径运动

第一节　田径运动概述

一、田径运动的起源和发展

田径运动是人类在长期社会实践中发展起来的，包括男女竞走、跑、跳跃、投掷四十多个单项，以及由跑、跳跃、投掷部分项目组成的全能运动。以时间计算成绩的竞走和跑的项目，叫作径赛。以高度和远度计算成绩的跳跃、投掷项目，叫作田赛。田径运动是径赛、田赛和全能比赛的全称。远在上古时代，人们为了获得生活资料，在和大自然及禽兽的斗争中，不得不走或跑相当的距离，跳过各种障碍，投石块和使用各种捕猎工具。在劳动中不断地重复这些动作，便形成了走、跑、跳跃和投掷的各种技能。随着社会的发展，人们有意识地把走、跑、跳跃、投掷作为练习和比赛形式。公元前776年，在古希腊奥林匹亚举行了第1届古代奥运会，从那时起，田径运动成为正式比赛项目之一。1894年，在法国巴黎成立了现代奥运会组织。1896年，在希腊举行了第1届现代奥运会，在这届奥运会上田径的走、跑、跳跃、投掷的一些项目被列为大会的主要项目。至今已举行的各届奥运会上，田径运动都是主要比赛项目。四年一届的奥运会是促使田径运动成绩不断提高和改进训练方法的动力。许多优秀的田径运动员经过刻苦训练，他们的先进技术和训练方法通过奥运会推广于世界各地。生理学家和有经验的教练员们曾预言田径运动成绩的最高界限，但这些预言一个个都被运动员的实践所冲破，历届奥运会中都出现了某项运动纪录被打破，这说明田径运动成绩永无顶峰，这也是田径项目受人喜欢之所在。

田径是一项竞争激烈的运动，是奥运会上金牌最多的运动项目，所以有人用"得田径者得天下"来表述田径在奥运会中的地位，它充分体现了现代奥运会"更快、更高、更强、更团结"的精神。田径水平还能反映一个国家体育的水平，特别是观众对田径项目的欣赏水平，更能反映出一个国家的体育生活水平。

二、田径运动的特点

（一）与生活密切相关

走、跑、跳、掷是人类生活的基本技能，是田径运动项目中最基本的运动形式。这些自然动作和技能对学习掌握田径运动各项技术有着十分密切的关系，这些自然动作规范，有助于人们正确地、较快地掌握田径运动技术。

（二）简易可行

参加田径运动很少受到条件的限制。男女老少都可以在平原、田野、草地、小道、公路、河滩、沙地、丘陵、山岗、公园等较宽的、安全的地带从事田径运动。基层田径比赛要从实际出发，因地制宜，任何坚固、均质、可以承受跑鞋鞋钉的地面均可用于田径竞赛。使用简易的场地器材和设备，也可举行基层田径运动会。

（三）促进身心健康

田径运动中各单项和全能项目，对人体形态、身体素质水平和心理机能等有不同的要求，运动员要从个人实际和特点出发，选择运动项目，掌握具有个人特点的先进、合理的运动技术，从而促进身心健康。

三、田径运动的核心素养

田径运动是走、跑、跳、掷的多种运动项目的综合，对全面发展人体健康体质有明显作用。短距离跑能发展人体快速运动能力，提高无氧代谢水平和人体最大摄氧量，提高中枢神经系统兴奋和抑制的灵活性；竞走和长距离跑能提高人体心肺功能和耐久能力，增进心脏和呼吸系统的工作能力，防止人体脂肪储存过多；投掷运动能提高肌肉力量，发展力量素质；旋转类项目能提高前庭分析器的稳定性。

大学生在参加个人项目中，会激发奋发向上的精神，展现强大的心理承受能力，培养独立思考、奋力拼搏、开拓进取、勇于向前的优秀品质。在团体项目中，体会助人为乐和团结友爱的精神，让个体自身展现出较高的道德修养，增强自身自信心，摆脱社交恐惧心理，提升人际交往沟通能力。

第二节　跑

跑是人体位移的自然方式，它包括短跑、中长跑、跨栏跑、接力跑等。要跑得快而持久，就要有正确的专项技术、良好的身体素质和意志。

跑是单脚支撑与腾空相交替、蹬与摆相配合、动作协调连贯的周期性运动，这里主要介绍短跑、中长跑和接力跑的主要技术和练习方法。

一、短跑技术

短跑属极限强度运动，短跑比赛项目包括100米、200米、400米，是发展速度素质最有效的手段，是许多田径项目及其他一些运动项目的基础。短跑全程技术按技术动作的变化可分为起跑、起跑后的加速跑、途中跑和终点跑四个部分。

（一）起跑

起跑的任务是使身体迅速摆脱静止状态，为起跑后的加速跑创造条件。田径规则规定，在短跑比赛中运动员必须用蹲踞式起跑，必须使用起跑器，运动员按发令员的口令完成起跑动作。

起跑器的常用安装方式有普通式和拉长式两种（图5-1）。

起跑

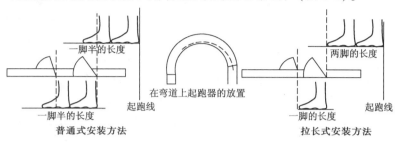

图5-1 起跑器安装方式

起跑技术慢动作

（1）普通式。前起跑器距起跑线一脚半长，后起跑器距前起跑器一脚半长。前起跑器的支撑面与地面夹角为45°左右，后起跑器的支撑面与地面夹角为60°~80°，两起跑器的中轴线间隔约15厘米。

（2）拉长式。前起跑器距起跑线两脚长，后起跑器距前起跑器一脚长。起跑器的支撑面与地面的夹角和两起跑器左右间隔与普通式基本相同。

两种起跑器安装方法各有优点，运动员应根据个人的身高、体型、身体素质和技术水平等情况来选用和调整。

起跑过程包括"各就位""预备""鸣枪"三个阶段。

听到"各就位"口令后，运动员稍做放松走到起跑器前，俯身，两手撑地，两脚依次踏在前后起跑器的抵足板上，脚尖触地，后腿膝关节跪地；两手放在起跑线后支撑地面，两臂伸直，两手间距离比肩稍宽，四指并拢，和拇指成"八"字形支撑；身体重心稍前移，肩与起跑线平行，颈部自然放松，身体重量均匀落在两手、前腿和后膝之间，注意听"预备"口令。

听到"预备"口令后，逐渐抬起臀部，使臀部稍高于肩，重心适当前移，体重落在两臂和前腿之间，大小腿夹角构成膝角，前腿膝角为90°~100°，后腿膝角为110°~130°；两脚贴紧起跑器抵足板，注意力集中听枪声；听到枪声后，两手迅速推离地面，屈肘做有力的前后摆动，两脚快速蹬离起跑器；后腿前摆时，脚掌不要离地过高，这样有利于摆动腿迅速着地，前腿用力蹬，角度为42°~45°（图5-2）。

图5-2 起跑

（二）起跑后的加速跑

起跑后的加速跑是从后脚蹬离起跑器到途中跑开始的一个跑段。它的任务是尽快加速，以达到自己的最高速度。

起跑后，身体处于较大的前倾姿势，要积极加快腿和臂的摆动和蹬地动作，第一步不宜过大，要随身体前倾的减小而逐渐增大步长，直至进入途中跑。

加速跑

（三）途中跑

途中跑的任务是继续发挥和保持最高跑速。起跑后加速跑结束即进入途中跑。它的一个单步由后蹬和前摆、腾空、着地缓冲几个部分组成（图5-3）。

（1）后蹬和前摆。当身体重心移过支点垂直面时，支撑腿开始积极有力后蹬，用力顺序为伸展髋、蹬伸膝和踝关节。随之，摆动臂迅速有力地向前上方摆出，带动同侧髋前移，形成支撑腿与摆动腿协调配合。

（2）腾空。腾空是支撑腿离地面后的无支撑状态。支撑脚尖离地后，大腿随惯性屈膝折叠，摆动腿的摆动已接近最高点；接着摆动腿大腿积极下压，小腿快速摆落，成"鞭打"着地。

（3）着地缓冲。腾空结束时，摆动腿积极下压，前脚掌着地，屈膝、屈踝缓冲形成支撑。在支撑腿缓冲时另一侧摆动腿大、小腿折叠，迅速向前摆动，从而增大后蹬效果。

途中跑中头部正直，上体稍前倾，手臂以肩为轴前后摆动，手半握或伸直。前摆时肘关节角度小于90°，后摆时略大于90°。摆动应快速有力，幅度大。

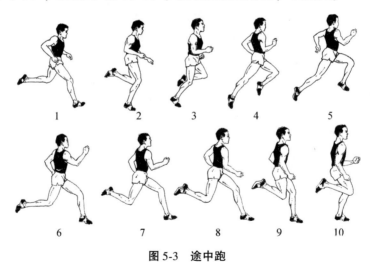

图5-3 途中跑

（四）终点跑

终点跑是全程跑的最后一段，基本技术是在离终点线15~20米处，尽力加快摆臂速度和力量，保持上体前倾角度。当离终点线前一步时，上体急速前倾，双手后摆，用胸部或肩部领先冲过终点线，跑过终点线后逐渐减速。

途中跑

弯道跑

终点跑

二、中长跑技术

中长跑是中距离跑和长距离跑的简称。正式比赛项目有 800 米、1 500 米中长跑，3 000 米、5 000 米和 10 000 米长跑，等等。中长跑对人体具有较大的锻炼价值。经常参加中长跑锻炼，能改善呼吸系统和循环系统的功能，发展耐力素质，培养坚毅、顽强和克服困难的精神。中长跑（尤其是健身跑）还具有预防、治疗某些慢性疾病和增强体质、延年益寿的作用，它不受场地、器材、年龄、性别等条件限制，简单易行，被人们广泛作为锻炼身体的手段，并在世界各地流行。

中长跑对速度和耐力的要求较高，练习者在跑时既要保持一定的速度，又要跑得持久。因此，对中长跑的技术要求为：动作轻松自然，重心移动平稳，节奏性强，肌肉用力和交替能力好，做到动作既有实效性，又能节省体力。

中长跑起跑慢动作

（一）起跑和起跑后的加速跑

中长跑采用站立式起跑。发令前运动员应站在起跑集合线后，听到"各就位"口令后，先做一两次深呼吸，然后慢跑或走到起跑线后，两脚前后开立，间距约一脚长，左右间距约半脚长。两腿弯曲，上体前倾，身体重心落在前脚上，后脚用前脚掌着地，集中注意力听鸣枪或"跑"的口令。当听到枪声或"跑"的口令时，两腿用力蹬地。后腿蹬地后迅速前摆，两臂配合腿部动作，做快而有力的前后摆动，使身体迅速向前跑出，尽快发挥出正常跑速，并占据有利的跑进位置，然后进入匀速而有节奏的途中跑。

（二）途中跑

途中跑是中长跑的主要组成部分。它在技术结构上与短跑基本相同，但是由于中长跑的距离长，速度没有短跑快，因此，在技术上就存在着不同程度的差异。其动作技术特点有如下几点。

（1）中长跑后蹬用力的程度比短跑小，后蹬的角度比短跑大，一般为 55°左右。

（2）中长跑上体姿势比短跑要直些，这样比较省力。

（3）中长跑摆臂的角度变化不大，上、下臂弯曲约成 90°。

（4）中长跑的着地动作有两种：一种是用前脚掌着地，它能较快地转入后蹬，此方法在跑时速度快，效果好，但比较费力；另一种是用全脚掌着地，然后过渡到前脚掌蹬地，这种方法比较省力，对跑较长的距离比较合适，特别适宜于健身长跑。

（三）终点跑

终点跑是中长跑临近终点时的最后一段距离的冲刺跑，动作基本上与短跑终点跑相同，加速摆臂和加强蹬摆向终点冲去。中长跑的冲刺跑距离比短跑长。什么时候开始冲刺，要根据不同的距离、个人的训练水平、当时的比赛情况、竞技状态和在全程中所保持的跑的能力来决定。

（四）中长跑的呼吸

中长跑时，由于能量消耗大，机体对氧气的需要量增加，为了供给机体足够的氧气，掌握正确的呼吸方法是十分重要的。跑时呼吸的节奏应和跑的频率配合起来。一般采用跑两（三）步一吸气，再跑两（三）步一呼气的方法。呼吸应有一定的深度，呼吸一般用鼻子和半张开的嘴同时进行。冬季练长跑或顶风跑时，为了避免冷空气和强气流直接刺激咽喉，应将舌尖上翘，微微舔住上腭。中长跑跑到一定阶段时，因氧气的供应满足不了肌肉活动的需要而造成"氧债"时，会不同程度地出现呼吸困难、胸闷、四肢无力、跑速降低的现象，产生难于继续跑下去的感觉。这种现象就是通常所说的"极点"。当"极点"产生时，一定要以顽强的毅力跑下去，注意做深呼吸，再适当调整跑速，这样"极点"现象就会缓和，呼吸又会逐渐均匀。

三、接力跑技术

接力跑技术是由起跑技术和传、接棒技术组成的集体项目。接力跑包括 4×100 米和 4×400 米接力项目。

（一）接力跑的技术

接力跑技术包括起跑技术和传、接棒技术。

1. 起跑

起跑技术有持棒起跑技术和接棒起跑技术。第一棒传棒人以右手持棒，采用蹲踞式起跑，按规则接力棒不得触及起跑线和起跑线前的地面。持棒起跑技术和短跑的起跑相同。接棒人的起跑采用站立式或半蹲踞式起跑姿势。

2. 传、接棒方法

（1）上挑式。接棒人的手臂自然向后伸出，手臂与躯干成 40°~50°，掌心向后，拇指与其他四指自然张开，虎口朝下，传棒人将棒向前上方送入接棒人的手中。

（2）下压式。接棒人的手臂向后伸出，手臂与躯干成 50°~60°，手腕内旋，掌心向上，拇指与其他四指自然张开，虎口朝后，传棒人将棒的前端由上向下传到接棒人手中。

（3）混合式。第 1 棒用"上挑式"传棒，第 2 棒用"下压式"传棒，第 3 棒仍用"上挑式"传棒。

（二）传、接棒的位置和起跑标志线的确定

接棒人站在预跑线内或接力区的后端，待传棒人到达标志线时便迅速起跑，传棒人跑进接力区，在最合适的位置将接力棒迅速无误地传入接棒人手中；接力跑各棒次的标志线是接棒人起跑的标志，它是根据传棒人和接棒人的跑速和传、接棒技术熟练程度确定的。标志线设置的位置一般在预跑线后面，也可以设置在预跑线前面。

第三节 跳 跃

跳跃是一种克服障碍的运动方式，其特点是短时间、高强度的肌肉用力。通过田径跳跃练习，可以提高控制身体和集中用力的能力，同时发展力量、速度、灵敏等素质。

田径跳跃运动分两类：第一类是越过垂直障碍，其目的是尽可能跳得高些，如跳高和撑竿跳高；第二类是越过水平障碍，其目的是尽可能跳得远些，如跳远和三级跳远。跳跃的成绩以米和厘米衡量。

跳跃项目都是由助跑、起跳、腾空和落地四个部分组成的。其中助跑和起跳相结合是跳跃运动技术的关键。

一、助跑

助跑的主要任务是发挥必要的水平速度，为快速、积极、有力的起跳做好准备。项目不同，对助跑的速度、距离、方式要求也不同。跳远和三级跳远助跑的方向为直线，助跑的目的是发挥最高的可控速度，准备起跳时尽可能少损失水平速度，动作要求是：高重心、折叠好、摆动快、"扒地"狠。助跑的距离长短取决于学生的身高、运动水平，以及助跑中的加速度能力。一般女子为12~18步，男子为14~20步。

背越式跳高助跑的路线是以摆动腿一侧开始助跑，前一段一般为直线助跑，后一段为弧线助跑，俯卧式跳高为直线助跑。跳高助跑的主要任务是：起跳时发挥最高的可控速度，并将水平速度转为垂直速度。背越式跳高最后两步身体内倾，保持放松及助跑水平速度是技术的关键。其要求是：高抬膝、高踮脚、折叠紧、前摆快。跳高的助跑距离一般为8~12步。

二、起跳

起跳的任务是充分利用助跑的水平速度使人体腾起，结合两臂的协调摆动以加速身体的合理运行，为更好地掌握各种腾空姿势创造有利条件。

身体腾越的高度与远度，主要取决于腾起初速度和腾起角。根据运动力学的原理，跳跃运动的成绩主要取决于腾起初速度和腾起角。因此，在起跳时应获得最大的腾起初速度和理想的腾起角。在快速助跑中，正确地完成缓冲动作，将能提高起跳的效果。

跳远起跳时要提踵、立腰、蹬直，其作用是改变身体重心向前运动的方向，使之按适宜的腾起角（一般为18°~24°）向空中腾起（图5-4）。

跨越式跳高

图 5-4 起跳

背越式跳高起跳是通过弧线助跑和身体的内倾，充分利用助跑的水平速度，使人体获得最大的腾空高度，为过杆创造有利条件。起跳脚着地时，首先以脚跟外侧触及地面，然后迅速滚动到全脚掌，最后一步与横杆成20°~30°角，起跳时间一般为0.16~0.18秒。

三级跳远第一跳（单脚跳）由起跳腿起跳，并用起跳脚落地，第二跳（跨跳）仍由起跳腿起跳，但用摆动脚落地，第三跳（跳跃）由摆动腿起跳，然后用双脚落入沙坑内。

三、腾空

腾空的任务是保持身体的平衡和为落地创造条件。

跳远时，无论采用哪种姿势，进入腾空后都要有"腾空步"动作。"腾空步"可以较大程度地克服起跳中产生的身体的向前旋转，有利于完成起跳后的各种空中姿势。"腾空步"后根据空中动作的形式，可将跳远分为蹲踞式（图5-5）、挺身式（图5-6）和走步式三种。高职院校学生中普遍采用的是挺身式跳远。

图 5-5　蹲踞式跳远

图 5-6　挺身式跳远

挺身式跳远

跳高起跳离地后，身体重心沿固定的抛物线轨迹运动，通过腿、臂的相应动作产生补偿性位移，人体在最合适的位置挺髋过杆。现代运动员最普遍采用的姿势为背越式跳高，即起跳离地后人体背对横杆，由右臂先过杆然后头和左臂过杆，同时及时完成潜肩、挺髋和上收等一系列动作（图5-7）。

图 5-7　背越式跳高

背越式跳高

四、落地

落地是各项跳跃运动的结束动作，为避免损伤，落地时必须进行必要的缓冲。

当脚跟接触沙面时，向前、向下压脚掌，两腿迅速屈膝，髋前移，两臂由后向前摆，使身体重心尽快地移过落点，并顺势向前倒去。

背越式跳高落地动作和过杆动作密不可分、融为一体，其技术特点是顺势、依次和连贯。

第四节　投　掷

投掷是用专门器械进行推远或掷远的练习，器械的形状、大小和重量应符合国际竞赛规则的要求。投掷成绩以米和厘米衡量。投掷时，不只是用臂部、肩带和躯干的肌肉力量，而且也需要腿部肌肉的短时间高度用力。要使器械投得很远，必须高度发展力量、速度、灵敏素质，学会集中自己的力量。进行投掷练习，不仅能提高上述素质，而且有助于全身肌肉的协调发展。

推铅球是在直径为 2.135 米的圆圈内完成的，投掷时要以单臂从肩上把球推出去，球要落在 34.92°扇形区内。

完整的侧向滑步推铅球技术可分为握持铅球、滑步、最后用力和维持身体平衡四个部分。

一、握持铅球技术（以右手推球为例）

握球的手五指自然分开，将球放在食指、中指、无名指的指根处，拇指和小指自然地扶在球的两侧，手腕背屈，保持球的稳定性（图 5-8）；然后将球放到右侧锁窝处，贴靠颈部，掌心向前，右肘微抬起与肩同高或稍低于肩，躯干与头部保持正直，左臂自然上举或自然垂于体侧，两眼平视前方（图 5-9）。

图 5-8　持球手形　　　　　　　图 5-9　持球位置　　　　　　握球和持球

二、滑步技术

完整的滑步技术包括预备姿势、团身和滑步三个部分。

（1）预备姿势：持好球后，身体侧对投掷方向，站立于投掷圈内沿，身体重心落在右脚掌上，左脚脚尖着地。

滑步　　　　　推铅球

（2）团身：做好预备动作后，上体逐渐侧屈，屈右膝下蹲，左腿向右腿回收靠拢，身体重心集中在后腿支撑点上方，完成团身动作。

（3）滑步：团身后，身体重心稍后移，使其移离身体的支撑点（右腿），左腿向投掷方向伸摆，同时右腿积极蹬伸，上体尽量保持原来的侧向姿势，形成最后用力前的良好姿势。

三、最后用力

滑步结束后，右腿迅速侧蹬推动骨盆侧移，左脚积极着地，努力保持肩轴与髋轴的扭紧姿势，上体在摆动中逐渐抬起，左臂由胸前向投掷方向牵引摆动，使身体侧对投掷方向，此时肩轴仍落后于髋轴，左肩高于右肩，体重大部分仍在弯曲而压紧的右腿上，躯干形成侧弓姿势。

躯干形成侧弓后，右腿继续蹬伸，加速右髋向投掷方向转动和上体的前移，重心逐渐转到左腿。在左腿有力的支撑下，利用躯干的鞭打作用，顺势转肩伸臂完成整个推球动作。铅球将要离手时，右手屈腕，手指有弹性地拨球，加速铅球的出手速度，左臂在最后用力加速部分要积极主动地通过上、左、下方的摆动协助身体完成左侧支撑。

四、维持身体平衡

铅球出手后，为防止犯规，应及时以换步和降低身体重心来减缓冲力，以维持身体平衡。

第五节　田径比赛的观赏

一、从技术、战术的角度欣赏田径比赛

从技术、战术的角度来欣赏田径比赛可以得到外在美的享受。竞技体育比赛中运动员的技术、战术动作和配合是经过长期刻苦训练和多次比赛的磨合而形成的。有的技术已经达到炉火纯青的境地，有些战术配合已经达到天衣无缝的程度，从这个视角去欣赏田径比赛就要抓住不同项目的特点去欣赏。百米跑的快速起跑和强有力的冲刺，跳远的起跳与腾空，跳高中起跳和过杆的一刹那，投掷项目中的最后用力，所有这些精彩的部分，都会给欣赏者带来一种视觉的享受、健与美的享受。另外，人们还可以欣赏到变幻莫测的战术配合，例如，接力比赛的传、接棒要掌握好时机；长跑比赛中要考虑体力的分配，根据对手的特点决定是否采用领跑或跟跑战术，等等。

二、从人体能力和运动精神的角度欣赏田径比赛

从人体能力和运动精神的角度来欣赏田径比赛也可以得到外在美的享受。竞技体育运动能最大限度地发挥人体运动的潜能。通过平时训练的积累，运动员在体育比赛中所表现出来的大大超过常人的运动能力和水平是非常吸引人的，如把 7.26 千克的铅球推出 20 米开外，9 秒多就能跑完 100 米，高高跃过超过自己身高的横杆，等等。运动员在比赛中顽强拼搏、勇于进取的意志品质，以及团结协作、密切配合的集体主义精神会使人们受到启迪和教育。

三、从体育文化的角度来欣赏田径比赛

从体育文化的角度来欣赏田径比赛会感受到一种无形的内在美。体育是人类几千年发展过程中所创造出来的宝贵的文化财富，是现代社会发展的重要部分，现代竞技体育比赛已经成为一种影响最大的全球性的活动，体育比赛的内涵和外延更加深刻丰富，它

的意义已超出比赛的本身，充满了时代精神和人生的哲理。所以，从体育文化的角度来欣赏田径比赛，会使人们在观念、思维、情趣等方面得到升华。

四、从现代科学技术的角度来欣赏田径比赛

科学技术和人类体能、素质的不断提高，促使了田径运动技术水平的发展。每1秒、每1分、每1千克、每1厘米的提高，都是运动员、教练员的长期艰苦努力和科研人员共同配合的结果，体现了现代科学技术的发展和应用。当今，体育与高科技已经密不可分，科技对于田径运动员的"覆盖"，甚至细密到了无以复加的程度。在田径运动员夺目的运动装备上，也已经体现出越来越高的科技含量。轻便贴身的运动衣，弹性十足、造型新颖的跑鞋也不断地吸引着人们的目光。科技含量极高的场地器材、电子计算机、激光测距仪、比赛现场的大屏幕等运用于田径比赛中，将现代科技成果发挥得淋漓尽致。

五、从场地器材、裁判规则的角度来欣赏田径比赛

世界优秀的建筑大师们独具匠心设计的大型田径场能吸引更多的世界顶级田径运动员同场竞技，吸引更多的观众到场观战，还能使东道主国家举办更多的国际性大型比赛，提高该国在世界上的声誉。亲临田径场观看过田径比赛的人都知道，田径场地布局合理，色彩鲜艳，器材先进，摆放整齐、有序，沙坑平坦、错落有致；裁判员和工作人员着装整齐、统一，比赛中严格"执法"，为运动员提供了良好的比赛环境，保证运动员在比赛中创造出优异的成绩。

思考题

1. 简述田径运动的分类及概念。
2. 简述中长跑的呼吸节奏和方法。
3. 速度力量的练习方法有哪些？

第六章

足球运动

第一节 足球运动概述

一、足球运动的起源和发展

在中国古代史料中曾有"蹴鞠"运动的记载，国际足联主席布拉特在《世界足球发展史》的报告中明确指出"足球发源于中国，由于战争而传入西方"。1985年，国际足联前主席阿维兰热在北京举行的首届16岁以下世界青少年足球锦标赛上致辞说，这项体育运动起源于中国，它在贵国已有千年的历史。

1863年10月26日，在英国伦敦成立了世界上第一个足球运动组织——英格兰足球协会，并统一了规则，现代足球运动正式确立。

1904年5月21日，法国、比利时、丹麦、荷兰、西班牙、瑞典、瑞士七个国家的足协代表在法国巴黎聚会，发起成立了国际足联。1909年，英国足协各会员也相继加入国际足联，使得国际足联成为真正意义上的国际单项体育组织。

足球运动现已经成为世界各国人民所喜爱的一项体育运动，并有"世界第一运动"之称。

二、足球运动的特点

足球比赛是以脚支配球为主，两支球队在同一场地内相互攻守，激烈对抗，以射门进球多少决定胜负的球类运动项目。

（一）整体性

足球运动的整体性特征由其竞技性质和比赛要求所决定。足球比赛是以每队11人上场参赛的集体球类项目，场上11人虽位置、职责、分工不同，但必须按照既定的战术策略和要求协同一致，形成一个严密的整体，做到目标、思想、行动"三统一"，攻则全功，守则全防，只有形成整体的攻守，队伍才有战斗力，才能取得比赛的主动权。

（二）对抗性

技术、战术、身体、心理等因素的综合对抗和全面较量是现今足球比赛的显著特征。以控球权的争夺为焦点，足球比赛始终贯穿着进攻与防守、制约与反制约、限制与反限制的激烈对抗。

（三）多变性

技术多样、战术多变、胜负难测是当今足球运动的另一特点。现今足球比赛，攻守转换快速而频繁，运动员位置和职责随着比赛进程的变化而变化，技术能力的全面提高和多变的战术打法，使比赛充满活力和悬念。

三、足球运动的核心素养

足球运动是高强度、高对抗的集体运动项目，其整体性、对抗性、多变性等特点，能激发学生强烈的兴趣爱好和参与精神。经常进行足球运动，能有效地、全面地发展综合身体素质，改善肌肉力量和骨骼强度，提高心血管系统、呼吸系统和消化系统的功能。足球运动的整体性，要求每一个成员都要和其他成员思想统一、行动一致，相互配合，故可培养成员的团队合作精神。足球运动的对抗性需要每一个成员在比赛中斗智斗勇，或积极进攻，或有效防守，可锻炼和提升心理素质，有效地改善神经系统的调节能力，锻炼了心理承受和抗压能力，有利于运动员的身心健康。足球运动中的多变性能提高学生空间判断能力、瞬间反应能力、短期决策能力、独立思考能力等。

足球运动不仅能够锻炼思维，带来观察能力、判断能力及思考能力等多方面的提升，长期参加足球运动，还有助于培养勇敢顽强、机智果断、坚忍不拔、勇于克服困难和团结互助、热爱集体、遵守纪律等优良品质。学生在足球运动中体现出参与积极性高，团队配合默契度高，在相互交流、相互协作中快速成长，表现出顽强拼搏、积极进取的精神，社会参与意识得到提高。足球比赛中规则的应用和遵循，则可培养学生诚实守信、勇于担当责任、敬畏法规、承担使命的优秀品德。

第二节　足球运动基本技术

足球运动技术是指运动员在比赛中，运用身体的合理部位所做的各种动作方法的总称。

足球运动技术是组织与实施战术的前提，是战术的基础。现代足球运动正朝着全攻全守总体型打法方向发展，战术的不断变革与创新，必将使技术的内容更加丰富，难度也相应提高。常用的足球基本技术有踢球、停球、顶球、运球、运球过人、抢球和断球、假动作、掷界外球和守门员技术。

一、踢球

踢球是指运动员有目的地用脚的不同部位将球击向目标的动作方法，是进行足球比赛活动的主要技术动作，它在比赛中是以传球和射门的形式体现的。

踢球的方法很多，但其动作过程都是由助跑、支撑、摆动、击球和随前动作五个部分组成的。本节主要介绍脚内侧（脚弓）踢球、脚背正面踢球、脚背内侧踢球、脚背外侧踢球技术。

（一）脚内侧（脚弓）踢球

踢定位球时，直线助跑，最后一步踏在球侧约 15 厘米处，脚尖与出球方向保持一致；膝关节微屈，踢球腿以髋关节为轴，大腿带动小腿

脚内侧传球

向前摆动，在前摆过程中，髋关节外展，脚尖稍支起，小腿加速前摆，脚内侧与出球方向成90°；在触球的一刹那，小腿、膝、踝关节用力绷紧，用脚内侧部位击球的中部；击球后，踢球腿继续保持击球时的形状随球前摆。

（二）脚背正面踢球

踢定位球时，直线助跑，最后一步大而积极，支撑脚踏在球后沿侧方10~15厘米处，脚尖与出球方向一致，膝关节微屈。支撑脚着地时，踢球腿以髋关节为轴，大腿带动小腿加速前摆；踢球脚触球一刹那，脚背绷直，脚腕压紧，以脚背正面击球的中部；击球后，踢球腿随球自然前摆。

脚背正面传球

（三）脚背内侧踢球

斜线助跑，与出球方向约成45°角，支撑脚踏在球的侧后方25~30厘米处，着地平稳有力，脚尖指向出球方向，膝关节微屈，身体稍向支撑脚一侧倾斜；在支撑脚着地的同时身体顺势向击球方向转动，踢球腿以髋关节为轴，大腿带动小腿由后向前摆动；当大腿摆至接近垂直地面的刹那，小腿加速前摆，脚面绷直，脚趾扣紧，脚尖稍外转，指向斜下方，以脚背内侧踢球的后中下部；踢球后，踢球腿自然前摆。踢滚动的球或转向踢球，要领一致，只需要掌握好支撑脚与球的距离即可。

脚背内侧传球

（四）脚背外侧踢球

要领与脚背正面踢球相同，只是触球的一刹那，踝关节和脚背用力向内侧扭转，脚面绷直，脚趾扣紧，用脚背外侧踢球的后中部。踢球后，踢球腿自然前摆。

二、停球

停球的技术是指运动员在比赛中，有目的地运用身体的合理部位，将运行中的球接控在所需要的范围内。停球技术在比赛中的作用是不可忽视的。尽管现代足球比赛的总趋势是朝着快速方向发展，但是，在进攻战术的组成与变换中，也不完全是以不停顿地直接一脚传递来完成的。在很多情况下要运用停球动作将球接控下来，以便更好地完成传球、运球、过人和射门等技术动作，同时进行节奏的调整、方向的变换，从而更有效地组织战术配合。因此，停球是为了更好地处理球，它是技术动作衔接的锁链，是战术变换的枢纽，在完成时要力求快速、简练、合理、多变。

（一）脚部停球

1. 脚内侧停球

停地滚球时，正对来球，判断来球的速度和方向，选好支撑脚位置，膝微屈；接触球前，摆动腿稍前迎，在脚与球接触的瞬间引撤或变向，将球控制在所需要的位置上（图6-1）。当来球力量不大时，只需将脚提到一定的角度，并使脚内侧与地面形成锐角轻触球；也可在触球时用下切动作使球前进之力部分地转变为旋转力，而将球接控在脚下（图6-2）。

脚内侧停球　　　　　图 6-1　脚内侧停地滚球　　　　　图 6-2　脚内侧停球于脚下

接反弹球时，停球腿的小腿与地面形成一定的夹角，向下做压推动作时，膝要领先，小腿留在后面（图6-3）。

接空中球时，停球腿要屈膝抬起，可根据需要采用引撤或切挡动作，球落地后应随即将球在地面控制住。

图 6-3　脚内侧停反弹球

2. 脚掌停球

判断来球路线或落点，选好接球位置并稳固支撑，停球腿屈膝提起，脚尖勾翘，使脚掌与地面形成一定的仰角，球临近或落地瞬间，停球腿有控制地下放，用脚前掌部位触压球的后中部，将球控制在脚下（图6-4）。脚掌停球适合于接迎面地滚球或反弹球。

图 6-4　脚掌停球

3. 脚背正面停球

身体正对来球，判断来球路线和速度，支撑脚稳固支撑，停球腿屈膝提起，以脚背正面对球迎出，触球瞬间，停球脚引撤下放，膝、踝关节相应放松，以增强缓冲效果。

4. 脚背外侧停球

停地滚球时，判断来球状况，选好支撑脚位置，接球腿屈膝提起，踝关节外翻，以脚背外侧部位对准来球，当球临近时，停球脚以外侧推拨球的相应部位，将球控制在所需要的位置上。

接反弹球时，要判断好球的落点，停球腿小腿应与地面形成一定的夹角，以膝关节领先做扣压动作，防止球反弹。

（二）腿部停球

腿部停球主要运用大腿中部，一般适宜停弧度较大的高空下落球，或平行于大腿高度的来球。面对来球，停球腿大腿抬起，以大腿中部对准下落的球，肌肉适当放松。在大腿与球接触的刹那间，大腿迅速撤引，使球落在与下一个动作衔接所需要的位置上。

停低平球时，面对来球，停球腿以大腿中部对准来球，屈膝稍前迎。在大腿接触球的刹那间，随球后撤，使球落在下一个动作衔接所需要的位置上。

大腿停球

（三）胸部停球

挺胸停球时，面对来球，两腿自然开立，膝微屈，两臂自然张开，上体稍后仰，与来球形成一定的角度。触球瞬间，收下颌，胸部主动挺送，使球触胸后向前上方弹起落于体前。

收胸停球时，胸部触球瞬间，迅速收腹、缩胸，缓冲来球力量，使球直接落于体前。

胸部停球

三、头顶球

头顶球技术是运动员在比赛或练习当中，为了争取时间、抢占空间，有目的地用头的前额部位直接处理空中球所做出的各种击球动作方法的总称。它是处理高空球的最有效的手段，也是足球技术中最重要的技术之一。在比赛中，正确而又合理地发挥头顶球技术的作用，在发动与组织进攻中不但可以完成具有威胁性的直接传递，还可以争夺空中优势抢点射门。防守时，还可以运用头顶球抢截、阻断、破坏对方的传球配合以及排除险情，以解球门前危急，直接转守为攻，使比赛更加丰富多彩。

（一）前额正面顶球

前额正面坚硬平坦，触球面积大，它处于头的正前方和两眼的上方（图6-5），便于在顶球时观察来球及周围情况，使出球准确有力。

1. 原地顶球

正对来球，两脚前后开立，膝微屈，上体后仰，重心落在后脚上，两臂自然张开，眼睛注视来球；在球运行到身体垂直部位前的瞬间，后脚用力

图6-5 前额正面

前额正面顶球

蹬地，身体重心由后脚移向前脚的同时，迅速向前摆体，颈部紧张，快速甩头，用前额正面顶球的后中部，接着上体随球继续前摆；击球时，颈部肌肉保持紧张，两眼注视出球方向。

2. 跳起顶球

起跳时，屈膝，重心下降，然后双脚用力蹬地跳起，同时两臂屈肘上摆起跳，在身体上升阶段展腹挺胸，两臂自然张开，眼睛注视来球，身体自然成背弓；当球运行至身体垂直面时，迅速收腹，上体前摆，触球前瞬间颈部做爆发性振摆，用前额正面将球顶出；同时两腿向前做振摆；球顶出后两腿屈膝、屈踝落地（图6-6）。

图 6-6　前额正面跳起顶球

(二) 前额侧面顶球

前额侧面顶球的部位是前额的两侧。这个部位虽然也坚硬，但是不平坦，且面积小，又在两眼的侧前方，顶球时摆动用力方向与来球方向不是迎面相遇，出球力量较小。故在击球时间、出球方向等方面的确定都难于前额正面顶球。其优点是动作突然，能变换出球方向，特别是前锋队员在门前的边锋传中球射门时威胁更大。

1. 原地顶球

顶球前出球方向的同侧腿向前跨出一步，两膝微屈，身体重心放在后脚上，上体和头稍向异侧倾斜并转体约45°，两眼斜视来球，两臂自然张开。顶球时，后脚蹬地，上体和头向出球方向迅速扭转，屈体甩头，在出球方向同侧肩的前上方，用额骨侧面顶球。

2. 跳起顶球

一般用单脚起跳，在上升过程中上体侧屈，侧对来球；在跳到最高点顶球时，急速转体、甩头，用额骨侧面将球顶出。顶球后，两膝微屈缓冲落地。

四、运球与运球过人

运球技术与运球过人是运动员在跑动中，用脚的推拨动作有目的地使球保持在自己控制范围内而做的连续触球动作。运动员在比赛中为了能够做到变换进攻速度，调节比赛节奏，积极摆脱和突破对方的密集防守，必须娴熟地掌握运球技术，并能合理运用。

(一) 运球

运球的特点和要求是"球要推动，人要跑动；人球距离，保持适宜；拨球变向，人要跟上"，并且在任何情况下都要尽量将球保持在自己控制的范围以内。

在跑动中的运球动作一般是由支撑脚踏地后蹬、运球腿前摆触球和运球脚踏地支撑紧密衔接的三个阶段组成的。

1. 脚背外侧运球

运球跑动时，身体放松，上体稍前倾，两臂自然摆动，步幅不要太大。运球脚足跟提起，膝关节弯曲，脚尖稍内转，用脚背外侧推拨球的中部。

2. 脚背内侧运球

运球跑动时身体自然放松，步幅稍小，上体稍前倾并向运球方向扭转，两臂自然摆动，膝关节微屈，脚跟提起，脚尖稍外转，在迈步前伸着地前，用脚背内侧推球前进（图6-7）。

图 6-7 脚背内侧运球

脚背内、外侧运球

3. 脚背正面运球

运球跑动时，身体放松，上体稍前倾，两臂自然摆动，步幅不要过大，运球脚提起，膝关节微屈，脚跟提起，脚尖向下，在迈步前伸着地前，用脚背正面推进。

（二）运球过人

运球过人技术动作虽然很多，但就动作的过程来说一般分运球逼近对手阶段、运球越过对手阶段和摆脱对手继续运球前进阶段。

脚背正面运球

运球逼近对手在于吸引对手的注意，给对方心理造成一定的压力。因此，在向前运球时要坚定信心，敢于逼近对手。当对手距球较远时，运球的动作频率要快，触球要轻，步幅要小，上体略前倾，重心稍降低，随时抬头注视对手的行动和意图。对手距球较近时，在运球过程中要严格掌握触球的力量，控制球的距离，运球动作频率和球向前滚动的速度都要相应减慢。

运球越过对手时，应从对手重心移动方向的异侧越过。摆脱对手继续运球前进时，要与推、拨、拉、扣等动作紧密衔接，防止球虽越过对手而自己却被对手挡在身后，或给对手转向追抢的机会。

（1）强行过人。控球者中等速度运球逼近对手，迫使其上抢或后退，在对手重心移动的瞬间，控球者用突然推、拨球后的加速跑动，乘对手转身之机强行突破越过对手。

（2）晃拨过人。运球接近对手，突然用上体或腿向左、右虚晃迷惑对手，诱使对手重心移动；在其重心移动的瞬间，将球向另一侧推、拨，越过对手。

（3）推球过人。运球逼近对手，诱使对手伸腿抢球，或在对手积极后退阻截站位、失去身体平衡的刹那间，运球人加快起动速度，快速推球，使球从对手胯下或体侧越过。

（4）拉球过人。控球者遇对手正面抢截时，可有意识地将球向左、右拨出，使球稍远离身体，诱使对手上抢；在其出脚抢截瞬间，突然向反方向扣球并迅速越过对手。

五、抢、断球

抢、断球技术是指运动员运用身体不同部位和所做的合理的动作将对方队员控制的球截获为自己控制球或破坏掉的动作方法。

抢、断球是防守技术的综合表现，是转守为攻的积极手段。抢、断球技术动作包括抢球和断球。抢球是指防守队员在规则允许的条件下，运用合理的动作把对方控制的球或将要控制的球夺过来或破坏掉。断球也称截球。它是指防守队员在进攻队员之间进行传球配合时，趁球在运行当中，将球截获所做出的各种动作方法。

（一）正面抢、断球

两脚前后稍开立，膝稍屈，身体重心下降，落在两脚上，面向对方。趁对方带球距离较大或脚下触球未着地时，一脚立即用力蹬地，抢球脚屈膝向前跨出，用脚内侧挡住球的正面；另一脚立即前跨，上体前倾，保持身体平衡，把球控制住。如抢不到球，可用脚尖把球捅掉。

（二）侧面抢、断球

当与对方平行跑动争抢时，可用合理冲撞的方法进行抢截。抢截时，外侧脚用力蹬地，身体重心稍降，上体向内侧倾斜，待内侧脚着地后，迅速屈肘，上臂紧贴身体，利用上体倾斜和跑动的冲力，用上臂和肩冲撞对方相应的部位，使对方失去平衡离开球，随即将球抢过来。

（三）侧后抢、断球

当对方队员运球或接球越过自己而来不及用其他方法进行抢、断球时，可采用倒地铲球的动作。侧后倒地铲球时，有同侧脚铲球和异侧脚铲球两种方法。

1. 同侧脚铲球

在控制球的对手拨球的一刹那，抢断者后脚（异侧脚）用力后蹬成跨步，前脚（同侧脚）以脚外侧沿地面向前外侧滑去，用脚背或脚尖将球踢出或捅出；然后以小腿外侧、大腿外侧和臀部依次着地（图6-8）。

2. 异侧脚铲球

图6-8　同侧脚铲球

在控制球者拨球的一刹那，抢球者后脚（同侧脚）用力后蹬成跨步，前脚（异侧脚）以脚外侧沿地面向前内侧滑出，用脚底将球蹬出；然后以小腿外侧、大腿外侧和臀部依次着地（图6-9）。

图6-9　异侧脚铲球

六、守门员技术

守门员的技术水平、反应敏捷程度、竞争意识直接影响全队最后一道防线的牢固与士气。

（一）接地滚球

接地滚球分直立接球和单膝跪立接球两种。直立接球时，两脚要自然并拢不留空隙，脚尖对准来球，上体前屈，两臂自然下垂，手指自然张开，手心向前，两手接球底部，接球后，两臂同时弯曲，并互相靠拢，将球提至胸前紧抱。

单膝跪立接球时，两腿向侧前方开立，前腿弯曲，后腿跪立，膝关节接触地面，并靠近前脚跟，上体前倾，两臂下垂，掌心对准来球方向，两手接球底部，接球后将球抱至胸前。

（二）接高球

两手自然张开，拇指相对，食指与拇指成"桃形"，当手触球时，手腕和手指适当用力将球接住，同时屈肘、回缩并下引，顺势翻掌将球抱于胸前。判断球路与落点要准，跑动、起跳要快，控制高度要正确。

（三）接平球

接球前，两臂屈肘置于胸前两侧，在球接触胸前的一瞬间，两臂夹紧，收缩两手抱住球的侧上部，迅速置于胸前。

第三节　足球运动基本战术

足球运动战术是足球运动的重要组成部分，是构成足球打法与全队配合体系的重要元素。一场足球比赛自始至终都处在进攻和防守的对抗之中，比赛的结果很大程度上取决于双方攻、守的相互制约和控制。足球战术虽然丰富多彩，变幻莫测，但都是一种由个体到整体、由局部到全面的相互交融的过程。

足球运动战术的发展由比赛中双方排出的阵式的演变可看出，足球阵式中重攻轻守的"九锋一卫"，被四平八稳的英国人创立的"WM"阵式取代，后又被巴西人的"四二四"取代。到20世纪70年代后期，荷兰人创造了全攻全守的打法，随后诞生了"四三三""四四二""三五二""五四一"等阵式。虽然阵式相对固定，但人员相互协作的能力有了进一步的发展变化，使得攻守争夺更加激烈。

一、进攻基础战术

（一）个人进攻战术

个人进攻战术包括摆脱、跑位、运球过人等。它是在对方紧逼防守情况下采取的有效措施，以摆脱自己的对手，跑到有利的位置，接应控制球的同伴巧妙地传球配合，达到进攻的目的。

（二）局部进攻战术

局部进攻战术是两人以上的战术配合行动。它可以丰富和完善全队的进攻战术，是实施全队战术的基础。一般常用的有斜传直插二过一、直传斜插二过一、踢墙式二过一和三过二进攻配合等。

两人的局部配合是集体配合的基础。常用的两人配合有以下几种。

(1) 斜传直插二过一：⑨横传给⑦，⑦斜线传球，⑨直线插入接球[图6-10(a)]。

(2) 直传斜插二过一：⑨横传给⑥后，立即斜线插上，接⑥的直传球[图6-10(b)]。

(3) 反切二过一：⑦回撤接⑨传球，如防守跟上紧逼时，⑦回传给⑨并转身切入，接⑨传至对手身后空当的球（图 6-11）。

(a) 斜传直插二过一　　　　(b) 直传斜插二过一

图 6-10　两人配合　　　　　　　　　　图 6-11　反切二过一

（三）全队进攻战术

1. 边路进攻

在对方半场两侧地区发起的进攻称为边路进攻。边路的防守队员相对较少，空隙较大，围绕边锋组织边路进攻，要求边锋具有较强的个人突破能力、传中能力及快速奔跑能力。

边路进攻的配合方法有边后卫插上配合。边后卫插上参与进攻是现代足球"总体"式打法的特点之一。例如，有边锋回撤或内切，传球给沿边路插上的后边卫的配合，以及通过前卫或其他队员传球给插上的后边卫的配合，等等。

边路传中的最佳时机，是对方队员正面向自己球门方向移动但阵形未稳的时候，这时包抄队员一定要及时到位。传中方法一般有四种：向远门柱外侧传高球；向罚球区中间或近门柱前传平直球；下近底回扣传地滚球；在罚球区角附近传对方守门员与后卫之间的地滚球或平高球。

2. 中路进攻

从对方半场中间地带发起的进攻称为中路进攻。中间地带正对着球门，防守队员相对较密集，进攻空隙小，较之边路进攻难度大。但是，中路进攻的进攻面宽，而且射门角度大，一旦突破对方防线，能直接威胁球门。中路进攻常常能获得在对方罚球区前罚任意球的机会，这也是破门得分的良机。

中路进攻主要通过中锋、前卫之间的两、三人传切，二过一，三打二配合，结合个人运球突破，有时边锋也可以内切，甚至后卫也可以伺机插上，参与中路进攻。

3. 转移进攻

这是将边路进攻与中路进攻相结合的打法，体现了战术运用的灵活。单一的边路进攻或中路进攻显得呆板，对方容易适应；转移进攻，则善于调动对方，掌握时机。当一方进攻受阻时，马上运用准确的中长传为主的方式，从另一方进攻对手，造成对方阵形不稳，防守空隙大，形成以多打少的局面，令对手措手不及，而己方则乘虚而入。其配合方法有边传中、中传边配合，以及两翼大范围的转移配合。转移配合可通过长传和快速短传实现。

4. 快速反击

所谓快速反击，就是在对方立足未稳、阵形松动的情况下用最短的时间、最快的速度突破对方防线，造成以多打少获取进球的一种方式。其主要的进攻方式，是采用准确的中长传至对方身后，前锋快速插上，从而制造杀机。这样不但可以减少进攻的层次，更容易及时捕获有利时机，使进攻更具有突然性和隐蔽性。

二、防守战术

（一）个人防守战术

这是局部和集体防守的基础，包括堵（迎面堵、贴身堵）、抢（迎面抢、侧面抢、侧后抢）、断等技术在防守中的运用。选位与盯人也是重要的防守技术。

（二）集体防守战术

有全攻全守的全场防守、半场防守、紧逼防守、区域防守，也有盯人结合区域防守、密集防守等多种防守战术。不论采用哪种战术，都要考虑到本队的特长，更要针对对方的进攻战术，采用有效的防守战术，阻止对方的进攻。

（三）造越位战术

这是防守队员主动制造对手越位的配合。它可以破坏对方的进攻节奏和攻势，是由守转攻的一种良好手段。

第四节 足球比赛主要规则

一、场地与器材

（一）场地

足球比赛场地为长 90~120 米、宽 45~90 米的长方形，球门高 2.44 米，球门 7.32 米。

（二）球

比赛用球应为圆形，外壳应由皮革或其他许可的材料制成。足球的周长为 68~71 厘米。球的质量在比赛开始时不得多于 453 克或少于 396 克。充气后其压力相当于 0.6~1.1 个大气压。

二、比赛时间、比赛进行及死球和记胜方法

比赛分为两个半场，每半场 45 分钟，中场休息不得超过 15 分钟。

当比赛已被裁判员停止时，当球从地面或空中全部越过球门线或边线时，成死球，其他所有时间均为比赛进行中。

当球的整体从球门柱间及横梁下越过球门线，而此前未违反规则，即为进球得分，比赛进球数较多的队为胜者。

三、越位

队员处于越位位置本身并不是犯规。

队员较球和最后第二名对方队员更接近于对方球门线，该队员处于越位位置。处于越位位置的队员，在同队队员踢或触及球的瞬间，裁判员认为其就下列情况而言"卷入"了现实比赛中时，才判为越位犯规：干扰比赛；干扰对方队员；利用越位位置获得利益。如果队员直接接到球门球、掷界外球、角球，则没有越位。

四、判罚直接任意球与判罚间接任意球

（一）判罚直接任意球

如果队员有下列犯规中的任何一种，在犯规发生地点判给对方踢直接任意球。

（1）踢或企图踢对方队员。
（2）绊摔或企图绊摔对方队员。
（3）跳向对方队员。
（4）冲撞对方队员。
（5）打或企图打对方队员。
（6）推对方队员。
（7）为了得到对球的控制而抢截对方队员时，于触球前触及对方队员。
（8）拉扯对方队员。
（9）向对方队员吐唾沫。
（10）故意手球（不包括守门员在本方罚球区内）。

（二）判罚间接任意球

如果队员有下列犯规中的任何一种，在犯规发生地点判给对方踢间接任意球。

（1）比赛中守门员在本方罚球区内有以下4种犯规中的任何一种，应判罚间接任意球。

① 用手控制球后在发出之前持球超过6秒。
② 在发出球之后未经其他队员触及，再次用手触球。
③ 用手触及同队队员故意踢给他的球。
④ 用手触及同队队员直接掷入的界外球。

（2）队员有下列4种犯规中的任何一种，判给对方踢间接任意球。

① 动作具有危险性。
② 阻挡对方队员。
③ 阻挡对方守门员从其手中发球。
④ 其他任何犯规而停止比赛，被警告或罚令出场，应在犯规发生地点踢间接任意球。

五、警告并出示黄牌与罚令出场并出示红牌

（一）警告并出示黄牌

如果队员有下列7种犯规中的任何一种，将被警告并出示黄牌。

（1）犯有非体育道德行为。
（2）以语言或行动表示异议。
（3）持续违反规则。
（4）延误比赛重新开始。
（5）当以角球或任意球重新开始比赛时，不退出规定的距离。
（6）未得到裁判员许可进入或重新进入比赛场地。
（7）未得到裁判员许可故意离开比赛场地。

（二）罚令出场并出示红牌

如果队员有下列7种犯规中的任何一种，将被罚令出场并出示红牌。

（1）严重犯规。
（2）暴力行为。

（3）向对方或其他任何人吐唾沫。

（4）用故意手球破坏对方的进球或明显的进球得分机会（不包括守门员在本方罚球区内）。

（5）用可判为任意球或点球的犯规破坏对方向本方球门移动着的明显的进球得分机会。

（6）使用无礼的、侮辱的或辱骂性的语言。

（7）在同一场比赛中得到第二次警告。

应注意的是，从后面抢截而又危及对方安全的动作应被视为严重犯规。

在场地的任何地点试图欺骗裁判员的佯装行为，必须作为非体育道德行为，受到制裁。

队员利用规则而故意设置骗局，则属于非体育道德行为而被警告并出示黄牌。

队员脱掉上衣庆祝进球属于不正当行为，必须受到警告。

思考题

1. 足球运动的技术有哪些？
2. 简述越位和越位犯规。

第七章

篮球运动

第一节 篮球运动概述

一、篮球运动的起源和发展

篮球运动是 1891 年由美国马萨诸塞州斯普林菲尔德市基督教青年会训练学校体育教师詹姆士·奈史密斯博士发明的。最初的篮球比赛规则很简单，对于场地大小、参加人数多少、比赛时间长短都没有统一的规定。1892 年，奈史密斯制定了第一部原始规则，目的是使篮球游戏在公平对等的条件下进行。1915 年，美国制定了全国统一的篮球竞赛规则，并翻译成多种文字，向全世界发行。随着篮球运动的发展，场地设备得到改进和完善，规则也不断地增删和变化。

现代职业竞技篮球运动将向"高""快""全""准""变"方向发展，明星更加突出，技战术运用向"精练化""技艺化""智谋化"的方向发展，而"高、快、全、准、变"等的含义又有了新的变化。随着现代篮球运动的继续发展，人们感觉到球场越来越小、比赛时间越来越短、篮架越来越低、篮筐越来越大、场上变化越来越快、队员身体接触越来越频繁激烈、核心球员的特殊功能越来越突出。

二、篮球运动的特点

（一）战术的多变性

篮球运动是一种通过用手控制球，并围绕着投篮得分而展开攻守对抗的活动。由于篮球技术动作非常复杂，从而使得其战术也具有多变性。篮球赛场上的情况时刻都处在变化之中，其围绕着空间瞬时变化展开地面与空间、单兵与集体配合相结合的攻守立体型对抗方式，是现代篮球运动的一个重要特征。

因此，在具体的比赛时，往往需要采用不同的模式和不同的打法，也就是说，篮球战术的运用必须要富有灵活性与机动性。在比赛过程中，运动员要随机应变，提高临场应变的能力，灵活地运用战术和变换战术，只有这样，才能在比赛中获得好的成绩。

（二）组织的集体性

篮球运动的对抗性很强，在整个运动过程中每时每刻都在对抗。伴随着篮球运动水平的不断提高，这种对抗性也日益增强。因此，要想获取比赛的胜利，篮球队员不但要有精湛的个人技术，更要有默契的集体配合。也就是说，集体主义精神在篮球运动中是非常重要的，只有个人为集体，集体才能使个人的技术得到发挥与创新，两者是相辅相成、共同发展的关系。

（三）运动的快速性

篮球规则中规定一次进攻必须要在24秒内完成，否则就算犯规。也就是说，篮球运动对速度的要求是非常高的。在保证快速性的前提下，篮球运动要继续加快进攻速度，争取主动控制权；继续提高运用技术和战术间衔接的速度；继续提高攻守转换速度；等等。这些都使篮球有了更为丰富的含义。

三、篮球运动的核心素养

篮球运动能促进人体的力量、速度、耐力、灵敏、协调等素质的全面发展，提高内脏器官的功能，增进健康，对人的机体产生综合性的影响。篮球运动能提高人体感受器官的功能，提高分配和集中注意力的能力及空间感、时间感和定向能力，还能提高神经中枢系统的灵活性及协调、支配各器官的能力。学生在篮球比赛中，随着技、战术应用能力的提升，逻辑思维能力、心理素质能力等也都得到了提高。

首先，篮球运动能让学生对体育与健康知识的认识和理解更为深刻，体育学习能力、体育实践能力、体育鉴赏能力、体育文化素养得到全面的提升；其次，熟练掌握篮球运动技能，不仅能让学生养成健康的意识和锻炼身体的习惯，为终身体育打下技能基础，而且篮球比赛中技、战术的应用和对比赛规则的理解，能培养学生遵纪守法的思想意识、遵循规律的健康的生活方式，确立积极进取的人生态度；最后，篮球运动能培养与未来职业相关的职业素养，使学生具备良好的人际交往能力和团队协作意识，成为拥有优秀健康的心理品质和良好的社会适应能力的新时代的合格人才。

第二节　篮球运动基本技术

根据篮球运动的攻守对抗规律，篮球技术可分为进攻和防守两大部分。进攻技术包括传、接球，投篮，运球，持球突破；防守技术包括防守对手、抢球、打球、断球；另外，抢篮板球和移动在防守技术和进攻技术中都有运用。

一、移动

移动是篮球运动中队员为了改变位置、方向和速度，以及争取高度、空间等变化所采用的各种脚步动作的总称。

（一）基本姿势

基本姿势是队员在起动前的基本准备姿势。

两脚前后或左右开立，约与肩同宽，脚前掌着地，两膝微屈，上体前倾，身体重心在两脚之间，两臂屈举于胸侧，两眼注视场上情况；防守时两脚开立略比肩宽，两臂张开（图7-1）。

（二）起动

起动是队员由静止状态改变为运动状态的动作。

上体迅速前倾或侧转，向跑的方向移动重心，手臂协调地摆动，

图7-1　基本姿势

充分利用蹬地的反作用力，迅速向跑的方向迈出。起动后的前两三步，两脚的前脚掌要短促用力蹬地，并配合以快速的摆臂动作，使之在最短的时间内充分发挥速度。

（三）跑动

跑动是队员为了改变自己的空间位置采取的脚步动作。

1. 变速跑

由慢跑变快跑时，上体前倾，用前脚掌短促、有力地向后蹬地，同时迅速摆臂，前两三步要小，以加快跑的频率。由快变慢时，上体抬起，步幅加大，用前脚掌抵地，减缓冲力，从而降低跑速。

2. 变向跑

变方向的瞬间屈膝降重心，移重心，异侧脚前脚掌内侧迅速蹬地，同侧方向的脚迅速跨出，蹬地脚及时跟上。

3. 侧身跑

面向球转体，切入方向的内侧腿深屈，外侧脚用力蹬地，重心内倾。

4. 后退跑

两脚提踵，脚前掌蹬地，上体放松直起。

（四）急停

急停是队员在运动状态下突然改变为静止状态的动作方法。急停分为跨步急停和跳步急停。

1. 跨步急停

快跑中先向前跨出一大步，用脚跟先着地，然后过渡到全脚掌着地，同时上体稍后仰，第二步落地脚要落在另一脚的侧前方，脚尖稍向内转，重心投影点在两脚之间，保持身体平衡（图7-2）。

2. 跳步急停

跑动中单脚或双脚跳起，起跳时身体稍后仰，两脚左右分开，同时落地停住，两脚内侧稍用力，屈膝，重心下降（图7-3）。

图7-2 跨步急停　　　　　　图7-3 跳步急停

（五）转身

转身是队员以一脚作为中枢脚，另一脚向任意方向跨出，改变身体方向的动作方法。转身分前转身和后转身。

1. 前转身

移动脚向中枢脚前方跨步转动的叫前转身。

2. 后转身

移动脚向中枢脚后方撤步转动的叫后转身。

（六）滑步

滑步是防守时采用的一种方法，可分为侧滑步（横滑步）、前滑步和后滑步。

1. 侧滑步

以基本姿势开始，向一侧滑步时，先跨出同侧脚，同时另一脚蹬地滑动靠近，两脚之间保持一定的距离。

2. 前滑步

以基本姿势开始，向前跨出一步，同时后脚紧随向前滑动，两脚保持一定的距离前后开立。

3. 后滑步

动作方法与侧滑步相同，只是向后滑动。

二、传、接球

传、接球是进攻队员之间有目的地转移球的方法，传球和接球的有机结合形成了组织进攻、战术配合的纽带。

（一）传球技术

1. 双手胸前传球

两手手指自然分开，拇指相对成"八"字形，用指根以上的部位持球，手心空出，两肘自然弯曲在体侧，将球置于胸腹之间的位置；身体成基本站立姿势，两眼注视传球目标，传球后，后脚蹬地，身体重心前移的同时前臂迅速向传球方向伸出，拇指用力下压，手腕前屈，食指、中指用力拨球将球传出，传球后身体迅速调整成基本站立姿势（图7-4）。传球距离越近，前臂前伸的幅度越小。

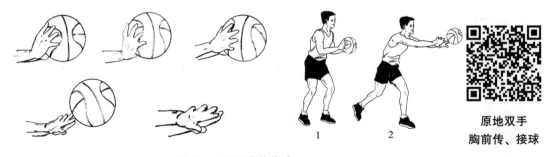

图7-4 双手胸前传球

原地双手胸前传、接球

2. 单手肩上传球

以右手肩上传球为例，两脚前后站立，左脚在前，肘关节外展，手腕后翻托球，左侧肩对着传球方向，传球时利用转身、挥臂、甩腕及手指的力量将球传出。

原地单手肩上传、接球

3. 双手头上传球

持球手法与双手胸前传球相同，两手举球于头上，两手心向前。近距离传球时，小臂前摆，手腕前扣外翻的同时，拇指、食指、中指用力向前拨球。传球距离远时，要加大蹬地力量，摆动腰腹以带动小臂发力和前摆，腕和指用力前扣，将球传出。

4. 单手体侧传球

双手胸前持球，右手传球时，左脚向左跨出一步，右手引球至身体右侧。出球前一刹那，持球手的拇指向上，手心向前，手腕后屈，小臂稍向前摆，急促用力向前扣腕，手指用力拨球，将球传出。

5. 反弹传球

用双手胸前、单手体侧方法，利用手腕、手指偏向于地面进行抖动，通过地面反弹力量传球给同伴，反弹传球的击球点一般应在距接球队员三分之一处，以球反弹高度在接球队员腰部为宜。

（二）接球技术

接球分为单手接球和双手接球两种。无论采用哪种接球方法，准备接球时都要注意判断来球的方向、力量、速度、落点，以便选择适当的接球方式。接球时眼睛注视来球，伸臂迎球，手指自然分开，当手接触球时，屈臂屈肘，向后缓冲来球的力量，同时双手握紧球，调整身体平衡，以便进行下一个技术动作。

三、投篮

投篮是持球队员将球投入篮圈所采用的各种动作方法的总称。投篮是篮球运动最为重要的一项进攻技术，投篮命中率是比赛胜负的关键。

投篮技术包括持球方法、瞄准点、投篮动作及球的旋转。

（一）投篮时的持球方法

1. 单手的持球方法

以原地单手投篮为例，投篮手五指分开，以指根以上的部位托住球的后下方，掌心空出，手腕略向后仰，球的重心落在中指和食指的指根，肘关节自然下垂，将球置于同侧肩的前上方。

2. 双手的持球方法

以原地双手胸前投篮为例，两手手指自然分开，拇指相对成"八"字形，以指根以上的部位握住球的两侧后下方，掌心空出，两臂自然屈肘下垂，将球置于胸颌之间。

（二）瞄准点

1. 直接瞄准点

直接瞄准点选择篮圈上与投篮队员最近的点，这种瞄准点适合投空心球。

2. 擦板投篮瞄准点

擦板投篮一般在投篮队员与篮板成15°~45°角的时候采用。瞄准点要根据投篮的位置、距离、角度，球出手的力量，球的速度、球的旋转等因素选择。一般距离篮圈越远，瞄准点离篮圈越高、越远。离篮圈越近，瞄准点距离篮圈越低、越近。

（三）投篮的动作方法

1. 原地双手胸前投篮

双手持球于胸前，肘关节自然下垂（不要外展），上体稍前倾，两膝微屈，身体重心放在两脚之间，目视投篮目标。投篮时，两脚蹬地，腰腹伸展，两臂上伸，拇指向前压送，两手腕同时外翻，指端拨

原地双手胸前投篮

球，用拇指、食指、中指投出，腿、腰、臂自然伸直。

2. 原地单手肩上投篮

右手五指分开，向后屈腕，屈肘持球于肩上（或高些），左手扶球，右脚稍前，重心放在两脚之间，上体稍前倾，两膝微屈，上体肌肉放松，目视投篮目标。投篮时，用力蹬地，伸展腰腹，抬肘，手臂上伸，手腕、手指前屈，指端拨球，用中指、食指将球投出，手臂向前自然伸直。

原地单手肩上投篮

3. 行进间单手肩上投篮

以右手投篮为例，右脚向前跨一大步的同时接球，左脚迅速蹬地起跳，右脚屈膝上抬，双手举球于右肩前上方，腾空后，上体稍后仰，当身体跳到最高点时，右臂向前上方伸展，手腕前屈，食指、中指用力拨球，通过指端将球投出。

4. 行进间单手低手投篮

投篮时，一般同侧脚腾空后接球落地，接球后的第一步稍大，然后第二步稍小，继续加速，降低重心，用异侧脚向前上方起跳；腾空时间要短，持球手五指自然分开，托球的下部，手臂向上伸展；接近球篮时，手腕柔和上摆，食指、中指、无名指向上拨球，使球碰板进篮或空心投篮（图7-5）。

图7-5 行进间单手低手投篮

5. 原地跳起单手肩上投篮

以右手投篮为例。双手持球于胸前，两脚前后或左右自然开立，两腿微屈，重心放在两脚之间。起跳时两脚迅速屈膝，脚掌用力蹬地向上起跳，双手举球至肩上，右手持球，左手扶球的左侧方。当身体接近最高点时，左手离球，右臂向前上方伸直，手腕前屈，食指、中指拨球，通过指端将球投出。脚落地时，屈膝缓冲，准备下一个动作。

（四）球的旋转

一般在中远距离投篮时，使球在飞行中沿着横轴向后旋转，这不仅有利于保持球的飞行姿态，在擦板时还能使球反弹向下，更容易进球；在篮圈的侧面擦板投篮时，一般使球做侧旋；在做行进间单、双手投篮时，则要使球沿着横轴向前旋转。

此外，投篮出手的力量、出手的速度、出手的角度、球的飞行弧度也是影响投篮命中率的因素。这些因素根据投篮人的身高、投篮方式、身体素质、经验等不同而有不同的变化。

四、运球

持球队员在原地或行进中，用单手连续按拍接住地面反弹起来的球叫运球。通过运球可以发动进攻、突破等，给同伴创造进攻机会，组织全队的战术配合。

运球的技术动作方法很多，关键是手对球的控制支配能力，脚步移动的熟练程度以及手、脚、身体的紧密配合。各种运球技术动作的过程，都由身体姿势、手臂动作、球的落点和手脚配合四个环节组成。

（一）身体姿势

运球时，两脚前后开立，两膝微屈，身体略前倾，抬头，眼平视，非运球手臂探肩、屈肘保护球。

（二）手臂动作

运球时，手指自然张开，以手指和指根部位控制球。在低运球时，以腕关节为轴，用手腕、手指的力量控制球。高运球时，以肘关节为轴，靠前臂和手指的力量控制球。在体侧或侧后提拉式运球时，主要以肩关节为轴，用手臂、手腕和手指的力量控制球。

（三）球的落点

球的具体落点与运球的速度、方向及防守的情况有关。无人防守时，落点在运球手同侧的前外侧；运球速度越快，球的落点越靠前，离身体越远，反之则越近；在紧逼防守时，球的落点在体侧或侧后方；变向运球时，球的落点在运球手的异侧或侧前。

（四）手脚配合

运球时，手、脚动作节奏和速度要保持一定的比例关系，要协同配合。

（五）运球的技术动作

1. 高运球

高运球是进攻队员在没有防守干扰的情况下，为了加快球的推进速度和调整进攻位置而采用的一种运球方法。

运球时，两腿微屈，目平视，手用力向前下方推按球，球的落点在身体侧前方，使球反弹的高度在腰腹之间，手脚协调配合，使球有节奏地向前运行。

高低运球

2. 低运球

低运球是进攻队员受到对手紧逼或抢阻时采用的运球方法，以达到保护球的目的。

运球时两腿弯曲，重心下降，上体前倾，用上体和腿保护球的同时用手短促地拍按球，使球从地面向上反弹的高度在膝部以下。

3. 运球急停急起

运球急停急起是进攻队员利用速度的变化摆脱防守的运球方法。

运球急停时，利用跨步急停动作，同时拍按球的前上方，变为原地运球，然后突然重心前移，后脚用力蹬地跨出，手拍按球的后上方，迅速向前推进（图7-6）。

图7-6 运球急停急起

4. 体前变向换手运球

运球队员从对手右侧突破时，先向对手左侧变向运球，然后突然改变方向向右侧运球。变向时，右手拍按球的右后上方，把球从自己的右侧拍按到左侧前方。同时，右脚向左前方跨出，上体左转，用肩保护球，然后换手运球，加速前进。

5. 转身运球

以右手运球为例。变向时，左脚在前为轴，做后转身的同时，右手将球拉至身体的左侧前方，然后换手运球，加速前进。

体前变向运球

五、持球突破

持球突破是持球队员运用脚步动作和运球技术快速超越对手的一项攻击性很强的技术。

（一）交叉步突破

以右脚做中枢脚为例。两脚左右开立，两膝微屈，身体重心降低，持球于胸腹之间；突破时，左脚前脚掌内侧迅速蹬地，上体稍后转，左肩向前下压，重心向右前方移动，左脚向右侧前方跨出，将球引于右侧；接着运球，中枢脚蹬地向前跨出，迅速超越防守（图7-7）。

图7-7 交叉步突破

（二）同侧步突破

准备姿势和突破前的动作要求与交叉步相同，突破时，右脚向右前方跨出一步，向右转体探肩，重心前移，右手运球，左脚前脚掌迅速蹬地，向右前方跨出，突破防守（图7-8）。

图7-8 同侧步突破

六、防守

防守是防守队员合理地运用脚步动作和身躯及手臂动作积极地抢占有利位置，阻挠、破坏对方进攻的行动。防守最根本的任务是从对方手中把球抢断回来，或造成对方失误，增加本方进攻次数。

防守包括防守无球队员和防守有球队员。

（一）防守基本技术

两脚平行或前后开立，比肩略宽，上体前倾，重心在两脚之间，两眼注视前方，张开双臂，站在对手和篮圈之间的有利位置上。

(二) 防守无球队员

防守时,防守队员要根据球和人的移动,合理地运用上步、撤步、滑步、交叉步、碎步和快跑等脚步动作,并配合身体动作抢占有利防守位置,堵截其摆脱移动路线。在与对手发生对抗时,重心下降,双腿用力,两臂屈肘外展扩大站位面积,上体保持适宜紧张度,在发生身体接触的瞬间提前发力,主动对抗。合理使用手臂动作不仅能扩大防守空间,干扰对手视线,还能辅助保持身体平衡,快速移动,抢占有利位置。

(三) 防守有球队员

平步防守时,两脚平行站立,两手臂侧伸,不停地挥摆,适合于防运球和突破。采用斜步防守时,两脚前后站立,前脚同侧手臂向前上方伸出,另一手臂侧伸,适合于防守投篮。

七、抢篮板球

抢篮板球是指比赛双方队员在空中争夺投篮未中的球,也是攻防双方争夺控制球权的焦点,是攻防矛盾转化的关键,是争取主动、战胜对方的重要因素。

第三节 篮球运动基本战术

篮球战术是指篮球比赛中队员运用攻守方法的总称,是队员个人技术的合理运用和队员之间相互协调配合的组织形式。运用战术的目的是更好地发挥本方队员的技术与特长,制约对方,力争掌握比赛的主动权,争取比赛的胜利。

一、战术基础配合

(一) 进攻战术基础配合

1. 传切配合

这是两三名队员利用传球和切入组成的简单配合。

传切配合包括一传一切和空切(图7-9)。一传一切:持球队员传球后,利用自己的速度摆脱防守,向篮下切入接回传球投篮的配合。图7-9(a)中⑤传球给⑥后向左做假动作,然后突然向右侧切入,接⑥的传球投篮。空切配合:无球队员掌握时机,摆脱对手切向防守薄弱区域接球投篮或做其他的配合。图7-9(b)中④传球给⑤时,⑥突然横切或沿底线切入接⑤的传球投篮。

(a) 一传一切

(b) 空切

图7-9 一传一切和空切

2. 突分配合

这是持球队员在突破对手后，遇到对方的补防或者协防时，及时将球传给进攻时机最佳的同伴进行攻击的配合方法。

3. 掩护配合

这是进攻队员选择正确的位置，用自己的身体以合理的技术动作挡住同伴的防守者，使同伴借以摆脱防守的配合。根据掩护队员的掩护位置，掩护配合可分为前掩护、侧掩护、后掩护。

前掩护：掩护队员站在同伴的防守者身前所组成的掩护配合。

侧掩护：掩护队员站在同伴的防守者侧面所组成的掩护配合。

后掩护：掩护队员站在同伴的防守者身后所组成的掩护配合。在做后掩护时，通常要与防守者保持半步的距离，避免发生非法掩护，造成犯规。

4. 策应配合

内线队员接球后，由他做枢纽，与外线队员密切配合，由此形成的一种里应外合的方法。

（二）防守战术基础配合

1. "关门"与夹击配合

邻近的两个防守队员协同防守突破的配合方法和积极防守一名进攻队员的配合。

2. 挤过、穿过、绕过配合

当进攻队员进行掩护时，防守掩护者的队员主动让同伴从自己身旁挤过、穿过、绕过去继续防守对手。

3. 补防配合

这是两三个队员之间协同防守的配合。当同伴被进攻者突破而攻方有可能得分时，邻近的防守队员立即放弃自己的对手进行补防。

4. 交换配合

这是为了破坏进攻队员的掩护配合，防守队员之间彼此及时地交换自己的所防对手的一种配合方法。

二、全队战术配合

（一）全队进攻战术配合

1. 进攻半场人盯人防守

即发挥积极的移动、跑位、穿插，寻找机会，通过传切、策应、掩护、突分球等基础配合或以某种基础配合组成全队战术。要针对对方防守情况和本队身高、技术特点等具体条件，调动全队积极性，发挥每个队员的技术特长，争取主动进攻。如对方扩大防区，可采用策应、传切、突分等配合；对方缩小防区，可采用掩护、中距离投篮等配合或利用中锋策应配合等，给同伴创造良好的进攻机会。

2. 进攻区域联防（图 7-10）

即进攻队针对布置好的防守阵式、特点和薄弱环节，根据本队的情况，组织针对性的以多打少的进攻战术。以"2-1-2"联防为例，其薄弱区在两腰和罚球区端线处。进攻时采用"1-3-1"联防，这种阵式，队员分布面广，攻击点多，便于内外联系、左右配合，有利于组织抢篮板球和保持攻守平衡。"3-2"联防阵式的薄弱区是底线两角和中区地带。"2-3"联防的防守薄弱区主要在侧面的两腰。

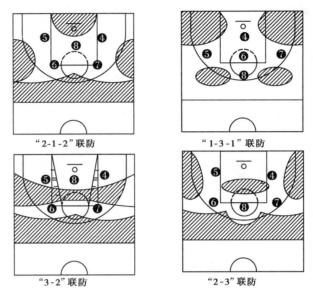

图 7-10　进攻区域联域

3. 快攻

快攻是由防守转入进攻时，以最快的速度、最短的时间在人数上造成以多打少的优势，或趁对方立足未稳时，果断地进行攻击的一种进攻战术。

快攻的组织形式：长传快攻，短传快攻，运球突破快攻。

发动快攻的时机：抢到防守篮板球时，后场掷界外球时，跳球得球时，抢、断球后。组织快攻应在对方部署好防守之前，给对方以突然袭击，要起动快、传球快、运球快、突破快，并要求有较强的快攻意识和顽强的意志品质，力争形成无人防守或以多打少的有利的进攻局面。

（二）全队防守战术配合

1. 半场人盯人防守

当进攻转入防守时，迅速退回后场防守。有半场紧逼和半场松动人盯人防守。每个队员盯住自己的对手，以一防一，同时进行集体防守，防守时对有球一侧持球者采取紧逼防守；防无球队员都要错位防守，积极控制对方的进攻重点，干扰其接球；对无球一侧的防守人则向有球一侧靠拢，积极移动，抢占有利位置，以加强协防（图7-11）。

图 7-11　半场人盯人防守

2. 半场区域联防

当进攻转入防守时，全队迅速退回后场，每人负责一定的防守区域，严密防守进入该区的球和进攻队员，同时又进行联合防守。区域联防时，要以球为主，根据球的不同位置，进行及时、快速地移动，互相补防，动作协调，紧密配合。观察对手的传球方式,了解对手的进攻意图。区域联防的队形有"2-1-2"联防、"2-3"联防、"3-2"联防、"1-3-1"联防等。其中以"2-1-2"为基本形式,这种站位队形易于联系协作,外围队员能防守中远距离投篮,篮下经常保持三角形的防守范围,可以有效地控制篮板球和中锋的进攻。进攻队员利用运球突破时,要快速夹击,同时兼顾自己的防守。

3. 对快攻的防守

首先要堵截快攻第一传和接应一传,制造进攻队员的运球、传球、跑动上的困难,减慢进攻速度,为本队防守积极争取时间。防堵进攻快下的队员时,增加1防2、2防3这些以少防多的配合,积极拼抢进攻篮板球的同时提高进攻成功率。

第四节 篮球比赛主要规则

一、场地与器材

(一) 场地

国际比赛标准场地为长28米、宽15米。球场丈量时从界线的内沿量起,线宽5厘米。

(二) 篮板、球筐、比赛用球

篮板尺寸为:横宽1.80米,竖立1.05米,下沿距地面2.90米,篮板的支柱要距端线外沿至少2米,篮架必须全面地包扎,包扎的最低高度为2.15米,包扎物的最小厚度为0.15米。

球筐一般包括篮圈和篮网。篮圈离地板3.05米,篮网长度在0.40~0.45米之间。

篮球的直径为24.6厘米,重量为600~650克,周长为75~78厘米,比赛用球必须是使用过的球,从1.80米的高度落在比赛场地上,反弹高度应为1.20~1.40米。

二、比赛规则简介

(一) 比赛时间及暂停和犯规次数

比赛由4节组成,每节10分钟。在第一半时(第1节和第2节)的任何时间,每队有2次暂停机会;在第二半时(第3节和第4节)的任何时间内,每队有3次暂停机会;每一次决胜期每队有1次暂停机会。一名队员已发生5次侵人犯规或技术犯规时,他必须退出比赛。每节一个队侵人犯规或技术犯规累计已达4次后,所有以后发生的队员犯规均要处以两次罚球,除非发生了控制球队犯规。

(二) 替换

裁判员鸣哨停止比赛后,双方均可以换人。在第4节或决胜期的最后2分钟内,投篮得分时,非得分队可以替换,同时对方也可要求替换。执行罚球的队员不能由其他队员替换,除非是该队员受伤或已达5次犯规。在同一替换期,已被替换出场的队员不得再进入场地。

(三) 违例及其罚则

违反规则的行为而未构成犯规,统称为违例。凡有下列违例情况之一者,均由对方在距违例地点最近的界线外掷界外球。

（1）带球走：球未离手而中枢脚已离开地面再运球或中枢脚提起又落地后再传球、投篮等。

（2）两次运球：一次运球完毕而再次运球，故意将球掷向篮板，算一次运球。

（3）脚踢球：队员故意用脚踢球或用腿的任何部位阻挡球。脚与腿无意中触球不算违例。

（4）拳击球：队员用拳击球。

（5）球回后场：当球触及有部分身体接触中线或位于中线后场的该队员或球触及后场地面后又被该队员首先触及，称回后场。

（6）3秒钟：当某队前场控制活球并且比赛时钟正在运行时，该队队员不得停留在对方队的限制区内超过持续的3秒钟。

（7）5秒钟。

① 掷界外球队员5秒钟内未将球掷出。

② 罚球队员5秒钟内未将球投出。

③ 持球队员被紧追严防，5秒钟内没有传、运、投球，为5秒钟违例。如果防守队员不是紧追严防，持球时间超过5秒钟，不能判为违例。

（8）8秒钟：进攻队员在后场控制活球后，必须在8秒钟内使球进入前场。

（9）24秒钟：当一名队员在场上控制活球时，他的队必须在24秒钟内尝试投篮。

（四）犯规及其罚则

犯规是违反规则的行为，含有与对方队员的非法身体接触或违反体育道德的举止。

1. 侵人犯规

队员通过伸展臂、肩、髋、膝、脚或弯曲身体或以不正常姿势以阻挡、拉、推、撞、绊等动作来阻碍对方行进，或使用粗野动作以及用手触及对方，等等，均判为侵人犯规（P）。进攻队员做投篮动作，防守队员侵人犯规，罚则：记录侵人犯规一次；球投中篮，得分有效，再判投篮队员罚球一次；若球未投中篮，记犯规一次，判被侵犯队员两或三次罚球。如被侵犯队员未做投篮动作，则由被侵犯队的队员在犯规地点就近的边线外掷界外球继续比赛。

2. 双方犯规

两名互为对方的队员大约同时相互发生侵人犯规的情况，为双方犯规。罚则：犯规队员每人登记一次侵人犯规，不罚球。比赛应按下列所述重新开始。

（1）如果在大约同时投篮有效或最后一次或仅有一次的罚球得分，非得分队应从端线掷球。

（2）如果某队已控制了球或拥有球权，应在最靠近犯规的地点掷球入界。

（3）如果任一队都没有控制球也没有球权，则进行一次跳球。

3. 违反体育道德的犯规

裁判员认为队员蓄意地对持球或不持球的对方队员造成侵人犯规为违反体育道德的犯规（U）。违反体育道德的犯规处理方法如下。

（1）要登记犯规队员一次违反体育道德的犯规，并累计在全队每节比赛的4次犯规之内。

（2）判给对方数次罚球再加一次球权。如对方未做投篮动作，判给两次罚球，加一次中线界外球。如对方正在做投篮动作，已投中，判得分再判给一次罚球，再加中线界外球；如未投中，则根据投篮的地点判给两次或三次罚球，再加一次中线界外球。

4. 技术犯规

所有包括与对方队员接触的违反规则的行为和不道德的犯规为技术犯规。主要包括队员技术犯规（T）和教练员技术犯规（C）以及随从人员的技术犯规（B）。技术犯规的处罚方法如下。

（1）队员技术犯规，登记犯规者一次技术犯规，判给对方两次罚球，由对方队长指定罚球队员。

（2）教练员及随从人员技术犯规，登记教练员一次技术犯规，判给对方两次罚球和一次中线外掷罚界外球，由对方队长指定罚球队员。

5. 取消比赛资格的犯规

比赛过程中，属十分恶劣的不道德行为，判为取消比赛资格的犯规（D）。处罚方法如下。

（1）登记犯规队员一次取消比赛资格的犯规，并责令他们去运动员休息室或马上离开体育场地。

（2）判给对方数次罚球和中线外掷界外球，罚球的次数规定与违反体育道德的犯规罚球次数相同。

思考题

1. 篮球运动的基本技术有哪些？
2. 简述篮球比赛中的违例及其罚则。
3. 列举三种篮球进攻战术基础配合。

第八章

排球运动

第一节 排球运动概述

一、排球运动的起源和发展

排球运动是1895年由美国马萨诸塞州霍利沃克城基督教青年会干事威廉·G. 摩根发明的。很快，它就在基督教青年会中广泛传播开来。1896年，摩根制定了世界上第一个排球竞赛规则，发表在当年7月出版的美国《体育》杂志上。最初的排球运动只是一种消遣游戏，比赛人数的多少、比分的多少都由比赛双方临时协商决定。

排球问世后，由美国的教会、传教士和驻外军官、士兵传播到了世界各地。世界排球运动的发展主要分为三个阶段：娱乐排球、竞技排球和现代排球。

20世纪80年代开始，世界排球进入了现代排球阶段。它包括全攻全守排球，社会化、商业化、职业化排球和"大排球"三个内涵。进入20世纪80年代，各种技战术流派间的交流融合频繁，打法创新的步伐也在加快，凭一技之长就能一统排坛的时光已全然不在。于是，一场新的排球革命——全攻全守排球悄然开始。

二、排球运动的特点

排球运动是参与者以身体的任何部位（手、手臂为主）在空中击球，使球不落地，既可隔网进行集体的攻防对抗性的比赛，也可不设网相互进行击球。排球运动有其自身的特点。

（一）具有形式的多样性和广泛的群众性

排球运动的场地设备比较简单，室内、室外、木板地、沙地、草地、雪地上等都可以作球场；运动形式多样，既可以用正式排球，也可以用软式排球、气排球、小排球等，既可以隔网对抗，又可以围成圆圈托来托去；人员组成、性别、年龄不限，可以是家庭成员娱乐，也可以是年轻人对抗，还可以是男女混合一起活动；比赛规则易掌握、好变通，运动量可大可小，不会出现强烈的身体接触对抗，因此具有广泛的群众性。

（二）具有激烈的对抗性

排球比赛虽隔网相争，但也具有激烈的对抗性。这对于提高人的中枢系统和内脏系统的功能，增强弹跳、力量、速度、灵敏等身体素质，培养勇猛果断、机智灵活、顽强拼搏的良好品质和竞争意识，都有很大的作用。

(三) 具有技术的全面性和高度的技巧性

正式比赛规则规定队员从对方手中获得发球权必须轮转，这就要求场上队员要尽可能做到攻防兼备，技术全面；比赛中每项技术既能得分，又能失分，这就要求队员必须全面、熟练地掌握技术；在快速的攻防转换中要求三次击球过网，球不得在手中停留，双方都不希望球在本方场内落地，因此排球运动具有技术的全面性和技巧性。

(四) 具有集体性，体现团队精神

排球比赛是一项集体配合的项目，每个技术环节都体现出团结协作的精神，每个环节的失误都会造成集体的被动和全队的失败。好的进攻配合便于突破对方防线，好的拦防配合又打下了反击进攻的基础。高水平的球队，必然有着默契的配合，体现出集体性和协作性。因此，排球运动能培养人们团结协作的精神。

三、排球运动的核心素养

排球运动不仅能改善人体中枢神经系统和内脏器官的功能状况，又能提高人的力量、速度、弹跳、灵敏、耐力等专项身体素质和运动能力，经常参加排球运动的训练或比赛，可以学到很多控制自己的情绪和调节自身心理的手段和方法，特别是在连续失误或关键比分落后时刻，如何使自己能尽快沉着、冷静、不气馁，处理关键球时自信而果断，这对形成良好的心理品质具有非常大的锻炼价值。

排球运动能培养学生优良的体育道德作风和团结协作的集体主义精神，加强团队合作意识，培养良好的人格品质、社交能力、奋斗精神、开拓精神、使命感和责任感。

第二节　排球运动基本技术

排球运动基本技术是指运动员在规则允许的条件下所运用的各种合理的技术动作。它包括准备姿势和移动、发球、垫球、传球、扣球、拦网。

一、准备姿势和移动

准备姿势是高质量完成各项技术动作的基础，移动的目的则是迅速地接近球，确定人与球的合理位置。

(一) 准备姿势

两脚左右开立，一脚稍在前，两膝保持一定的弯曲，上体适当前倾，身体重心前移，两臂自然弯曲，置于胸腹之前，两眼注视来球方向。当接扣球和接拦回球时两膝弯曲的程度要更大些。

准备姿势

(二) 并步

向前移动时，后脚蹬地，前脚向来球方向跨出一步，后腿迅速跟上，做好击球前的准备姿势。

(三) 跨步

向前跨步时，后脚用力蹬地，前脚向前跨出一大步，膝部弯曲，上体前倾，身体重心移到前腿上。

移动步法

（四）交叉步

向右侧交叉时，上体稍向右转，左脚从右脚前面向右交叉迈出一步，然后右脚再向右跨出一大步，同时身体转向来球方向，保持击球前的姿势。

二、垫球

垫球是手臂插入球的下部，利用来球的反弹力向上击球的技术动作。

（一）正面双手垫球

正对来球方向，成半蹲准备姿势，两手掌根靠紧，手指重叠后两手掌互握，两拇指朝前，两臂自然伸直，手腕下压，两臂外翻，手腕关节以上形成一个平面；击球点在胸前一臂距离，用前臂腕关节以上 10 厘米左右处、桡骨内侧平面触球；击球时，两臂夹紧插入球下，蹬腿抬体，重心随之前移，含胸、收肩、压腕、抬臂等动作要协调一致，将球准确地垫在前臂上，身体和两臂要自然地随球做伴送动作。

正面双手垫球

（二）体侧垫球

当球从左（右）侧飞来时，右（左）脚前脚掌内侧蹬地，左（右）脚向左（右）侧跨出一步，身体重心即移至左（右）脚上，左（右）膝弯曲，同时两臂夹紧向左（右）侧伸出，用向右（左）转腰的动作，配合两臂自体侧向前截住球的飞行路线，用两前臂垫击球的后下部（图 8-1）。

图 8-1　体侧垫球

（三）背向垫球

判断好来球的落点，迅速移动到球的落点处，背对来球方向，两臂夹紧伸直，击球点高于膝部；击球时，抬头挺胸，展腹后仰，直臂向后上方摆动抬送（图 8-2）。背向垫球是身体背对垫球方向的一种垫球方法，因此不易控制方向和落点，垫球时要有较好的位置感。

图 8-2　背向垫球

三、发球

发球是在本方端线后将球抛起，用一只手将球击出而进入比赛的过程。

（一）正面下手发球

以右手发球为例，两脚前后开立，左脚在前，两膝微屈，上体稍前倾，左手持球于腹前；左手将球抛起在身体右侧，离手约20厘米高，抛球的同时右臂伸展，以肩为轴向后摆。击球时，右脚蹬地，右臂由后向前摆，在腹前用"虎口"或掌根击球的后下部。

（二）侧面下手发球

以右手发球为例，左肩对网，两脚左右开立与肩同宽，两膝微屈，上体稍前倾，重心落在两脚之间，双手持球置于腹前；左手将球平稳上抛于距胸前约一臂距离处，球离手高度约为一个半球；在抛球的同时，右臂摆至右侧后下方，接着利用右脚蹬地向左转体的力量，带动右臂向前上方摆动，在腹前用全掌、虎口或掌根击球后下方（图8-3）。击球后，立即进场比赛。

图8-3 侧面下手发球

（三）正面上手发球

以右手发球为例，面对球网，两脚前后开立，左脚在前，左手托球于体前；左手将球平稳地抛于右肩前上方，高于击球点2~3个球，抛球的同时右臂抬起屈肘后引，手指自然分开，上体稍向右转；击球时，利用蹬地、转体动作带动手臂快速挥动，在右肩前上方用全手掌击球的后中下部；触球时手腕有向前推压的动作，使球呈上旋飞行。

正面上手发球

（四）上手发飘球

以右手为例，面对球网，两脚前后开立，左脚在前，左手持球于体前；当球升到最高点时，身体重心前移，前臂突然加速挥动，用掌根平面击球的后中下部，使作用力通过球的重心（图8-4）。击球时，手腕紧张，用力短促。

图8-4 上手发飘球

四、传球

传球是利用手指、手腕和全身的协调力量，通过手指击球，将来球传递给同伴进攻的技术动作。传球是排球运动的基本技术之一，主要用于衔接防守和进攻。传球的种类很多，向前传球是传球的基础动作，传球前要求人必须及时移动到适当位置，保持好人与球的合适位置。

（一）正面双手传球

正对来球方向，成半蹲准备姿势，两臂屈肘，置于胸前，两手张开，手腕稍后仰，手指屈成半球状，小指在前，两拇指靠近成"八"字形；当来球与脸前上方的距离接近一个球时，利用蹬地、伸膝、伸臂和翻腕、拨指的协调力量将球送出；以拇指、食指、中指负担球的重量，无名指和小指协助控制球的方向（图8-5）。正面双手传球是最基本的传球方法，运用最为广泛，只有在先学好正面双手传球的基础上，才能进一步掌握和运用其他各种传球技术。

图8-5　正面双手传球

传球手形

（二）背传球

背部正对传球方向，抬头挺胸，手上举，手腕后仰，掌心向上，击球点保持在额前上方；击球时，利用向后上方蹬腿、展腹、伸肘的动作和手指、手腕的力量，将球向后上方传出。

背传球

五、扣球

扣球是跳起在空中将高于球网上沿的球击入对方场区的技术动作。扣球是排球的基本技术之一，也是攻击性最强的进攻手段。扣球是在二传配合的基础上完成进攻战术的最后的关键一环，是得分的重要手段，如能熟练地掌握多种强有力的扣球技术，就能较好地掌握比赛的主动权，为取得胜利奠定良好的基础。

以右手正面扣球为例。助跑时，左脚先向前迈出一步，接着右脚再迅速跨出一大步，左脚及时跟上，在右脚之前踏地制动，随之蹬地起跳，两臂自后经体侧积极上摆；起跳后，挺胸展腹，上体稍右转，右臂向后上方抬起，身体成反弓形；接着，以转体、收腹、挥臂、甩腕的协调力量，用全手掌击球的后中上部，将球击入对方场区；落地时以前脚掌着地过渡到全脚掌着地，同时屈膝收腹，缓冲下落的力量（图8-6）。

图8-6　正面扣球

扣球助跑起跳

六、拦网

拦网是运动员在球网上沿的空中阻拦对方击球的技术动作。拦网是防守的第一道防线，也是反攻的重要环节。成功的拦网可以直接拦死或拦回对方的扣球，造成直接得分或使本方由被动变为主动，削弱对方的进攻力量，减轻本方防守的压力。此外，有效的拦网还可以给对方心理造成很大的压力，更加突出拦网的重要性。

（一）单人拦网

单人拦网技术是拦网最基本的形式，它是集体拦网的基础，由准备姿势、移动、起跳、空中拦击和落地五个相互衔接的部分组成。

拦网

两脚左右开立，约与肩同宽，距球网40厘米左右。两膝弯曲，上体稍前倾，两臂在胸前自然屈肘张开，准备随时向来球方向并步或跨步移动。移动时，身体重心不要上下起伏，两臂摆动幅度不宜过大，最后一步要迅速降低重心。起跳时两脚迅速蹬地，两臂在体侧向上方摆，带动身体垂直起跳，并稍收腹，以控制身体平衡，注意手臂摆动幅度不要过大，以免触网犯规。两臂充分伸直，两手自然张开，并紧张用力屈腕，两手之间的距离略小于一个球的直径，当两手触及球时，手掌和手腕要紧张用力，防止球打手出界。落地时应稍收腹，以保持身体的平衡，以两脚前脚掌先着地并屈膝缓冲，迅速做好下一个动作的准备。

（二）双人拦网

双人拦网是集体拦网的主要形式，它是由前排两个相邻的队员同时起跳拦网所组成的，目的是增大拦网面积。双人拦网一般以其中一人为主，另一人协同配合，距扣球点较远的队员应主动向扣球点移动。两人起跳时，应保持适当的距离，避免互相干扰。起跳后，手臂要靠近，手掌之间的距离应小于一个球，四只手应在球网上沿形成一道屏障，阻拦对方扣球进攻的主要路线。

（三）三人拦网

三人拦网是集体拦网的另一种形式，一般是在对方扣球进攻火力较强，路线变化多，且很少轻扣或轻吊时采用。三人拦网技术动作与双人拦网相同。组成三人拦网的关键在于移动迅速，取位恰当，配合密切。无论对方从哪个位置扣球进攻，防守队员都要向对方扣球的进攻点迅速移动，协调配合。

第三节　排球运动基本战术

排球运动战术是指运动员在比赛的攻防过程中，根据排球运动的规律以及双方的具体情况和临场的发展变化，运用合理的技术，组织有预见性、针对性的配合行动。

一、进攻战术

排球运动的进攻战术是得分的主要手段，最常用的基本战术是接发球进攻（一攻），它是最基本也是最有效的进攻。

接发球进攻也称第一次进攻,简称"一攻"。它是接起对方发过来的球,将球垫、传到位,并组织起进攻,争取得分的战术。它的战术形式有"中一二"进攻、"边一二"进攻、"插上"和"两次球"进攻4种。

(一)"中一二"进攻战术

接发球时把球垫或传给前排3号位队员,由3号位队员做二传,将球传给4号位或2号位两个前排队员进行扣球进攻。这种进攻形式具有易组成、分工明确、战术变化较少、攻击性和突然性较小的特点。"中一二"进攻战术所需要掌握的技术有接发球一传技术,二传技术和4号位、2号位扣一般高球技术(图8-7)。

(二)"边一二"进攻战术

由2号位队员做二传,将球传给3号位或4号位队员进行扣球进攻。这种进攻形式可组织"快球掩护拉开""前交叉""快球掩护夹塞""短平快掩护拉开"等战术变化(图8-8)。

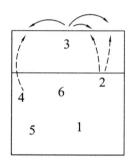
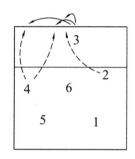
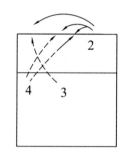

图8-7 "中一二"进攻战术　　　　　图8-8 "边一二"进攻战术

(三)"插上"进攻战术

这是在对方发球后,一个后排队员不接发球,及时插到前排网边做二传,组织前排3名队员的进攻战术配合。"插上"进攻战术形式的最大特点是能保持前排3人进攻。进攻时能充分利用球网的长度,能够发挥每个队员的特点,可以组成以快球战术为核心的跑动配合,形成多种战术变化,如前交叉、后交叉、夹塞、梯次、背溜、假交叉等。这些战术,进攻的突然性较大,突破点多,常使对方难以组织起有效的防守。

二、防守战术

排球比赛中经常使用的防守战术中,以双人拦网的防守战术最为常见。

(一)双人拦网的"边跟进"防守战术

当对方在其4号位进攻时,前排2号和3号位队员组成双人拦网;对方在3号位进攻时,则由前排3号和2号或4号位队员组成双人拦网;对方在其2号位进攻时,则由4号位队员阻拦,与球相近一侧的队员配合组成双人拦网时,后排的1号位与5号位队员则伺机跟进到进攻线附近形成保护(图8-9)。

(二)双人拦网的"心跟进"防守战术

当对方在其4号或2号位进攻时,本方前排2号和3号位队员或3号和4号位队员组成双人拦网,4号位或2号位队员后撤至进攻线后1米左右处防守,6号位的保护队员跟进至进攻线的附近，在拦网队员身后进行保护，1号和5号位队员负责后场的防守（图8-10）。

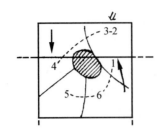
图8-9　"边跟进"防守战术形式

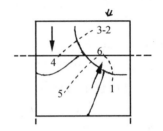
图8-10　"心跟进"防守战术形式

第四节　排球比赛主要规则

一、场地与器材

排球场地分为比赛场区和无障碍区，其形状为长方形平面，边线长18米，端线长9米。中间的中线把排球场分成相等的两个区。距中线3米处各有一条平行线，叫进攻线，它与中线之间的区域称为前场区。中线和进攻线向边线外无限延长。边线、端线、进攻线的宽度均包括在场地尺寸内，所有的线均宽5厘米。两条端线外各画两条长15厘米、距离端线20厘米的短线，它们各自画在边线的延长线上，两条短线之间的区域为发球区。

球网长9.50米，宽1米，架于中线上空，与边线成垂直状态。球网两端垂直于边线处有两条标志带。紧靠标志带外侧各有一根标志杆。标志杆高1.80米，两标志杆间距9米，称为过网区。球网高度男子为2.43米，女子为2.24米。

二、界内、界外球的判别

球触及比赛场区的地面（包括界线）为界内球。界外球的判别：球接触地面的整个部分落在界线以外；球触及场外物体、天花板或非比赛成员等；球触及标志杆、网绳、网柱或球网标志杆以外的部分；球的整体或部分从非过网区完全越过球网垂直面。

三、队员的场上位置和轮转

在发球队员击球时，双方队员（发球队员除外）必须在本场区各站两排，每排三名队员，一个队前后关系为同列关系。同列的前排队员必须有一只脚的一部分比其相应的同列后排队员的双脚距离中线更近，相等距离也不可以。同排（前排或后排）的左边或右边队员的一只脚的一部分必须比其同排中间队员双脚距离同侧边线更近，相等距离也不可以。球发出后，队员可以在本场区的任何位置上。轮转指的是接发球队获得发球权后，该队队员必须按顺时针方向轮转一个位置（2号位队员转至1号位，1号位队员转至6号位，等等）。

发球队员在击球时，所有场上队员所站位置的次序必须和位置表上的次序相同，否则判位置错误犯规。

四、发球时的犯规

击球前球未抛起或未撤离托球的手；发球次序错误；第一裁判员鸣哨后8秒钟内未将球发出；发球队员踏及端线；等等。

五、队员的替换

一局每队最多可替换六人次，可以同时替换一人或多人，换人时间为20秒钟。自由防守人的替换不在此列。自由防守人应身着与本队不同颜色的服装，在后排位置上可以替换任何一名队员（正在进行发球的队员除外），可以不经过裁判员的允许就进行替换，并且不受换人次数的影响。自由防守人不能参加本队的进攻，同时不能轮转至前排。

每局开始上场阵容的队员在同一局中只能被替换下场一次，再次上场时必须回到原轮次的位置上。替补队员每局只能有一次替换上场机会（受伤换人例外）。

六、暂停的有关规定

第1至第4局有两次技术暂停，各为1分钟，每当领先队的分数达8分或16分时自动执行，每个队每局还有两次机会请求30秒钟普通暂停。决胜局无技术暂停，每队在该局可请求两次30秒的暂停。

七、持球和连击犯规

"持球"的判断可依据三个方面的因素：一是停留时间过长；二是击球不清晰；三是存在几种击球动作，如携带球、捞球和推掷等。

"连击"是指一名队员连续击球两次或球连续触及其身体的不同部位（但拦网后接球、第一次击球除外）。

八、网上犯规

过网击球：球的整体已过网的垂直面，进入对方场地空间，再去击球，即判过网击球犯规。球在网上沿垂直面时，双方都可以击球。

拦网犯规：拦网触球不算一次击球，该队仍有三次击球机会。拦网队员可以将手伸过网，但必须在对方向拦网一方击球后，方可触球，否则判过网击球犯规。对对方的发球不可以拦网。

九、后排犯规

后排队员可以在后场区对任何高度的球完成进攻性击球。后排队员在进攻线上或线前将整体高于球网的球直接击入对方场区，或后排队员在前场区参加拦网，均为后排队员犯规。

十、过中线犯规

队员的一只脚（手）或双脚（手）全部越过中线触及对方场区为过中线犯规。但脚的一部分已接触中线或置于中线上空是允许的。

在比赛中，队员身体任何部位不能越过中线进入对方场区。场上队员身体的任何部位不得触网。

十一、比赛胜负的决定

比赛中采用每球得分制。接发球队胜一球时，获得发球权并得分。比赛一般采用五局三胜制。前四局每局为 25 分，一个队赢得 25 分同时超过对方 2 分时为胜一局。决胜局双方重新挑边，任何一方先得 8 分后，双方交换场地继续比赛。决胜局一个队赢得 15 分并超过对方 2 分为比赛获胜。

思考题

1. 排球发球有哪些种类？
2. 排球运动的基本战术包括哪些？

第九章

气排球运动

第一节 气排球运动概述

一、气排球运动的起源和发展

气排球运动起源于 20 世纪 80 年代，是排球运动衍生项目中唯一的一项由我国发明并且发展成为正式群众竞赛项目的运动。

1984 年，呼和浩特铁路局离退休人员自创用气球进行隔网对打游戏，因气球本身存在重量过轻、易破的特点，在改用儿童玩具塑料球后，该游戏逐步在单位内部开展起来。随后游戏参与者参照 6 人制室内排球制定了简单、无文字资料的比赛规则，并将该活动取名为气排球。1991 年，由火车头老年体协专人组成的气排球活动考察小组为了深入了解该运动，进行了实地考察，并编写出了第一本文字性资料《气排球竞赛规则》，同时在上海特制了比赛专用的气排球。1992 年 3 月，在石家庄举办了第 1 期全国铁路气排球学习班；同年 11 月，武汉市举行了首届铁路系统老年气排球比赛；1993 年 3 月，火车头老年人气排球协会在北京正式成立；同年 7 月，全国铁路第 2 届老年人气排球赛分别在齐齐哈尔和锦州举行，一年一届的老年气排球赛在全国铁路系统开展起来。至此，气排球活动在我国正式开展起来。

气排球运动产生三十多年来，在我国许多省、市都已得到了广泛开展，但目前对于气排球运动的理论研究仍属于初级阶段。目前，我国气排球运动发展主要集中在湖南、广西、福建、四川、浙江、江苏、重庆及东南沿海地区。

二、气排球运动的特点

气排球运动除拥有传统排球的特征外，在降低网高、减轻球重、减缓球速、缩小场地范围等方面进行调整，同时放宽比赛规则，兼具竞技、健身及娱乐观赏性，首先在中老年人中得到开展。又因其具有方便、简单、灵活、安全、经济、趣味等优点，很快发展成男女老少全民参与的体育项目。

气排球较硬式排球而言，因球体大、重量轻，故球速相对轻慢，对参与者反应速度、身体素质等要求较硬式排球低。又因其材质为软塑料，球体质地相对柔软、球内气压小、反弹力低，降低了硬式排球中参与者手指易受损伤的概率。

从技术上来说，气排球具有排球运动的所有技术动作要求，防守、进攻都可以采用硬式排球的方式。而气排球因其自身特殊性，在排球基础上又自成体系，有自身独特的特点。气排球运动虽然地面技术更为全面，但进攻方式只有在限制区之后起跳进攻，又因球速慢，增加了防反进攻的次数。

三、气排球运动的核心素养

气排球运动除了能消除身体疲劳，降低应激反应，提高最大吸氧量和最大肌肉力量等生理功能外，对神经系统和心血管系统机能也有很大的影响。通过气排球运动既能提高有氧代谢能力，增加呼吸系统的力量和耐力，推迟心血管系统的老化过程，还能增加心排血量，改善肺通气量，长期参加气排球运动，能改善人的精神状态，增强体质。此外，气排球运动中球路变化多端等特点，运动员必须根据自身临场反应，及时地调动逻辑思维进行思考，从而有效地改善神经系统的调节能力，提高脑力运动能力。

气排球运动非常注重团队精神和合作意识，球场上多变的战术能够很好地培养学生的顽强拼搏精神、创新思维能力、良好的心理素质和较好的自我调节能力，使得参与此项运动的人能明白，只有不断拼搏，提高自身能力，才能在竞争中获得胜利，而运动后人的情感会得到宣泄和释放，这在一定程度上促进了社会的稳定与和谐。通过气排球运动，可有效预防学生心理疾病，消除由于学习、生活等产生的低落、抑郁、焦虑等情绪，缓解精神压力，增进人际交往能力和彼此间的友谊。气排球运动的规则精神也能培养运动员遵循规律、遵守规则的职业道德、职业行为及职业意识。

第二节 气排球运动基本技术

一、准备姿势、预判和移动

（一）准备姿势和预判

两脚左右开立，稍比肩宽，两脚尖稍内收，两膝弯曲成半蹲姿势。脚跟稍提起，身体重心稍靠前，两臂放松，自然弯曲，双手置于腹前。两眼注视来球，两脚始终保持微动放松。准备接球或接球时，膝盖应略弯曲，为准备起步姿态；或呈半蹲姿势，但要分中心脚，使身体处于灵活移动的状态。在球落地前或裁判吹哨前各队员均应处于随时准备移动状态，这样的话起步快。预判也极其重要。对方球一出手，由谁接球应该要心中有数；注意球出手后的情况，包括球的力度、角度及是否旋转等，这有助于提高预判的准确性。对每个球要进行预判，而不是仅对可能自己接的球进行预判；预判完成，脚步即行移动，忌伸手或握手移动，避免速度受限。

（二）移动

移动分起动、跨步、滑步（并步）、交叉步、跑步、后退步等。

1. 起动

起动是指移动脚步和身体的最开始的那一瞬间态势。起动的快慢取决于重心的移动和蹬地的爆发力，以及前两三步的步幅与频率。

2. 跨步

跨步是指跨出比肩宽稍大的步幅的移动，跨步取决于对来球的方向与速度的判断。

3. 滑步（并步）

滑步是保持屈膝低重心随来球移动的方法，分左、右滑步和前、后滑步。移动中，两臂自然张开，身体上下平稳（不起伏）。

4. 交叉步

交叉步是指两腿向左、右、前、后交错移动的方法，一个交叉步比一个跨步的步幅大。

5. 跑步

跑步是指来球运行路线离身体距离比较远，必须以加速度跑步，在球落地前接住球或把球打入对方场地的步法。

6. 后退步

后退步是指双腿用前后交错的步法接住高于身体的球或者即将落入身后的球。

二、传球

（一）垫球

垫球技术动作要点可用"插、夹、抬、压"四个字概括（图 9-1）。

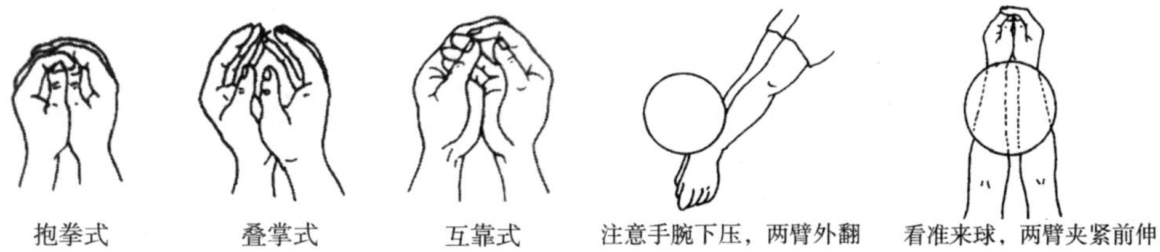

抱拳式　　　　叠掌式　　　　互靠式　　　注意手腕下压，两臂外翻　　看准来球，两臂夹紧前伸

图 9-1　垫球

插——双手互握插入球下。

夹——两臂夹紧伸直。

抬——提肩抬臂。

压——手腕下压。

击球时，用手腕以上 10 厘米的前臂击球的后中下部。

（二）正面下手发球

准备姿势：面对球网，两脚前后开立，左脚在前，两膝微曲，上体前倾，重心偏后脚，左手持球于腹前，右臂自然下垂。

引臂：击球的同侧手臂直臂向后摆动。

抛球：左手将球平稳地向上托送竖直抛起，抛球高度为 30 厘米左右。

挥臂击球：右腿蹬地，身体重心随着右臂的直臂前摆而前移，在腹前用掌的坚硬部位击球的后下部。重心随击球动作前移，迅速进场比赛。

（三）正面上手传球

准备姿势：看清来球，迅速移至球的落点，对正来球，两脚左右开立，约同肩宽，左脚稍前，右脚脚跟稍提起，两膝微屈，上体稍前倾，两臂弯曲置于胸前，两肘自然下垂，两手成传球手型，眼睛注视来球方向。

手型：当手触球时，手腕稍后仰，两手自然张开，手指微屈成半球状。两拇指相对成"一"字形或"八"字形，两拇指间的距离不能过大，以防漏球（图9-2）。

击球点：击球点在前额上方约一球。

球触手的部位：拇指外侧，食指全部，中指的二、三指节，无名指第三指节和小指第三指节的半个指节，简称为"三、二、一、半和拇指外侧"。

击球部位：击球的后中下部。

用力顺序：蹬腿、展腹、伸臂，最后用手指、手腕的弹力将球向前上方传出。

图9-2 手型

（四）正面上手大力发球

准备姿势：面对球网站立，两脚自然开立，左脚在前，左手持球于体前。

引臂：屈肘后引，上体稍向右转，手停于耳旁。

挥臂击球：收腹、振胸、挂肘，上臂带动前臂向前上方弧形挥摆，伸直手臂，在肩的上方用全掌击球的后中部（图9-3）。

抛球：左手将球平稳地垂直抛于右肩的前上方，抛球高度为1.5米左右。

击球手法：包满打转，边包裹边推压；全手掌击球，使球呈上旋飞行。

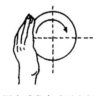

用全手掌击球后中部　　手腕包击推压球上旋

图9-3 击球手法　　　　　　　　　正面上手发旋转球

（五）二传

动作要点：采用变向传球的方法进行传球，先转体（面向出球方向）让球（使球到达转体后的前额前上方），然后进行正面传球。

传出球的基本要求：

高度——高于球网上沿2米左右。

远度——球的落点最远不超过边线，最近不近于离边线2米。

离球网距离——最近不小于一球，最远不超过1米。

（六）扣球

准备姿势：两脚自然开立，两膝微屈，上体稍前倾，观察二传来球。

助跑：左脚先向前迈出一步，接着右脚迅速跨出一大步，左脚及时并上落在右脚侧前方，两脚尖稍向右准备起跳。

起跳：两臂自后积极向前摆动，随着双腿蹬地向上起跳，两臂协调配合起跳动作用力上摆。

空中击球：起跳至接近最高点时用正面上手大力发球的挥臂动作在右肩前上方击球的中上部（图9-4）。

落地：完成击球动作后，身体自然下落，应尽量用双脚的前脚掌先着地，同时顺势屈膝，缓冲身体下落的力量。

图9-4 扣球

扣球

（七）捧球

准备姿势：两脚自然开立，两膝微屈，上体稍前倾，观察一传、二传来球。

捧球：掌心向上，手指张开，微紧张状，捧球时接触球的下方，利用手指、手腕、抬臂、屈肘的全身协调用力，将球捧起。捧球用于对方攻击过来的一般球。特别是网前接吊球，单、双手均可使用。

捧球

（八）托抬球

准备姿势：两脚自然开立，两膝微屈，上体稍前倾，观察一传、二传来球。

击球：掌心向上，手指张开，呈微紧张状，肘关节微屈，腕关节伸直，自下而上全手掌击球的下部，将球托抬传出。托抬球主要用于飞行在运动员腰部左右的轻球，单、双手均可使用。

（九）双手托翻顶球

准备姿势：接球前，保持一只手五指分开，手心向上，另一只手五指分开，手心向着来球方向。

传球：在接触球的瞬间，一只手接托在球的下部，另一只手同时反顶球的中后部，利用托、翻、顶的合力将球传出。托翻顶球是气排球运动中创新的一项技术动作，用于接发球和各种进攻击过网球，运用十分广泛，可能会发展成为气排球的一个重要的基本技术。

三、保护

保护是比赛中各项技术之间的一种串联衔接性技术，它虽然没有定型的动作，主要靠反应、脚步和实战经验，然而却是比赛中很重要的一环。如果没有良好的保护技术，往往使比赛中断而失分。保护有进攻中的保护（如扣球时本队不扣球队员要转向其进攻区，以保护被拦回的球）、防守中的保护（如拦网者后面的保护）及防守起球后的保护。同时扣球和拦网队员都应随时做好自我保护的准备。

第三节　气排球运动基本战术

打好气排球，除了个人有扎实的基本功，场上队员有团队精神外，还要有临场意识和战术素养。要做到集中精神，充满信心，沉着冷静，善于隐蔽地观察对方，做到知此知彼，攻其不备与弱点，要攻守兼备，防守反击，快打快攻。

一、发球战术

（1）发到离二传最远的位置（二传站位靠两边时）。
（2）发到对方空位（如两排队员的中间、两名队员的中间等）。
（3）发给对方接球水平较差的队员。
（4）若对方站位较靠前，发到后场；反之，发到前场。
（5）发给进攻力较弱的主攻手。
（6）发对方4号位与5号位的左手位（直线球）。
（7）直跑跳发与侧跑跳发（具有杀伤力的发球）。

二、拦网战术

（1）球在对方场地时，前排三名队员要随时在网前做好拦网准备。
（2）前排中间位置队员随时与左边或右边队员做好拦截从对方左边或右边方向进攻的球，另一名队员做拦网或救球准备。
（3）对方从中间进攻时，前排三名队员应并排拦网。

三、防守进攻战术

1. 防守

防守（救球）是防守体系中的一个重要组成部分，是反攻的基础。一场比赛除了最多有1/3左右的扣球可能拦住以外，还有2/3的扣球需要救起。从这个意义上讲，没有防守就没有反攻。实践证明，只有接发球进攻稳定、防守反攻水平较高的队，才可能进入先进行列。防守技术根据不同的来球，应选择不同的方法：如遇高球，用上手托球，高而急的球可用上手挡球；如遇低球，可视情况选用正面、侧面、跨步等各种低姿势的垫球，低而急的球可用捧球或跨步、移动单手击球。只有防起更多的好球，才能更好地组织反攻，而掌握多种多样的防守技术和不断加强防守战术意识，特别是顽强的战斗意志，则是防守成功的先决条件。

2. 防守卡位

后排队员的防守卡位是重要的防守技术。当本方前排队员拦网时，后排队员一名要卡在对方进攻来球的直线位置，另一名卡在斜线位置，并随时准备将对方吊向离自己位置最近的球救起。

3. 由进攻转入防守

当球扣入对方球区后，进攻的一方应立即转入防守状态。当球扣过网或二传不慎传球过网后，前排队员应迅速靠网前站位，准备拦网（图9-5）；后排队员应立即进行防守卡位。

4. 由防守转入进攻

当对方扣球过网后，防守一方在防守的一刹那就转入了进攻。前排参加拦网的队员，在完成拦网动作之后，必须立即转身或后撤，准备接应或反攻扣球。前排未参加拦网的队员，在后撤防守之后，转入接应或反攻扣球。接球人员应有目的地将球顶到预定目标，组织进攻。

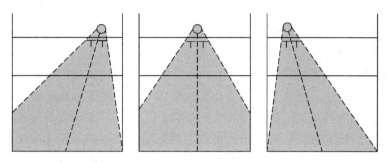

图 9-5　拦网覆盖区域示意图

四、进攻战术

（1）把球打至对方最弱的（或空档）位置。

（2）往对方身高最矮的拦网队员处扣球。

（3）球在我方场地，除留二传 1 人在网前外，其余 4 名队员都要在进攻线外随时启动准备扣球。

（4）采取快打快攻（短平快）像硬式排式的打法，提前起跳并有其他队员做掩护性进攻（这是目前最具有杀伤力与较完美的进攻）。

（5）进攻时，发现对方拦网队员已做好充分准备时：

① 强攻（有可能突围成功，落地或打手出界）。

② 巧打（变线，吊球或抹球）。

③ 往拦网队员的手上部轻打，由我方保护队员将球救起，重新组织进攻。

五、战术配合

（1）对方发球时，对方球一出手即应完成预判，各队员即应心中有数谁接球。

（2）球在队员之间时，原则上球在谁的右手侧就谁接，除非球挨左手侧队员很近。

（3）采用五人制气排球时，最后一个位置队员即 1 号队员，应随着球的方向左右移动，保护两侧底角，如前方队员已接球则及时回中。

（4）采用四人制气排球时，高起高打，有利于主攻完成相应动作，包括移位。

（5）采用四人制气排球时，二传时机合适时可偷打。

（6）应注意首发阵容和位置。本方发球，强二传为前二传；对方发球，强一传为后二传。

（7）队员应通过场上配合练习，提高队员间的默契度。

第四节　气排球比赛主要规则

一、场地与器材

（一）比赛场地

气排球场地长 12 米，宽 6 米，其四周至少有 2~3 米宽的无障碍区（图 9-6）。

所有的界线宽为 5 厘米，其颜色须区别于场地颜色，两条边线和端线划定了比赛场区。边线和端线都包括在比赛场区面积之内。中线连接两条边线的中点。中线的中心线将比赛场区分为长 6 米、宽 6 米的两个相等的场区。每个场区各画一条距离中线 2 米的进攻线。进攻线前为前场区，进攻线后为后场区。端线后两条边线的延长线上各画一条长 15 厘米，垂直并距离端线 20 厘米的短线，两条短线之间的区域为发球区。在距离端线后 1 米画一条平行且与端线长度相等的平行线，为跳发球限制线。

（二）球网高度

男子球网高度为 2.1 米，女子球网高度为 1.9 米。球网高度用量尺从场地中间丈量，球网两端离地面高度必须相等，不得超过规定高度 2 厘米。

（三）球

球为圆形，圆周长为 72~78 厘米，质量为 120~140 克。一次比赛所用的球必须是同一特性、同一品牌的球。

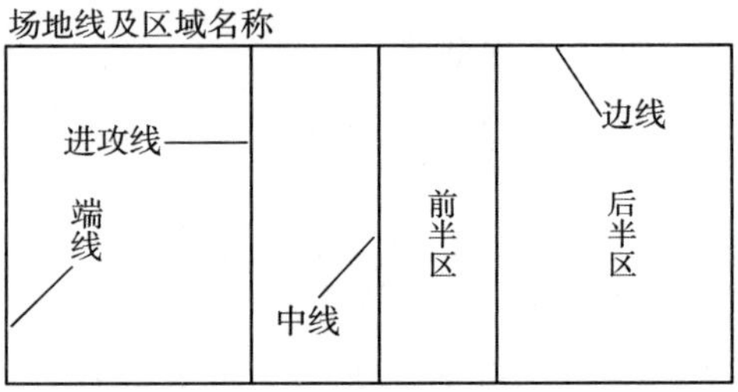

图 9-6　比赛场地

二、比赛参加者

（1）一个队由 10 人组成，其中有 1 名领队、1 名教练员、8 名队员，比赛中领队、教练员可兼运动员。

（2）只有登记在记分表上的球队成员，方可进入场地参加比赛。

（3）队员比赛服装必须统一，上衣前后须有号码。场上队长应在上衣胸前有一明显标志。

（4）教练员和队员应了解并遵守规则，以良好的体育道德作风服从裁判员的判定。如有疑问，只有场上队长可向裁判员请求解释，教练员不得对判定提出异议或要求解释。

（5）教练员和队员必须尊重裁判和对方队员，不得以任何行为影响裁判的判断。不得以任何行动和表现去拖延死球时间或有意延误比赛。

三、比赛方法

（一）胜一球

比赛采用每球得分制，即胜一球得 1 分。

（二）胜一局

第 1、2 局先得 21 分同时超过对方 2 分为胜一局；决胜局，先得 15 分同时超过对方 2 分的队获胜。决胜局 8 分时，交换场地，继续进行比赛，比赛按照交换时的阵容继续进行。

（三）胜一场

比赛采用三局两胜制，胜两局的队为胜一场。如果1∶1平局时，进行决胜局（第三局）的比赛。

（四）场上位置

四人制气排球比赛队员场上位置：靠近球网②号位（右）、③号位（左）两名队员为前排队员，另外两名①号位（右）、④号位（左）为后排队员。①号位队员和②号位队员同列，③号位队员与④号位队员同列。

五人制气排球比赛队员场上位置：双方队员各分为前排三名、后排二名。前排左边为④号位，中间为③号位，右边为②号位；后排左边为⑤号位，右边为①号位。发球时应以队员身体着地部分为依据，在发球队员击球的一刹那，球未击出前，同排队员的站位不得左右超越或平行，前后排队员不得前后超越或平行。即④号位队员不得站在③、②位队员的右边，②号队员不得站在③、④位队员的前面或平行；否则，应判失球权或对方得分。发球队员与本方⑤号位队员不受站位的限制。每局比赛开始、场上队员必须按位置表排定的次序站位，在该局中不得调换。在新的一局，每个队上场队员的位置可重新安排。

图9-7中的站位是最开始的站位，也是对方发球时我方的基本站位。

图9-8中的站位是对方④号位边路进攻时我方的基本站位。其中，②、③号位负责拦网；④号位负责我方进攻区（两米线）内的对方"吊球"进攻的防守；⑤号位负责对方"斜线扣球"进攻的防守；①号位负责对方"直线扣球"进攻的防守。

图9-9中的站位是对方①、⑤号位中路进攻时我方的基本站位。其中，②、③、④号位负责拦网；⑤号位负责我方左边半场的区域防守；①号位负责我方右边半场的区域防守。

图9-10中的站位是对方②号位边路进攻时我方的基本站位。其中，③、④号位负责拦网；②号位负责我方进攻区（两米线）内的对方"吊球"进攻的防守；1号位负责对方"斜线扣球"进攻的防守；⑤号位负责对方"直线扣球"进攻的防守。

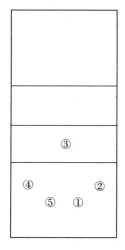

图9-7 最开始站位

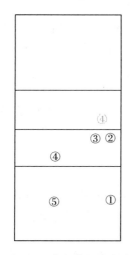

图9-8 对方④号位边路进攻时我方的基本站位

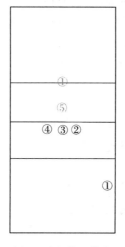

图9-9 对方①、⑤号位中路进攻时我方的基本站位

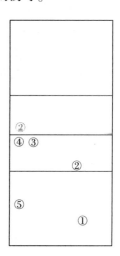

图9-10 对方②号位边路进攻时我方的基本站位

（五）暂停

每局比赛中，每个队可请求 2 次暂停，每次暂停时间为 30 秒。只有成死球时经教练员或场上队长向裁判员请求后才准予暂停。第一裁判员鸣哨后，比赛应立即继续进行。某队请求第三次暂停，应予拒绝并提出警告。第一裁判员已鸣哨发球，队员尚未将球发出或与鸣哨的同时请求暂停，均应拒绝；若第二裁判员在此时间错误鸣哨允许暂停，第一裁判员也不得同意，应再次鸣哨发球。

（六）换人

每局每队最多可替换（四人制比赛）4 人次、（五人制比赛）5 人次。一下一上为 1 人次。某队换人时应由教练员或场上队长在死球时向裁判员提出要求，并说明替换人数和队员的号码。裁判员准许换人时，上场队员应已做好准备并从换人区上下场，如队员未做好准备，则判罚该队一次暂停。

（七）击球

比赛中，每队最多击球三次（拦网一次除外），球必须过网到对方场区。无论是主动击球还是被动触及，均作为该队的一次击球。一名队员不得连续击球两次（拦网除外）。

四、动作与犯规

（一）发球

（1）发球队胜一球或接发球队取得发球权时，该队队员必须按顺时针方向轮转一个位置，由轮转到①号位的队员发球，如没有按发球次序轮转发球，则为轮转错误，必须立即纠正，并判失去发球权。

（2）发球队员必须在第一裁判员鸣哨发球后 8 秒钟内将球发出，球被抛出，发球队员未击球，球也未触及发球队员而落地，允许继续发球。

（3）发球队的队员不得以任何方式阻挡对方观察发球队员和球的飞行路线。

（4）发球时判断队员的位置是否错误，应以队员身体着地部分为依据，在发球队员击球的一刹那，球未击出前，同排队员的站位不得左右超越或平行，前后排队员不得前后超越或平行。即④号位队员不得站在③、②号位队员的右边，⑤号位队员不得站在②、③、④号位队员的前面或平行；否则，应判失球权或对方得分。发球队员与本方⑤号位队员不受站位的限制。

（二）持球、连击

击球队员击球时，有意或无意把球接住停在手中，或用双臂将球夹住停留较长时间，或用手将球顺势冲至停留时间较长，再将球送出，判击球犯规。队员身体任何部位连续触球多于一次，则判连击犯规（拦网除外）。

（三）过中线与触网

比赛进行中，队员踏越中线，应判过中线犯规，队员身体任何部位触及球网，判触网犯规，因对方击球入网而使网触及本方队员时，不算触网犯规。

（四）进攻性击球（这是明显与硬式排球运动不同之处）

（1）在后场区可以对任何高度的球做进攻性击球，但在起跳时不得踏及或踏越限制线，否则即为违例犯规。

（2）在前场区，完全进攻性击球，球的飞行轨迹必须高于击球点，以明显向上的弧度过网进入对方场区。

（五）拦网与过网

（1）允许拦网队员的手过网拦网，但不得干扰对方击球。过网拦网的触球必须在对方进攻性击球之后，在对方进攻性击球同时或之前拦网触球均为犯规。

（2）拦网的触球不算作球队三次击球中的一次击球。

（3）不得拦对方的发球。后排队员拦网犯规。

思考题

1. 简述气排球运动的特点。
2. 简述气排球运动和硬式排球运动的主要区别。

第十章

乒乓球运动

第一节 乒乓球运动概述

一、乒乓球运动的起源和发展

1890年，几位驻守印度的英国海军军官偶然发觉在一张不大的台子上玩网球颇为刺激。后来他们改用空心的小皮球代替弹性不大的实心球，并用木板代替了网拍，在桌子上进行这种新颖的"网球赛"，这就是 table tennis 得名的由来。

"乒乓球"一名起源自1900年，因其打击时发出"Ping Pong"的声音而得名，在大陆及港、澳地区就以"乒乓球"作为它的官方名称，中国台湾地区、日本称为桌球，意指球桌上的球类运动。

1926年，于德国柏林成立国际乒乓球联合会，是世界上较大的体育组织之一。现在，乒乓球已发展成为各国人民喜爱的运动项目之一。由国际乒联和各大洲乒联举办的世界锦标赛、世界杯赛、洲际比赛及各种规模和形式的国际比赛不胜枚举。世界各国对乒乓球运动的重视极大地推动了乒乓球运动的发展。

二、乒乓球运动的特点

（一）运动设备简单

乒乓球运动的特点是器材设备简单，室内室外都可以进行，运动量可大可小，不同年龄、性别和身体条件的人都可以参加，很容易被大众所接受。

（二）有较高的技术性

乒乓球小而轻，击球时要求有较高的技术性。把这种小而轻的球打过网落到对方球台上，对于打球的人来说必须有一定的技术才能实现。

（三）对运动员有一定要求

乒乓球打起来往返速度快、变化多，要求打球的人具有较高的击球频率和较强的应变能力。据测定，在3米左右距离来回击球，每次击球的间隔时间是1.4秒左右，最短时间不到1秒。另外，乒乓球线路变化多，尤其在旋转变化上更为复杂，它对运动员的应变能力要求也较高。

三、乒乓球运动的核心素养

乒乓球运动是一项集力量、速度、灵敏、协调、耐力为一体的球类运动项目，经常参与乒乓球运动，能有效地提高身体素质，调节神经系统的灵活性，改善心血管系统和呼吸系统的功能，提高心理素质，培养勇敢、顽强、机智、果断、沉着冷静、奋力拼搏的优良品质。乒乓球所特有的速度快、变化多的特点，使得锻炼者的全身肌肉和关节组织得到活动，可有效地发展反应、灵敏、协调能力。

乒乓球运动是最能体现自由、平等和尊重的运动项目，人人都能参与其中，在自由、平等、和谐的氛围下，都能寻找到运动的乐趣，乒乓球运动还可以促进人与人、集体与集体、国家与国家之间的友谊和交往，是人类沟通的良好纽带。

第二节 乒乓球运动基本技术

乒乓球运动技术是战术的基础，技术动作的好坏不仅关系到击球的稳健性和击球的质量，同时也影响战术的质量和变化。基本技术掌握得越全面、正确，战术的运用就会更灵活多变，就能得心应手，就会取得较好的效果。

一、乒乓球击球动作结构

乒乓球击球的技术动作一般包括以下几个环节：击球前的选位、引拍和迎球挥拍，击球时决定击球时间、击球部位、拍面角度和挥拍方向，击球后的随势挥拍动作和还原。

（一）选位

击球位置是根据对方来球的落点和旋转性质及本方准备采用的还击方法来确定的。当主观上对合理击球位置做出判断后，就应迅速移动步法，调整好身体重心，做好击球准备。

（二）引拍

引拍是迎球挥拍前的准备动作。引拍到位，是击中球的首要条件；引拍及时，是保持合适击球点的重要因素之一。引拍的方向决定着回球的旋转性质，要使回球上旋，就必须向下引拍；要使回球下旋，就必须向上引拍。引拍动作正确与否，影响击球的命中率和击球效果。

（三）迎球挥拍

迎球挥拍是指从引拍后的位置挥动到击中来球这段过程。但必须强调引拍与迎球挥拍是一个连贯的、不停顿的动作。挥拍的方向决定着回球的旋转性质，并影响回球的路线，但它受引拍方向的制约。挥拍加速度的大小决定球的飞行速度和旋转强度。挥拍动作正确与否，直接影响击球的命中率和击球效果。

（四）球拍触球

球拍触球是指球拍与球接触时一刹那的动作。球拍触球时，拍面所朝方向决定击球线路。拍面角度决定触球部位，并直接影响动作的准确性。这一环节是决定击球方向和落点的关键。

（五）随势挥拍

随势挥拍是指球拍击球后随势前挥的动作，可在击球结束阶段保证击球动作的准确性。

（六）身体的协调配合和击球后的放松动作

身体的协调配合是指击球过程中不持拍的手臂的位置、身体的转动、重心的移动等与整个击球动作的协调配合用力。击球后的放松动作是指击球动作完成后，随着挥拍的结束而出现的一个短暂的放松阶段。放松动作是保证有节奏地连续击球的关键。

以上6个击球动作结构是一个完整的统一体，不能割裂开去强调某一动作结构的重要性。

二、乒乓球击球技术要素

（一）击球速度

"快"是乒乓球运动的主要制胜因素之一，也是争取主动、制造扣杀机会以及让对方措手不及而直接得分的重要手段。

要提高乒乓球的速度，需从缩短击球的间隙时间和减少球出手后的飞行时间这两个方面来着手。

（二）击球力量

击球力量也是乒乓球运动的主要制胜因素之一。我国乒乓球界历来都把"板头"的轻重视为进攻型运动员基本功深浅和技术水平高低的重要标志之一。

击球力量的轻重主要取决于击球瞬间球拍摆速的大小，因此，要打好乒乓球，必须提高速度素质、力量素质（特别是击球爆发力）以及全身协调用力的能力。

（三）球的旋转

在乒乓球运动中，绝对不转的球是没有的。我们通常把旋转速度很小的、显示不出明显旋转性质的球叫作不转球；把旋转速度较大的、具有明显旋转性质的球叫作转球；把旋转速度大的球叫作加转球；此外，还把旋转特别强烈的球叫作强烈旋转球。

旋转是乒乓球运动的主要制胜因素之一，现代乒乓球运动的各种主要技术都离不开旋转。习惯上把球的基本旋转分为三大类：上旋、下旋和侧旋。在现代乒乓球运动中，乒乓球的旋转已细分至26种。

（四）球的飞行弧线

乒乓球在飞行中受重力作用而形成的一条曲线，叫作球的飞行弧线。由于击球位置多半低于球网，所以，良好的飞行弧线是使球飞越球网并落到对方台面的必要条件，同时，又能使球的落点和高度适宜而增加对方回击的难度。弧线的高度必须高于球网，以保证球能飞越球网，但又不能过高，以免给对方造成扣杀机会。球的射程不可过远，否则，将造成球出界。

三、握拍法

（一）直拍握拍法

1. 近台快攻型握法

如同人们握钢笔写字一样的动作：以食指第二指节和拇指第一指节在拍前构成一个钳式，两指间距离1~2厘米，拍柄贴住虎口；拍后三指自然弯曲重叠，以中指第一指节和无名指指尖同时顶住球拍1/3处的上端［图10-1(a)］。直拍握拍法流行于亚洲。

直拍握拍法

2. 直拍削球握法

大拇指弯曲，紧贴拍柄的左侧，用力下压，其余四指自然分开托住拍的后面［图 10-1（b）］。

（二）横拍握拍法

横拍握拍法有点像人们见面时握手一样。握拍的方法是虎口贴住拍肩，拇指伸在球拍正面，食指伸在球拍反面，其余三指握住拍柄。正手攻球时，食指可稍向上移动；反手攻球时，拇指可稍向上移动。进行削球时，拇指与食指变化不明显（图 10-2）。

横拍握拍法

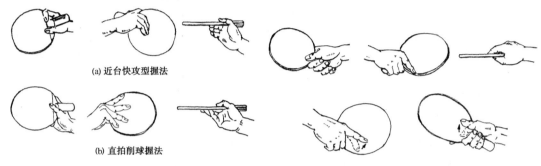

图 10-1　直拍握拍法　　　　　　图 10-2　横拍握拍法

（三）握拍时应注意的问题

（1）握拍时应自然、适度，握拍的深浅、虎口的大小，应根据个人的特点和打法来决定，但必须不影响手腕动作的灵活性和击球的发力，以利于技术的提高和发展。

（2）握拍击球时，应注意手指的变化，以便能灵活地调节拍面角度，提高击球命中率。

（3）握拍方式一经确定，一般不要经常变动，微小的变化也可能造成不适应而影响击球的动作。

四、基本站位和基本姿势

乒乓球运动是一项速度快、变化多的运动。为了保证在比赛和训练中充分地发挥自己的技术和特长，正确的站位和准备姿势就显得十分重要。正确的站位和准备姿势必须有利于快速起动、移步和照顾全台，有利于灵活运用多种技术，有利于充分发挥个人技术特长。

（一）基本站位

基本站位就是运动员在击球时所保持的合理站位。站位应根据不同类型的打法特点、个人的身高和技术特长来决定。

1. 快攻类

左推右攻打法基本站位在近台，距台 30～40 厘米，偏左。两面攻打法基本站位在近台，距台 40～50 厘米，中间略偏左。

2. 弧圈类

以弧圈球打法为主的基本站位在中台，距台 50 厘米左右，偏左。两面拉的站位在中间略偏左。

3. 削攻类

横拍攻削结合打法基本站位在中台附近。以削为主配合反攻打法的基本站位在中台附近，距台约1米。

（二）基本姿势

基本姿势就是运动员在击球时所保持的合理姿势。它有利于加快步法的移动，提高击球的稳健性，并能充分发挥腿、腰、手臂以至全身各部位的协调配合。身体的基本姿势应符合如下要求。

（1）两脚平行站立，距离比肩略宽，身体保持平稳，重心置于两脚之间。

（2）双脚微微提踵，前脚掌内侧着地，两膝微屈、内扣，上体略前倾。

（3）执拍手自然弯曲，直握拍，肘部略外张，手腕放松，球拍置于腹前右侧20~30厘米处。横握拍肘部向下，前臂自然平举。不执拍手的手臂自然弯曲，置于腹前左侧。

（4）两眼密切注视对方，准备还击来球。

五、基本步法

步法移动是乒乓球运动员击球时动作的基本环节之一。移动步法的主要目的是经常保持合理的击球位置，以提高击球动作的准确性。快速而灵活的步法移动在比赛中能争取主动、摆脱被动，并能扩大控制范围，充分发挥自己的特长，掩护自己的弱点，以利于取得比赛的胜利。步法移动要求起动快、移步快、到位及时与恰当。

（一）单步

单步是以一脚前脚掌为轴，另一脚向前、后或左、右移动一步。此种步法的活动范围不大，一般在来球离身体较近时采用。

（二）跨步

步法

跨步是以一只脚向来球方向跨出一大步，身体重心随即移到运动脚上，另一脚迅速滑动一步跟过去。跨步移动范围比单步大。近台快攻打法常用这种步法来对付离身稍远的来球。运用这种方法多采用借力击球。

（三）跳步

跳步是以与来球异方向的脚蹬地为主，两脚同时离地，发力蹬地的脚先落地，另一脚随即落地。跳步移动范围比单步和跨步都大。跳步是弧圈类打法通常用来左、右移动和侧身的主要步法。快攻类打法也常采用跳步来侧身攻球。削球类打法也常用小跳步进行移动或调整站位。此种步法活动范围大，一般在来球离身体较远时采用。

（四）并步

并步是先以与来球异方向的脚向与来球同方向的脚并一步，然后与此同方向的脚再向来球方向迈一步。此种步法移动范围没有跳步动作大，但移步时没有腾空动作，能保持身体重心的稳定，是削攻类打法常用的步法之一。快攻类或弧圈类打法在攻削球时做小范围的移动，也常采用这种步法。

（五）交叉步

交叉步是以远离移动方向的脚越过另一脚向来球方向跨出一步，另一脚随即向移动方向跨出一步。交叉步可移动距离最大。快攻类打法或弧圈类打法在侧身进攻后，在扑打右方空当时采用。削球打法在远台削球后，扑接近网短球时也常采用这种步法。

六、发球

发球是一项重要的基本技术，它由抛球和挥拍触球两部分组成。发球不受对方的制约，可以选择最合适的站位，按自己的战术意图把球发到对方球台的任何位置上去，用以压制对方的进攻，为自己发球抢攻创造有利条件。发球运用得好，能在比赛中给对方制造较大的心理压力，造成对方紧张，甚至可以直接得分。

划分发球种类的方法有多种，如按方位来划分，可分为正手发球、反手发球和侧身发球；按发球的性质来划分，可分为速度类发球、落点类发球、单一旋转类发球和混合旋转类发球；按形式的不同来划分，又可分为低抛发球、高抛发球和下蹲发球。发球种类虽多，但都是和乒乓球的旋转、速度与落点分不开的。现介绍几种最基本的发球技术（以右手直握拍为例）。

（一）发平击球

正手发平击球时，两脚开立，右脚稍后，身体稍向右转，左手掌心托球置于腹前侧，右手持拍置于身体右侧；在球向上轻轻抛起的同时，执拍手向后引拍；待球降至网高时，上臂带动前臂，由后向前挥拍平击球的中部或中部偏上位置；击球后，手臂顺势前挥。球击出后的第一落点在本方球台中区附近。

正手发平击球

反手发平击球时，左脚稍后，身体稍向左转，引拍至身体左侧，左手掌心托球，置于腹前左侧。在球轻轻上抛的同时，持拍手后摆引拍成半横状，待球降至近网高时，执拍手前臂以肘关节为轴，由后向前挥拍平击球的中部位置。其他要领同正手发平击球。

反手发平击球

（二）发急球（奔球）

正手发急球（奔球）时，右脚稍后，身体稍向右转，右手置拍于身体右侧，左手掌心托球置于腹前右侧；在持球手将球向上抛起的同时，持拍手随即向右后上方引拍；待球降至与网同高时，前臂迅速由后向左前方挥动，拇指压拍，拍面略向左倾斜，沿球的右侧中部向中上部摩擦击球；击球后，前臂与手腕随势向前挥动（图10-3）。球击出手的第一落点在本方台区。

图10-3 正手发急球

反手发急球时，右脚稍前，身体稍向左转，左手掌心托球置于腹前左侧，右手持拍于身体左侧；当球上抛时，右手后摆引拍，拍面稍前倾；待球降至略低于网高时，前臂迅速向前挥摆，击球中上部；击球后，前臂与手腕随拍向前挥动。球击出后的第一落点在本方台区端线附近。

（三）反手发短球

准备姿势和引拍动作与反手发急球相似。当球上抛时，持拍手向后上方引拍；待球下降至比网稍高时，前臂带动手腕向前上方轻轻擦击球的中下部（图10-4）。球经本台中区附近越网落在对方近网处。

图10-4　反手发短球

（四）正手发下旋加转与不转球

准备姿势与正手发平击球相似。发加转球时，持拍手向后引拍，拍面后仰；当球由上向下回落时，前臂迅速由后向前下方做弧形挥摆；待球比网稍高时，用球拍的左侧偏下部用力摩擦球的中下部[图10-5(a)]。发不转球时，拍面后仰角度稍小，触球瞬间前臂不外旋，用球拍的右侧偏上部推击球的偏下部，用力方向略向前[图10-5(b)]。

（a）下旋加转球

（b）不转球

图10-5　正手发下旋加转球与不转球

正手发下旋
加转与不转球

（五）侧身正手发左侧上或下旋球

站位左半台，右脚稍后，发左侧上旋球时，当球上抛后，持拍手向右上方引拍，手腕略为外展，拍面近乎垂直；待球下降至与网同高时，手臂由右上方向左下方摆动，手腕快速向左上方抖动，用球拍从球的中部向左上方摩擦。发左侧下旋球时，引拍动作与发左侧上旋球时相似，当球下降至比网稍高时，手腕快速向右下方转动，使球拍从球的中下部向左下方摩擦（图10-6）。

图10-6　侧身正手发左侧上或下旋球

正手发左侧
上或下旋球

（六）反手发右侧上或下旋球

站位中间偏左。准备姿势与反手发平击球相似，发右侧上旋球时，当球上抛后，持拍手向右上方引拍，拍柄略向下，拍面近乎垂直；待球由上向下回落至与网同高位置时，前臂与手腕同时发力，向左下方挥动；击球瞬间，手腕快速向右上方抖动，使球拍从球的中部略偏下向右上方摩擦。发右侧下旋球时，击球瞬间，手腕快速向右下方转动，使球拍从球的中下部向右下方摩擦（图10-7）。

图10-7 反手发右侧上或下旋球　　　　　　　　　反手发右侧上或下旋球

（七）侧身正手高抛发球

站位偏于左半台，右脚稍后，两膝微屈，身体侧对球台，离球台距离约20厘米；抛球时，持球手肘部靠近体侧，手掌托球高于台面，手腕固定，以前臂发力为主，配合膝关节伸展动作，将球向上高高抛起；待球从最高点下落时，执拍手立即向右侧后上方引拍，手腕随之外展，腰腹向右侧稍挺起，当球落于头与右胸之间时开始挥臂，在球落于右腰前比网稍高时击球；球拍与球接触的瞬间，动作与侧身正手发左侧上（下）旋球时相同（图10-8）。

图10-8 侧身正手高抛发球　　　　　　　　　正手高抛发左侧上或下旋球

七、接发球

（一）判断

1. 站位的判断

根据发球者的站位来决定接球者的位置。如对方在球台的右角，用正手发球，接球者应站在中间偏右。如对方在球台的左角，用反手或侧身用正手发球，接球者应站在中间偏左。考虑到对方可以发长球或短球，所以站位不宜太近或太远，一般以离台30~40厘米为好。接发球时，要等到对方把球发出后再做接球动作，不宜过早地做动作。身体重心不要过低，应在两脚之间，持拍手放在台面同一高度，以便对付长球或短球。

2. 发球种类的判断

为了判断对方发球属于什么种类，首先必须弄清各种发球的基本动作（发球一节已有专门的介绍），注意对方发球的挥臂动作和球拍移动方向以及拍与球接触瞬间球拍的移动方向。例如，对方持球手在身体的中右位置的为正手发球；在身体的中左位置的为反手发球；球拍由上往下切，为转与不转下旋球；球拍向侧上、下移的为侧上、下旋球。

3. 来球落点的判断

根据对方发球时挥臂动作的大小和身体的转动方向判断来球落点。挥臂动作大、力量重的多为长球；挥臂动作小、力量轻的多为短球。身体转动方向是指对方击球瞬间，身体朝向的那一面，这一面基本上就是发球的方向。对方发斜线球时，拍形向侧偏斜；发直线球时，拍形向前。如对方采用假动作做掩护，发球会有所不同。因此，接发球者在场上要分清真假，以便做出准确的判断。

4. 来球旋转的判断

可根据来球的速度、飞行弧线、摩擦力及落台后的动力来判断来球旋转。如来球的速度较快，飞行弧线较高，落台后有一定的前冲力，一般是上旋或不转球。如来球速度较慢，飞行弧线较低，前冲力小，则是下旋球。无论是上旋球还是下旋球，当对方击球的瞬间摩擦力大于推打力时，则旋转较强。要判断长胶和反胶的不同性能的球拍发球时，一般可从击球的声音去判断。击球声音较大的、出球快的为长胶发球；击球声音不太响、出球较慢的为反胶发球。

（二）步法移动

在对对方的发球做出明确的判断后，就要用快速的步法，移动到适合的位置，准备击球。从判断到步法移动这段时间非常短暂。因此，只有接发球者的步法灵活、正确，重心交换快，才能应付各种各样的发球，为击球做好充分的准备。在这里介绍几种接发球常用的基本步法。

1. 接正手位短球的步法

短球分正手位短球、中间位短球和反手位短球。接短球一般用单步。先把重心移到左脚，右脚迎来球方向向右前方插一步。步的大小可视来球的长短而定，若来球较近或较短，重心移到左脚的同时，右脚可向右侧前方移一小步。

2. 接中间位短球和反手位短球的步法

接中间位短球的步法基本与接正手位短球的步法一样，只是在重心交换到左脚的同时，左脚向左侧前方移一小步，身体稍向右转动。接反手位短球时，只需左脚向前移一小步。

3. 接长球的步法

正手位长球一般用并步。如果来球的角度不大，可用单步。来球的角度大或速度较快时，可用交叉步、跨步、跳步等。

（三）击球

击球时，应控制好击球方向。

（1）对方发急球至左角时一般用推挡回接，可配合侧身攻，但要注意掌握好落点、角度。推斜线时，触球的左侧面。此外，也可用推下旋的方法回接，当球跳到高点时，拍形稍微后仰一点，手腕较固定地向前下方推出。横拍两面攻（拉）的选手可用拨或拉回接。

（2）接左侧上旋球时，可用推挡、反手拨、正手攻或拉回接。接这种球时，球容易向对方反手位出边线，因此，回接时要控制好拍形和击球的用力方向。如用推、拨回接，拍形略向左偏斜，击球的右中部，向对方偏中间的地方回接。无论是推、拨直线还是斜线大角，都要控制住对方的侧旋力，用相对的拍形把落点控制好。用正手攻或拉回接时，除控制好拍形外，击球时要比攻、推一般上旋球向下、向左多打一些，以避免出界或出边线。接左侧下旋球时，可用搓和正手攻或拉回接，拍形略向左偏斜，侧旋力越强，偏斜应越大。在球的下降前期击球，触球的右中下部，向前下方摩擦用力。下旋较强时，可稍向前上方用力。

（3）接右侧上旋球，可用推、拨、正手攻或拉回接。接这种球时，球容易向对方的正手方向出边线，因此要正确估计来球的右侧旋力。推、拨时，拍形向右偏斜，稍前倾，击球的左中上部，向右下方推、拨。如果将球回到对方反手，拍面可正对对方左角，向边线方向击出。若回接到右角，拍面应对着对方中间，尽量利用拍形的偏斜度来抵消球的右侧旋力。用正手攻或拉回接时，因球到本方球台后向右拐，这时应注意位置不要离球太远，基本与接打上旋球动作相似，但拍形稍向右偏斜，向下、向右用力稍多，高点期击球。接右侧下旋球，可用搓、正手攻或拉回接。搓接时拍形略向右偏斜，触球的左中下部。

八、击球技术

（一）推挡球

推挡球是我国直拍快攻打法的基本技术之一。它具有站位近、动作小、速度快、变化多等特点。在比赛中常用快速推挡结合力量、落点及旋转的变化来控制和调动对方，为正手攻球和侧身抢攻创造有利的条件。在被动防守时，推挡也可以起到积极的防御作用。

推挡球可分为挡球、减力挡、快推、加力推、推挤和推下旋等技术动作。

1. 挡球

特点是球速慢、力量轻、变化小、动作简单、易于掌握，是初学者的入门技术。

动作要领：两脚平行站立，身体靠近球台；击球前，上臂贴近身体，前臂约与台面平行，球拍置于腹前，略高于台面，呈半横状，拍面近乎垂直；击球时，调整好拍形，在来球上升前期触球中部或中上部，借来球的反弹力将球挡回；击球后，迅速还原，准备下一次击球（图10-9）。

图 10-9 挡球

直拍挡球、快推

2. 快推

特点是站位近、动作小、速度快、变化灵活，可为争取主动和助攻创造条件，是快攻类打法中最常用的一种基本技术。

动作要领：站位近台偏左，两脚平行站立或右脚稍后，上臂和肘关节靠近身体右侧旁；击球前，前臂稍向后引；击球时，前臂向前推出，同时配合食指压拍，拇指放松，使拍面前倾，在来球的上升前期击球的中上部；击球后，手臂顺势前送（图10-10）。

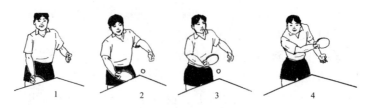

图10-10　快推

3. 加力推

特点是回球力量大、球速快、变化突然，能有效地牵制对方，夺得主动权，是推挡中威力较大的一种技术。

动作要领：站位、准备姿势与快推相同。击球前，前臂上提，球拍后引，肘部贴近身体，球拍位置高于击球点，拍面稍前倾。击球时，中指顶住拍背，拍形较为固定，执拍手由后向前推压，同时配合伸髋转腰的动作，在来球上升后期或处于最高点时击球中上部。击球后，手臂随势前送。

（二）攻球

攻球具有力量大、速度快、攻击力强的特点，是比赛中争取主动、克敌制胜的重要手段，是快攻类打法中十分重要的基本技术。

攻球主要分为正手攻球和反手攻球，包括快点、快带、快拉、快攻、快拨、突击、扣杀、杀高球和中远台对攻等各种技术。各种技术的特点不同，所起的作用和运用的方法也不一样。下面重点介绍几种最基本的攻球技术。

1. 正手近台快攻

特点是站位近、速度快、攻击性强、有一定的力量，是我国直拍快攻打法的传统技术之一。

正手近台快攻

动作要领：站位近台偏右，两脚平行开立，左脚稍前，两膝微屈，上体略前倾，两眼注视来球；击球前，引拍至身体右侧，成半横状，拍面微前倾，前臂约与台面平行，身体重心移至右脚；击球时，前臂迅速收缩，向前发力；触球瞬间，食指放松，拇指压拍，使拍面前倾，并结合手腕内转动作，在来球上升前期击球中上部；击球后，拍顺势挥至额前左侧，身体重心随挥拍动作由右脚移至左脚。

2. 正手中远台攻球

特点是站位稍远、动作较大、击球力量大、进攻性强。

动作要领：准备姿势与正手近台快攻相似，但站位离台稍远，动作幅度稍大；击球时，上臂稍向后拉，带动前臂向左前上方挥动，同时配合右脚蹬地，上体左转，重心前移，在来球下降前期或处于最高点时击球的中部或中上部；击球后，球拍随势挥至头部左前侧，身体重心移至左脚（图10-11）。

图10-11　正手中远台攻球

3. 正手快点

特点是站位近、动作小、回球速度快、击球点在台内。

动作要领：站位近台偏左，击球前，以右脚向右前方上步，球拍对准来球的路线，击球手臂迅速沿球台的台面伸进台内。击球时，拍触球的中部附近，前臂自右下方向左上方快速收缩，并结合手腕转动去击球，这时身体重心顺势移至前脚。快点时，首先应判断好来球的旋转程度和落点，来球带一般下旋时，拍面接近垂直，在高点期击球，拍触球中部或中部稍下部位，手腕向前并适当向上用力，以前臂和手腕发力为主。

4. 正手扣杀

特点是动作幅度大、力量重、球速快、具有较大威力，是得分的重要手段。

动作要领：两脚开立，右脚在后，重心在右脚；击球前，身体略向右转，引拍至右后方，身体重心落在右脚，球拍位置高于球网。击球时，上臂带动前臂由右后方向左前方用力挥击，与此同时，配合右脚蹬地和转腰动作在最高点用力击球。若来球上旋，击球时拍面稍前倾，击球中上部；若来球下旋，击球时球拍略低于来球，拍面稍竖，击球中部。击球后，球拍随势挥至左肩前侧，身体重心移至左脚。

5. 正手快拉（通常又称拉攻）

特点是速度较快、动作较小、线路灵活，是对付下旋球的重要技术，能为扣杀创造机会。

正手拉攻

动作要领：站位和准备姿势与正手近台快攻相同；击球前，引拍至身体右侧下方成半横状，拍面略后仰；击球时，以前臂发力为主，由右后下方向前上方挥动；触球瞬间，结合手腕的转动力量，在来球下降前期或处于最高点时摩擦击球的中下部或中部；击球后，球拍随势挥至头部前额，身体重心移至左脚。

6. 反手快攻

特点是站位近、动作小、速度快、进攻性强，常用来为正手攻球创造机会，也可直接得分。

动作要领：站位近台偏左，两脚平行或左脚稍后；击球前，上体左转，引拍至腹前左侧，上臂贴近身体，前臂约与球台平行，球拍成半横状，拍面稍前倾，身体重心偏向左脚；击球时，以前臂发力为主，执拍手由身体左侧向右前上方挥动；触球瞬间，食指压拍，拇指放松，前臂外旋，使拍面前倾，在来球上升期击球的中上部；击球后，随势将拍挥至右肩前，身体重心前移至右脚。

7. 反手快点

特点是回球速度快、线路活、具有突然性。

动作要领：站位离台近，根据来球方位移步；左方近网来球，一般以左脚向左前方上步，中间偏左来球，则以右脚向前上步；引拍时前臂伸入台内，将球拍迎向来球，上体贴近球台；击球时，前臂以肘为轴，由后向前上方挥动球拍，在高点期击球中部附近部位，以前臂和手腕发力为主和控制弧线；击球后，球拍顺势向前上方挥动。

8. 反手快拨

特点是站位近、动作小、球速快、落点变化多。

动作要领：右脚稍前或两脚平行开立，前臂自然弯曲，将球拍引至腹前偏左处，肘部稍前；当球从台面反弹时，前臂带动手腕向右前方挥动，在上升期击球中上部，拍面稍前倾，借来球反弹力将球拨回；击球后，手腕向前，前臂外旋，球拍随势挥至右肩前。

9. 反手拉攻（快拉）

特点是站位近、动作小、速度较快、变化多，常用来对付左半台的下旋球，为正手攻球制造机会。

动作要领：站位和准备姿势与反手快攻相似；击球前，引拍至腹前偏左处，球拍略下垂，肘关节略向前，拍面近乎垂直；击球时，上臂贴近身体，前臂向右方挥动，在来球的下降前期击球的中下部；触球瞬间，手腕向上转动，使球拍面摩擦球；击球后，球拍随势挥至头部高度，身体重心移到右脚。

10. 侧身正手攻球

特点是通过脚步移动、侧身让位来发挥正手攻球速度快、力量大、变化灵活的威力，是直拍近台快打打法争取得分的主要手段。

动作要领：首先应迅速移动脚步到侧身位置，身体侧向球台，两脚开立，左脚在前，右脚在后，上体略前倾并收腹；击球时，应根据来球情况，采用正手快攻、快拉、中台攻球或扣杀等技术击球。

(三) 搓球

搓球是近台还击下旋球的一种基本技术，也是削攻类打法的入门技术。比赛中用搓转与不转、快搓与慢搓等变化为突然起板和拉弧圈球创造进攻的有利条件。搓球站位近、动作小，回球多在台内，具有稳健、变化多的特点。可用来接发球和对付台内短球和下旋球，或作为过渡球，积极为转入进攻创造有利条件。

搓球技术可分为慢搓和快搓两种技术。

1. 慢搓

特点是回球速度慢，动作幅度较大，一般在最高点或下降前击球，有利于增大击球的旋转。在对搓中运用旋转和节奏的变化，可以牵制对方，争取主动，为进攻创造条件。

反手慢搓要领：站位偏左，离台50厘米左右，两脚开立，左脚稍后；准备击球时，两膝微屈，重心稍降低，手臂自然弯曲，向左后上方引拍至胸部高度，拍面后仰；击球时，前臂带动手腕，以肘关节为轴，向前下方挥摆，在来球下降前期摩擦球的中下部；

触球瞬间，手腕辅助用力；击球后，前臂随势前送（图10-12）。

图 10-12　反手慢搓

正手慢搓要领：两脚开立，右脚稍后，两膝微屈，身体稍向右转，离台50厘米左右；击球前，向右上方引拍至右肩高度，拍面后仰；击球时，前臂带动手腕向左前下方挥摆，在来球下降前期摩擦球的中下部；击球瞬间，手腕辅助用力；击球后，前臂随势前送。

2. 快搓

特点是动作幅度小，回球速度快，借来球的前进力将球搓回，运用速度和落点变化为进攻创造机会。

反手快搓要领：站位近台偏左，两脚开立，左脚稍后，两膝微屈；击球前，向左上方引拍，拍面稍后仰；击球时，前臂带动手腕向前下方挥摆，在来球上升期切击球的中下部；击球后，迅速还原。

正手快搓要领：两脚开立，右脚稍后，站位靠近球台；击球前，前臂向右上方引拍，拍面稍后仰；击球时，前臂带动手腕向前下方挥摆，在来球上升期切击球的中下部；击球后，迅速还原。

横拍反手搓球

3. 搓转与不转球

特点是以相似的击球动作，搓出转与不转的球，可造成对方判断失误，增加回球难度，为自己的进攻创造机会。

横拍正手搓球

动作要领：搓加转球时，前臂带动手腕向前下方用力摩擦球的中下部；搓不转球时，用拍面偏上部位把球碰出即可（以减小球拍与球的摩擦力）。搓转与不转球的主要区别在于触球瞬间，触拍面的部位、击球的部位、用力方向的不同和触球时有无摩擦用力。

（四）弧圈球

弧圈球是一种强烈的上旋球，具有球速快、稳定性高、攻击性强等特点。它从20世纪60年代初出现后，至今已发展到十分成熟的阶段，是当今世界乒坛上主要的一种打法，为世界各国运动员广泛采用。

弧圈球可分为加转弧圈球、前冲弧圈球及侧旋弧圈球、假弧圈球等，打时正、反手均可拉。现对正手加转弧圈球和正手前冲弧圈球略做介绍。

1. 正手加转弧圈球

特点是飞行弧线较高、速度较慢、上旋力很强、球着台后向下滑落速度快，是对付削球、摆球和接出台下旋球的有效技术。这种球往往能使对方回球出界或回球过高，可为扣杀创造机会，也可直接得分。

正手加转弧圈球

动作要领：两脚开立，右脚稍后；准备击球时，身体略右转，两膝微屈，持拍手自然下垂并向后下方引拍，拍面略为前倾，重心落至右脚上；击球时，右脚蹬地，腰部向左上方转动，上臂带动前臂向左前上方加速挥动；触球瞬间，整个身体的动量传递到手腕，加速度达到最大，在来球的下降前期摩擦球的中部或中上部；击球后，手臂随势挥至头部高度，重心移至左脚。

2. 正手前冲弧圈球

特点是弧线较低、速度快、球着台后前冲力大，能起到与扣杀同样的效果，是弧圈类打法得分的重要技术。

动作要领：站位基本上与加转弧圈球相同，但手臂的引拍要比正手加转弧圈球高一些，球拍与地面大约成80°角；击球时，腿、腰、上臂、前臂依次进行动量传递；击球瞬间，手腕向内、向前略为转动，加速度达到最大，在来球上升后期或处于最高点时摩擦球的中上部；击球后，球拍随势挥至额前偏左处，重心移至左脚。

正手前冲弧圈球

第三节　乒乓球运动基本战术

战术是在敌我双方实力的对比中，根据对方的打法及技术特点，选择、运用各种技术克敌制胜的战斗方法。从广义上来讲，战术是技术、意志、智能和素质在比赛中有针对性的综合应用。在运用战术的过程中，应体现以我为主、积极主动、机动灵活的思想，打出风格，打出水平。

一、战术的制定

比赛前，应对自己的技术情况做到心中有数，了解和分析对手的球拍性能，基本打法，技术、战术运用情况，心理素质及体能状况，等等，有针对性地制订出正确的、切实可行的战术方案，做到知己知彼、有的放矢，机动灵活、随机应变，以己之长、制彼之短，勤于观察、善于分析，勇猛顽强、敢打敢拼。在比赛过程中，也可通过打各个不同落点的球试探对手的优缺点，然后攻击其弱点。

二、战术的种类及运用

乒乓球技术的不断发展，使战术也形成了多样化的格局，主要包括发球战术、接发球战术、对攻战术、拉攻战术、搓攻战术和削攻结合的战术等。

（一）发球抢攻战术

发球抢攻是我国直板快攻打法的"杀手锏"，是力争主动、先发制人的主要战术。以攻为主打法的选手常以发球抢攻作为重要的得分手段。

1. 正手发转与不转球抢攻

正手发转与不转球结合落点变化进行抢攻。将球发至对方近网或中路，先发加转球，后发不转球（也可先发不转球，后发加转球），找机会抢攻。落点方面，正手以近网为主，结合底线似出台又未出台球，使对方难以接发球抢攻或抢拉，为自己创造抢攻的机会。

2. 发侧上、下旋球抢攻

以发侧下旋短球为主，配合发侧上旋至对方左、右方两大角近网处，使发出的球在对方台面上两跳甚至三跳不出台面，造成对方难以接发球抢攻，而给自己制造抢攻和得分的机会。也可发异线大角度长球牵制对方。

3. 发急球与侧上、下旋球结合抢攻

发急球或急下旋球与侧上、下旋短球相结合，以发急球为主，配合短球；发侧上、下旋与急球，配合不同落点，长短结合，上、下旋结合，使对手难以防范。

（二）接发球战术

接发球战术与发球抢攻战术同样重要。在接发球战术中，一方面，要抑制、扰乱或破坏对方运用发球抢攻战术及战术意图，降低发球抢攻的质量，形成相持状态；另一方面，应从被动中求主动，通过过渡性接发球技术力争达到第四板抢先上手，占据有利地位，伺机抢攻。接发球战术是各类型打法的选手都必须掌握的，也是必不可少的主要战术。

1. 主动法

主动法包括接发球抢攻、抢拉、抢冲、快点、快攻、低球突击。在战术的运用中，要对发球性能熟悉，能正确地判断发球落点、旋转、速度，控制接发球的落点，击球位置合适，步法迅速到位。

2. 相持法

相持法包括接发球摆短、劈长、撇侧旋、加转搓长或半推半搓。通过多变的接发球手段，破坏、缓解、解脱对方的发球抢攻威胁，使对方不能利用第三板抢攻，从而形成相持状态。

3. 稳健法

稳健法包括接发球搓、推、削、挡。对上旋球、侧旋球、长球用推接，对下旋球、侧旋球用搓球，对不转球用挡接。在判断不清旋转时，削一板比较稳妥，只求把球平稳过网。用这种战术以控制对方反手位为主，配合变正手或针对方弱点处则更好。

第四节 乒乓球比赛主要规则

乒乓球的规则是进行比赛的法规和依据，在国内外正式的乒乓球比赛中，均采用国际乒联制定的统一的竞赛规则。随着乒乓球运动技术水平的不断发展和比赛工具、器材的不断改革，乒乓球的规则也不断演变和完善，推动着乒乓球技术和战术的不断创新和发展，使乒乓球比赛更具观赏性。

一、场地与器材

（一）场地

乒乓球比赛场地为长方形，赛区空间长应不得少于 14 米，宽度不得小于 7 米，高度不能低于 4 米。场地周围一般应为暗色，不能有明亮的光源，光源距离地面不得少于 4 米。新的地板颜色不能太浅，反光不能太强烈，而且表面不得为砖、水泥或石头；在世界级比赛和奥运会比赛中,地板应为木制或国际乒联批准的某品牌和种类的可移动塑胶地板。赛区应由75厘米高的同一深色的挡板围起,以与相邻的赛区及观众隔开。

(二)球

乒乓球是由有机化学材料"赛璐珞"或类似的塑料制成的,形状呈圆球体。以前标准比赛用球一直是沿用直径为38毫米、质量为2.5克的球。后来,国际乒联决定于2000年10月1日开始,在第45届世乒赛上采用一种直径为40毫米、质量为2.8克的"大乒乓球"进行比赛。比赛用球为白色、黄色和橙色三种。标准乒乓球的弹性较强,从台面上空30厘米处垂直落下会反弹23厘米高。在第46届世乒赛上,国际乒联执委会又决定将乒乓球的质量定为2.7克,比赛用球的颜色改为白色或橙色两种,且无光泽。

(三)球拍

球拍的大小、形状或质量没有限制,但底板应平整、坚硬。加强底板的黏合层可用诸如碳纤维、玻璃纤维或压缩纸等纤维材料,每层黏合层不超过底板总厚度的7.5%或0.35毫米。

用来击球的拍面应用一层颗粒向外的普通颗粒胶覆盖,连同黏合剂,厚度不超过2毫米;或用颗粒向内或向外的海绵胶覆盖,连同黏合剂,厚度不超过4毫米。球拍两面不论是否有覆盖物,必须无光泽,且一面为鲜红色,另一面为黑色。覆盖物应覆盖整个拍面,但不得超过其边缘。靠近拍柄部分及手指执握部分可不予以覆盖,也可用任何材料覆盖。比赛开始时及比赛过程中运动员需要更换球拍时,必须向对方和裁判员展示他将要使用的球拍,并允许他们检查。

(四)球台与球网

乒乓球的标准球台为长方形,长2.74米,宽1.525米,离地面高76厘米。台面应与水平面平行,比赛台面可用任何材料制成,应具有一致的弹性,比赛台面应呈均匀的暗色,无光泽,台面四个边缘各有一条2厘米宽的白线。中间有一条3毫米宽的白线垂直于中线,将球台划分为两个相等的"半区"。中线与边线平行,并应视为右半区的一部分。

球网装置包括球网、悬网绳、网柱及将它们固定在球台上的夹钳部分。整个球网的顶端距离比赛台面15.25厘米,网长为183厘米。整个球网的底边应尽量贴近比赛台面,其两端应尽量贴近网柱,且与台面垂直,将球台分为两个相等的台区。

二、比赛主要规则

(一)合法发球

国际乒联于2002年4月通过了新的发球规则——无遮挡发球,并于2002年9月1日生效。目的是使乒乓球的发球变成使接发球方始终能够完全看清楚的一项"开放"的技术。

发球时,球应自然地置于不持拍手的手掌上,手掌张开,手指伸开,球应是静止的,在发球方的端线之后,比赛台面的水平面之上。发球时须用手将球几乎垂直地向上抛起,不得使球旋转,并使球在离开不执拍手的手掌之后上升不少于16厘米,球下降到被击出前不能碰到任何物体。当球从抛起的最高点下降时,发球员方可击球,使球首先触及本方台区，然后越过或绕过球网装置，再触及接发球员的台区。在双打中，球应先后触及发球员和接发球员的右半区。

（二）发球、接发球和方位的选择

选择发球、接发球和方位的权利应由抽签来决定。中签者可以选择先发球或先接发球，或选择先在某一方位。当一方运动员选择了先发球或先接发球，或选择先在某一方位后，另一方运动员必须有另一个选择。一般中签者单打时选择发球权，双打时选择接发球权。

在每获得两分之后，接发球方即成为发球方，依此类推，直至该局比赛结束，或者直至双方比分都达到 10 分或实行轮换发球法，这时，发球和接发球次序不变，但每人只轮发一分球。

一局中首先发球的一方，在该场下一局应首先接发球。在双打决胜局中，当一方先得 5 分时，接发球方应交换接发球次序。

一局中，在某一方位比赛的一方，在该场下一局应换到另一方位。在决胜局中，一方先得 5 分时，双方应交换方位。

（三）合法还击

合法还击指的是对方发球或还击后，本方运动员必须击球，使球直接越过或绕过球网或触及球网装置后，再触及对方台区。

（四）重新发球

在比赛中出现下列情况应判重新发球。

（1）发球员发出的球，在越过或绕过球网装置时，触及球网装置，此后成为合法发球或被接发球员或其同伴阻挡。

（2）在接发球一方未准备好的情况下，球已发出，且接发球方并没有做出接球动作。

（3）发生了无法控制的外界干扰，而使运动员未能合法发球和合法还击或遵守规则。

（4）裁判员或副裁判员要求暂停比赛。

（5）要纠正发球、接发球次序或方位错误。

（6）要实行轮换发球法。

（7）警告或处罚运动员。

（8）比赛环境受到干扰，以致该回合结果有可能受到影响。

（五）判定比赛的胜负

1. 乒乓球比赛的一个"回合"

"回合"是指球处于比赛状态的一段时间。从有意识发球前，球静止在不执拍手掌中的最后瞬间起，比赛的每一方将球合法还击到对方台面，直到有一方失一分或双方均不失分而重新发球为止，这一段时间是一个"回合"。一个"回合"实际上是包括一个合法发球、若干个合法还击和一个不合法还击的比赛过程。

2. 一分的判定

在比赛中出现下列情况判本方得一分。

（1）对方未能合法发球和合法还击、阻挡（发球擦网、阻挡判重发球除外）、连击、两跳。

（2）运动员在发球或还击后，对方运动员在击球前，球触及了除球网装置以外的任何东西。

（3）对方击球后，该球没有触及本方台区而越过本方端线。

（4）对方用不符合规定的拍面击球。

（5）对方运动员或他穿戴的任何东西使球台移动。

（6）对方运动员或他穿戴的任何东西触及球网装置。

（7）对方运动员不执拍手触及比赛台面。

（8）双打时，对方运动员击球次序错误。

3. 一局比赛

在一局比赛中，先得11分的一方为胜方。10平后，先多得2分的一方为胜方。

4. 一场比赛

一场比赛由单数局组成。一场比赛应连续进行，除非是经许可的间歇。

思考题

1. 乒乓球运动基本技术有哪些？
2. 简述"合法发球"的定义。

第十一章

羽毛球运动

第一节 羽毛球运动概述

一、羽毛球运动的起源和发展

18世纪，印度的浦那城出现了类似今日羽毛球活动的游戏，以绒线编织成球形，上插羽毛，人手持木拍，隔网将球在空中来回对击。现代羽毛球运动诞生于英国。1873年，在英国格拉斯哥郡的伯明顿镇有一位叫鲍弗特的公爵，在庄园里进行了一次"浦那游戏"的表演。因这项活动极富趣味性，很快就流行开来。此后，这种室内游戏迅速传遍英国，"伯明顿"（Badminton）即成为英文羽毛球的名字。

1877年，第一本羽毛球比赛规则在英国出版。1893年，在英国成立了世界上第一个羽毛球协会。1899年，该协会举办了第1届"全英羽毛球锦标赛"，每年举办一次，沿袭至今。

羽毛球运动20世纪初流传到亚洲、美洲、大洋洲，最后传到非洲。

二、羽毛球运动的特点

（一）它可随意调节运动量

运动量可根据各人的年龄、体质、运动水平和场地环境的特点而定。不同的人可通过该项活动进行锻炼。身体状况好的，运动量可适当加大，活动范围可为全场；身体状况不好的，可适当缩小活动范围。从事羽毛球运动，能舒活筋骨，增强心血管和神经系统的功能。

（二）运动器材简便

羽毛球拍便于携带，参加锻炼的羽毛球爱好者只需带上羽毛球拍和球在平整的空地上就可以对击了。把打羽毛球作为娱乐活动，休闲养性，活动身体，可达到全面提高身体机能的目的。

（三）羽毛球运动有独特的娱乐性

羽毛球运动具有独特的娱乐功能。根据现代体育的理念，任何一项体育运动，都必须具有娱乐功能，使练习者产生兴趣，从而自发地投身于练习，实现娱乐体育、健康强身之目的。羽毛球运动有竞赛技能对抗、休闲娱乐的功能，所以，深受人们的喜爱。

（四）运动安全有保障

运动损伤是制约运动寿命的主要因素之一，羽毛球运动属于隔网对抗项目，场地中间横竖一网，分隔成为对抗双方的场区，没有直接的身体对抗、碰撞。比较其他项目，它的运动安全系数明显要高，只要做好运动前的准备活动，掌握正确的动作要领，一般在该项运动中就可避免受伤。

三、羽毛球运动的核心素养

长期进行羽毛球运动，既能使肺活量加大、心跳强有力、耐久力提高，还能增加上下肢和腰部肌肉的力量，加快全身的血液循环，增强心血管系统和呼吸系统的功能。在进行羽毛球运动时，需短时间对瞬息万变的球路做出判断，果断地进行决策并反击，使得它能提高人神经系统的灵敏性和协调性。进行羽毛球运动时击球者须频繁抬头、身体后仰，则有助颈椎的伸展，对长期伏案工作者更是一项改善职业病的运动项目。

由于羽毛球运动具备竞争性、对抗性、强度性，以及即时揣摩对方击球的战术意图，以便及时把握战机的特点，经常进行羽毛球运动，可以使人思维敏捷，对培养学生的意志品质、临场应变能力、果断决策能力具有显著作用。学生参加羽毛球比赛，可以使心理素质得到很好的锻炼，智、勇、技在激烈的竞争对抗中得以提升，在今后的学习和工作中以良好的心态、正确的人生观面对荣辱得失，在遵守规则的前提下努力创造价值。

第二节　羽毛球运动基本技术

羽毛球运动基本技术包括握拍法、发球法和击球法。击球法中又包含高球、吊球、杀球、放网前球、挑高球、搓球、勾对角球、推球、扑球、拨球、接吊球、接杀球、抽球、挡球等。在学习羽毛球基本技术时，应强调技术动作的规范化，特别应重视正手与头顶部位的高球、吊球、杀球技术的结构和相应的步法训练。

一、羽毛球运动基本技术

（一）握拍法

羽毛球运动是以运动员手握球拍往返击球的方式进行的，所以握拍法就成了初学者首先必须掌握的羽毛球基本技术之一。学会正确的握拍法是掌握合理、准确、全面的击球技术的前提条件。羽毛球的握拍法分为正手握拍法和反手握拍法两种。

1. 正手握拍法

用与握拍手手掌同一个朝向的拍面击球叫正手击球，正手击球时的握拍方法为正手握拍法。

方法是将持拍手的虎口对准拍柄窄面内侧斜棱，拇指和食指在拍柄的两个宽面上，食指和中指稍分开，中指、无名指并拢握住球拍柄，掌心不要贴紧，拍柄底端与手部的小鱼际肌持平，拍面基本与地面垂直（图11-1）。

2. 反手握拍法

用与握拍手手背同一个朝向的拍面击球叫反手击球，反手击球时的握拍方法为反手握拍法。

方法是在正手握拍的基础上，拍柄稍向外转，食指向中指收拢，拇指内侧顶在拍柄内侧的宽面上，中指、无名指和小指并拢握住拍柄，柄端靠近小指根部，掌心应留有空隙，拍面稍后仰（图11-2）。

图 11-1　正手握拍法　　　　正手握拍法　　　图 11-2　反手握拍法　　　反手握拍法

（二）发球法

发球分为正手发球和反手发球两大类。正手发球又可分为发高远球、平高球、平射球、网前球；反手发球因受持拍手与身体的限制，挥拍距离较短，一般只能发平高球、平射球和网前球。

1. 正手发高远球

正手发高远球是用正手握拍法，以正拍面将球击得又高又远，球飞行到对方的端线上空后突然改变方向，呈垂直下落至端线附近的一种发球。它可以迫使对方退到端线接发球而减小进攻力，是单打的主要发球手段之一，也是学习发球技术中最基础的练习，初学者学习发球必须从发高远球开始。

准备动作：站位靠中线，距前发球线约1米处，左脚在前（以右手握拍者为例，以下均同），足尖指向球网；右脚在后，足尖指向右前方，两脚间距与肩同宽，身体重心放在右脚上，左手食指、中指与拇指轻捏羽毛球的羽毛与毛、杆相交处，自然伸臂平举于胸前；右手持拍，自然屈肘于身体右侧；注意对方准备接球的动向。

击球动作：随着左手放球，身体自然由右向左转体、转肩、重心前移，持拍手臂前臂由后上方向下经身体侧下方，向前上方挥拍并急速内旋，带动手腕由伸展至微屈，闪动手腕，握紧球拍，以正拍面发力击球。击球点应在右侧前下方。

随前动作：击球后持拍手臂随动作惯性自然向左上方挥动，然后将拍收回至体前并将握拍调整成放松的正手握拍形式（图11-3）。

图 11-3　正手发高远球　　　　　　　　　　　　　　　　正手发高远球

2. 正手发网前球

正手发网前球是用正手握拍，以正拍面击球，使球轻轻擦网而过，落在对方前发球线附近的发球区内的一种发球。它的基本动作要领与正手发高远球基本相同，主要区别在于前臂挥动的幅度和手腕后伸程度比发高远球小一些，手臂用力轻，在向斜前上方挥拍时，主要用前臂力量，击球时拍面从右向左斜向切击球托后部，使球贴网而过，正好落在对方前发球线附近的发球区内（图11-4）。

图 11-4　正手发网前球　　　　　　　　　　正手发网前球

3. 反手发网前球

反手发网前球是用反手握拍，以反拍面击出与正手发网前球飞行弧度一样的弧线的一种发球。

准备动作：站位接近前发球线，右脚在前，重心在右脚，左脚跟提起，持拍手采用反手握拍法持拍于腹前，肘关节屈，手腕前屈，左手拇指与食指、中指捏住球的羽毛斜放在球拍前面。

引拍动作：将球拍稍向后（向自己腹部）摆动至一定距离。

击球动作：前臂向前上方推送，同时带动手腕由屈到微伸而向前摆动，利用拇指力量向前推顶球拍，用球拍对球托做横切推送，使球贴网而过，正好落在对方前发球线附近的发球区内。

随前动作：击球后，前臂继续向上摆到一定高度后回收至胸前（图11-5）。

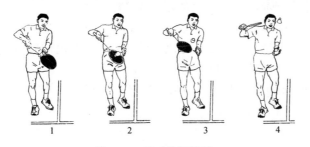

图 11-5　反手发网前球　　　　　　　　　　反手发网前球

（三）后场击球技术

一般将羽毛球场地后半场的击球技术统称为后场击球技术，后场击球可分为正手和反手击高远球，及吊网前球、正手杀球。它一般在后场用来主动进攻或调动、控制对方，所以也称为主动进攻技术。

在羽毛球比赛中，后场区域是双方必争之地，后场击球技术在整个羽毛球技术中是极为重要的部分。击球点在身体右上方，以正手握拍法用正拍面击出的球，称为正手击球；击球点在头顶上方，以正手握拍法用正拍面击球，称为头顶击球；击球点在身体左边，以反手握拍法用反拍面击球，称为反手击球。

1. 后场正手击高远球

以正手握拍，在右肩的上方用正拍面击后场高远球，称为后场正手击高远球。

准备动作：左脚在前，右脚在后，两脚间距与肩同宽，侧身对网，身体重心在后脚上；左手自然上举指向来球，右手正手握拍，屈臂举于右侧，两眼注视来球。

引拍动作：上臂随着身体向左转体；稍做回环上举，身体充分伸展。

击球动作：上臂上举，拍头向背后下方做回环，前臂急速成内旋，同时球拍由回环动作继续向前上方挥动，手指屈指发力握紧球拍，手腕向屈收方向继续做回环动作，以正拍面击球托的后下部；击球时，持拍手臂自然伸直，击球点应在自己头上方偏右的位置，左手协调地屈臂降至体侧协助转体。

随前动作：身体随惯性向左转体，右脚随身体重心前移并向前跨步；右手向左下方挥拍减速后顺势收回至体前，还原成松握球拍式（图 11-6）。

图 11-6　后场正手击高远球

正手击高远球

2. 后场正手吊网前球

击球点在右肩前上方，用正手握拍，以正拍面从右后场区向对方前场网前区域击吊球，称为后场正手吊网前球。

准备动作：与正手击高远球相同。

引拍动作：与正手击高远球相同。

击球动作：击球点在右肩上方，手腕外旋，使拍面向侧下方切击球托的后上部；击球瞬间，手腕要控制好拍面角度。

随前动作：球拍随击球惯性和转体向左下方挥去，上臂外旋，收拍至体前（图 11-7）。

图 11-7　后场正手吊网前球

正手吊球

3. 后场正手杀球

在右肩前上方，利用正手握拍，以正拍面在尽量高的击球点上，用大力下压挥击到对方场区内对手脚下的击球，称为正手杀球。

准备动作：与正手击高远球基本相同。

引拍动作：与正手击高远球基本相同，不同点在于身体向上伸展，重点在后仰、挺胸成反弓形。

击球动作：与正手击高远球基本相同，击球点在肩的前上方（比击高远球时的击球点稍前些），身体引拍时呈反弓形，继而运用转体收腹的力量，加上前臂内旋，腕前屈并微内收，闪腕发力击球的后部（球拍正面击球），将球击到对方场区内。尽可能将球击到对手的脚下。

随前动作：杀球后，球拍随击球惯性挥向左下方，然后收回至胸前，呈准备姿势（图 11-8）。

图 11-8　后场正手杀球　　　　　　　　　　正手杀球

（四）网前击球技术

网前击球技术包括放网前球、搓球、挑球、扑球和勾球等。

1. 正手放网前球

当对方将球击至自己正手网前时，以正手握拍法，用球拍轻轻切托，将球向上弹起，恰好一过网就朝下坠落，称为放网前球。

准备动作：侧身向球的方向移动，上身稍前倾，右手握拍于体前。

引拍动作：步法移动的最后一步是右脚向来球方向跨大弓箭步，身体重心提高，前臂伸向来球，往前上方举，稍上仰，斜对网。

击球动作：争取高点击球，握拍放松稍收腕，向球托斜侧提击或搓切。击球过程中左手要向后平举以协调动作。

随前动作：右脚蹬地退回，持拍手同时收回成放松握拍，退回到中心位置（图 11-9）。

图 11-9　正手放网前球　　　　　　　　　　正手放网前球

2. 正手搓球

用球拍搓切球右斜侧面或球托底部，使球滚动过网，称为搓球。准备动作和引拍动作与正手放网前球基本相同。

击球动作：击球时争取高点击球，前臂稍外旋，手腕由后伸至稍内收闪动，握拍手的食指和拇指夹住球拍，利用手腕和手指的力量搓切来球的右下底部，使球旋转翻滚过网。

随前动作：与正手放网前球相同，球拍收回（图11-10）。

图 11-10　正手搓球

3. 反手搓球

用反手握拍法，以反拍面搓击球，使球侧旋滚动过网后即下落的击球方法，称为反手搓球。

4. 正手扑球

对方击来的右场区网前球刚过网，高度在网沿上面时，用正手握拍法以正拍面迅速上网挥拍扑击下压过去，称为正手扑球。

5. 正手挑高球

把对方击到右场区的网前球，挑高回击到对方后场去，称为正手挑高球。

正手扑球

（五）中场低手击球技术

在中场部位，击球点低于头部高度的击球，称为中场低手击球技术。中场低手击球技术主要有抽球、挡球、接杀球和半蹲快打（这是一种介于高手击球与低手击球之间的一种特殊打法）。

1. 正手抽球

将位于身体右侧，高度在肩以下、腰以上的球，用正手握拍法以正拍面平抽过去，称为正手抽球。

准备动作：面对球网，右脚稍在前，膝微屈，前脚掌着地，右手握拍于体前。

正手抽球

引拍动作：右脚稍向右迈出一小步，同时上体稍往右侧，右臂向右侧上摆；球拍上举，肘关节保持一定角度，前臂稍后摆而带有外旋，手腕从稍外展至后伸，使球拍引至后下方。

击球动作：前臂急速往右侧前挥动，从外旋转为内旋，球拍由后伸至伸直闪腕，握紧拍柄，挥拍抽压击球托底部。

随前动作：球拍向左边顺势盖过去，收拍于胸前回位。

2. 正手挡球

在右场区近身体处用正手握拍法以正拍面挡击球，称为正手挡球。

准备动作：两脚自然开立，双膝微屈，面对网，上体直立。

引拍动作：向右侧跨一小步或原地屈肘，前臂外旋伸展手腕，手指放松握拍。

挡球

击球动作：持拍臂前伸，前臂内旋，屈指发力握紧拍子向前下方击球，上臂有制动动作。

随前动作：因击球动作惯性小，击球后应立即收拍于体前。

3. 反手挡球

在左场区近身体处用反手握拍法以反拍面挡击球，称为反手挡球。

准备动作：与正手挡球相同。

引拍动作：对着来球向左侧跨一步或原地向反手一侧伸拍，屈肘，转换成反手握拍，伸展腕，手指放松握拍。

击球动作：伸前臂，外旋，保持伸展腕，屈指发力握紧拍子向前下方击球，上臂做制动动作。

随前动作：与正手挡球基本相同。

4. 接杀球

把对方扣杀过来的球还击回去，称为接杀球。接杀球主要由挡网前、挑后场和平抽球三种技术组成。接杀球是防守技术，但只要反应快，判断准，手法娴熟，回球落点和线路运用得当，在防守中体现出快的精神，就往往能创造由守转攻的条件。接杀球的站位一般在中场或偏后场。如果能根据战术需要，适当地运用各种接杀球技术，调动和削弱对方的进攻能力，往往仍能掌握控制权。接杀球有靠近身体的接杀球和靠近边线的接杀球。图11-11是靠近边线的接杀球示意图，在接杀球时必须向左、右跨出一步接球。

图 11-11　接杀球

5. 半蹲快打

在中场区，对方打过来肩以上至略高于头部之间的快球，采用半蹲姿势，争取在较高的部位上快速地平击回去，称为半蹲快打。

二、羽毛球运动的步法

羽毛球比赛时，运动员在场上为了接到球而采取的快速、合理、准确的移动方法，称为步法。

羽毛球运动的步法有基本步法和场上移动步法。基本步法是指跨步、蹬步、并步、垫步、跳步等。场上步法是指在场区内移动的方法。一般都是从场地中心位置开始，按移动方向分为上网、后退和两侧步法，场上步法的结构由起动、移动、到位击球（制动）和回位几个基本环节组成。右手持拍者，到位击球时的最后一步一般都是右脚在前，而左脚总是靠近中心位置，位于场地中心。

（一）上网移动步法要求

（1）在什么位置做最后一步蹬跨为好，要看球的位置而定。一般应以最后一步跨出后，侧身对网，自然伸直手臂让拍子能打到球为宜，太远打不到球，太近也会妨碍击球动作，且延长了回动距离。

（2）最后的蹬跨步应是右脚在前，步幅较大，着地点超越膝关节，重心在右脚上。右脚应以脚跟外侧先着地，然后过渡到脚掌，并用脚趾制动，不使身体再前冲。

（3）放网前球、挑球一般采用低重心姿势。搓球、推球、勾球时身体较直，重心较高。扑球时往往需向前方蹬跳。

（二）两侧移动步法（接杀球）

从中心向左右两侧移动到击球点上击球的步法，称为两侧移动步法。它一般用于中场接杀球和起跳突击。

1. 向右侧移动步法

若离中心较近，蹬跨一大步到位击球；若离中心较远，则垫一小步后右脚再跨一大步。

2. 向左侧移动步法

与向右侧移动步法相同，唯方向相反。

3. 起跳腾空步法

向右侧移动步法　　向左侧移动步法

为了争取时间高点击球，用单脚或双脚起跳，居高临下，凌空一击的方法叫起跳腾空击球。主要采用并步加蹬跳步，这种步法在两侧突击进攻时使用较多。

（三）后退移动步法

从中心移动到后场各个击球点的位置上击球的步法，称为后退步法。

1. 正手后退（右场区）步法

一般采用侧身后退步法，有利于到位后挥拍击球。多采用并步加跳步。

2. 头顶击球（左场区）步法

一般采用侧身后退步法，移动方向是向左后场，采用后交叉加跳步法。

向左后侧移动步法　　向右后侧移动步法

以上都是从中心位置后退的步法，在比赛中，能回中心位置稍做停顿再起动，说明步法比较主动。但是，在比赛中，往往也会有被对方控制而出现被动的局面，这时可用交叉步，步数不限，但最后一步仍须用右脚。

第三节　羽毛球运动基本战术

羽毛球运动战术是指运动员在比赛中为表现出高超的竞技水平和战胜对手而采取的

计谋和行动。运用这些战术就是为了调动对方位置，迫使对方击出中后场高球，使对方重心失去控制并消耗对方体力。

一、单打战术

（一）发球抢攻战术

发球不受对方干扰，发球者可以根据规则，随心所欲地以任何方式将球发到对方接球区的任意一点。善于利用多变的发球术，能先发制人，取得主动。例如，以发平快球和网前球配合，争取创造第三拍的主动进攻机会，组成发球抢攻战术。

（二）攻后场战术

采用重复打高远球或平高球的技术，压对方后场两角，迫使对方处于被动状态。一旦其回球质量不高，便伺机吊对方的空当。

（三）逼反手战术

一般来说，后场反手击球的进攻性不强，球路也较简单。对于后场反手较差的对手要毫不放松地加以攻击。先拉开对方位置，使对方反手区露出空当，然后把球打到反手区，迫使对方使用反拍击球。

（四）打四点球突击战术

以快速的平高球、吊球准确地打到对方场区的四个角落，迫使对方前后左右奔跑。当对方来不及回中心位置或失去重心时，抓住空当和弱点进行突击。

（五）吊、杀上网战术

先在后场以轻杀配合吊球把球下压，落点要选择在场地两边，使对方被动回球。若对方还击网前球，便迅速上网搓球或勾对角快速平推球；若对方在网前挑高球，可在其后退途中把球直接杀到他身上。

二、双打战术

（一）二打一战术

这是一种经常运用的行之有效的战术。当发现对方有一个人的防守能力或心理素质较差，失误率比较高或防守时球路单调，就可采用这种战术，把球进攻到这个较弱者的一边。这种战术可集中优势兵力以多打少，以优势打劣势，夺得主动权或直接得分，有利于打乱对方防守站位；另一个不被攻的人，由于没有球可打，慢慢地站位会偏向同伴，形成站位上的空当，有利于我方突击另一线而成功，有利于造成对方思想上的矛盾而互相埋怨，影响其士气。

（二）攻中路战术

不论对方把球打到什么地方，我方攻球的落点都应集中在对方两人之间的结合部分，并靠近防守能力较差者一侧，或在中线上。攻中路战术，可以造成对方抢球或漏球，可以限制对方挑出大角度的球路，有利于我方网前的封网。

（三）攻直线战术

即来球路线和落点均为直线，没有固定的目标和对象，只依靠力量和落点来取得得分效果。当对方的来球靠近边线时，攻球的落点在边线上；当对方的来球在中间区时，就朝中路进攻。这个战术在使用上较易被记住和贯彻。杀边线球虽然难度高一些，但效果不错，便于网前同伴的封网。

(四）攻后场战术

遇到后场扣杀能力差的对手，可采用平高球、推平球、接杀挑高球等，迫使对方一人在底线两角移动。一旦其还击被动时，便大力扑杀。如另一对手后退支援，即可攻网前空当。

(五）后攻前封战术

当本方取得主动攻势时，后场队员可逢高必杀，前场队员积极移动封网扑打。

第四节 羽毛球比赛主要规则

一、场地与器材

羽毛球场应是一个长方形，长 13.40 米，宽 6.10 米（图 11-12），用宽 4 厘米的线画出，线的颜色一般使用白色、黄色或其他容易辨别的颜色。所有的线都是它所确定区域的组成部分。

羽毛球应有 16 根羽毛固定在球托部，羽毛顶端围成圆形，直径为 58~68 毫米，球托直径为 25~28 毫米，底部为圆形，羽毛球质量为 4.74~5.50 克。

羽毛球网全长 6.10 米，宽 76 厘米，球网的最上端用 7.5 厘米的白布对折缝合，用细钢丝绳从中穿过，并悬挂在两端的网柱上（球网中心距地面 1.524 米，网柱上的两端距地面 1.55 米）。球网一般用深绿色或深褐色的优质绳子，以 2 厘米左右的小方孔编制而成。

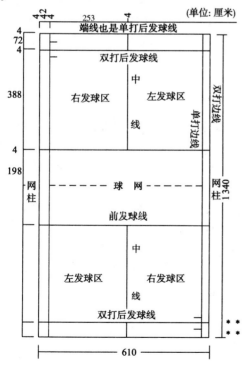

图 11-12 羽毛球场

二、比赛主要规则

羽毛球比赛有男子单打、女子单打、男子双打、女子双打、混合双打五个单项比赛，有单、双打组成的男、女团体比赛及混合团体比赛。在单项比赛中，均采用三局两胜制，且不受时间的限制。男、女团体赛由男、女各三场单打和两场双打比赛组成，其胜负采用五场三胜制；混合团体比赛则将男、女单打和混合双打组合在一起，采用五场三胜制。所有项目都以一局21分制计分。现行的羽毛球比赛规则中规定：率先得到21分的一方赢得当局比赛；如果双方比分打成20：20，获胜一方需超过对方2分才算取胜；如果双方比分打成29：29，则率先得到第30分的一方取胜；首局获胜一方在接下来的一局比赛中率先发球；当一方在比赛中得到11分后，双方队员将有不超过60秒的休息时间，运动员可以接受场外指导；两局比赛之间有不超过120秒的休息时间；在双方比分为1：1时，双方进行决胜局的比赛。在决胜局中，一方得到11分，双方要交换场地。羽毛球比赛的计分方法是每球得分。

比赛开始前，双方运动员先在主裁判员的主持下，通过掷挑边器决定场区或发球，赢的一方有权选择：先发球或先接发球，在一个场区或在另一个场区（即选边）。输的一方只有接受选剩下的那一项条件。

单打比赛从0：0开始，当发球方的得分数为0或偶数时，运动员必须站在自己的右发球区将球发到对方的右发球区内（场区的界线包含在场区内）；当发球方的得分为奇数时，则应该将球从左发球区发到对方的左发球区内。接发球的运动员也必须相应地站在斜对角的本方发球区内接发球。任何一方运动员若在发球时间（从发球员挥拍起为发球运动开始，至球击出时止为发球时间）内非法延误发球，或某一方运动员的任一只脚触及本方发球区的界线，或任一只脚离地、移动，均应判发球（或接发球）违例。另外，发球员还应注意：球拍必须先击中球托，同时整个球要低于发球员的腰部；击球瞬间，球拍拍框要明显低于整个手部；发球动作要保持连贯，不能有停顿动作；不允许发旋转飘球。国际羽联新规则规定：当发球员将球抛起，挥拍又未击中球时，也应判其违例（若只有抛球动作而未挥拍，则判其重发球）。若发球时间内发球方违例，应判作对方发球（即换发球）；若接发球方违例，则发球方得分。发球若为短球、长球、界外球、发球错区，或者球不过网、球从网孔或网下穿过、球碰屋顶或四周墙壁、球碰运动员身体或衣服、球碰到场外其他人或物体，均应判发球违例。羽毛球发球出现擦网则要视情况而定：如球擦网后并未落入对方接发球区内，也就是"短球"或"界外"，应判失误；若落入对方接发球区内，算合法发球，对方运动员必须接球，不接则要判其失分；若发球时球夹在网顶或过网后挂在对方那侧的网上，则应判发球违例。

双打比赛也只有一次发球权。开局时运动员A在右场发球区发球，当他得一分时，发球方两名队员互换位置，即运动员A在左场区发球，对方接发球员位置不变，此时比分为1：0；当运动员C、D得分，比分为1：1时，运动员C在左场区发球，运动员A、B站位不变，即运动员A在左场区接发球。比赛进行中，双方都必须在球落地之前将球回击过网，若一个队员有两次挥拍击球动作或双打中同队队员连续各击一次（连击）、持球、击球出界、触网、过中线、过网击球（阻挡）、球撞网或网柱后落在击球者本方场区内、身体的任何部位被球击中等任一情况发生，将被判失分或被对方夺回发球权。

比赛中遇到下列情况之一，应判重发球：发球时，发球员和接发球员同时违例；裁判员未报完分或发球员在接发球员未做好准备时发球；发球时，虽已抛球，但无挥拍动作；遇到不能预见或意外的情况，裁判可暂停比赛，如比赛暂停，已得分数有效，续赛时从该分数算起重新发球；比赛进行中，球托与球的其他部分完全分离；双打发球顺序错误或发球方位错误，在下一次发球前被发现并提出，则赢球不应得分，应判重发球（若违例方输球，则应判其失去发球权或失分，并且不再纠正运动员的方位，继续比赛）；遇到外界干扰时（如突然停电、邻场的球打入本场区等），裁判员不能做出判决，也应判重发球。在重发球时，最后一次发球无效，由原发球员重新发球。

如果运动员疏忽或有意造成的方位错误在下一次发球后或更迟的时候被发觉，则比赛分数有效，不应改判重发球，也不再纠正运动员的方位，继续进行比赛。

羽毛球双打比赛中，除接发球必须由相应的接发球员接球外，两名队员中的任何一人可不受限制地回击来球，直到该球结束，但在同一次回击中不允许同队两名队员连续两次击球。

规则规定：对故意使比赛中止，故意改变球的速度，举止无礼（如辱骂裁判员或对方运动员等），以及规则未述及的其他不端行为的运动员，裁判员应首先对其提出警告；当已被警告过的运动员再犯时，应判其违例；对屡犯者除判违例外，应立即向裁判长报告，裁判长有权做出取消运动员比赛资格的决定。

三、几种常见违例

过腰：发球时，球的任何部分在击球的瞬间高过运动员的腰部，判发球违例。

过手：发球时，球拍顶端未向下，击球瞬间，整个拍框未明显低于发球员握拍的整个手部，判发球违例。

脚步移动：发球时，发球员或接发球员的双脚中的任何一只脚离地或在地面拖移，判发球或接发球违例。

乱踩线：发球时，发球员、接发球员的任何一脚踩到或触到发球区的任一界线，或站在发球区外发球，判发球或接发球违例。

延误发球时间和假动作：发球时，任何运动员为了有意妨碍对方，做假动作，或发球员故意拖延发球时间，或接发球员迟迟不做接球准备，有企图占便宜等不正当的行为，判发球或接发球违例。

发球失误：发球时，球已抛起，而挥拍未击中球或击球不过网，或发球出界，判发球违例。

短球：发球员发出的球未落入规定的场区内，落在球网与前发球线之间，判发球违例。

长球：双打比赛中，发球员发出的球落在双打后发球线以外，判发球违例。

发球错区：发球员发出的球没有落入对角规定的区域内，而落在同侧的场区内，判发球违例。

持球：击球时，球停滞在拍上，紧接着又有拖带动作，判违例。

连击：运动员在一次击球动作中球拍两次触球，或双打比赛中，在一个回合中两名运动员各击球一次，判违例。

阻挠：比赛中任何一方用球拍或身体阻挠对方击球，或大喊大叫妨碍对方击球，此类行为均为"阻挠犯规"。

触网：比赛中，在球成"死球"前，运动员的球拍、身体或衣服的任何部位触及球网或球网的支撑物，判违例。

过网击球：比赛中一方运动员所击之球尚未过网，而对方运动员就抢先击球（球拍与球的接触点在对方场区的上空），此为"过网击球"，应判为违例；如击球点在本方，击球后，其球拍随球过网或在球已成"死球"后球拍过网，则为合法击球，不判违例。

侵入场区：比赛中，在球成"死球"前，运动员的球拍、身体侵入对方场区（无论程度如何），如影响对方运动员击球，判违例；如未影响对方运动员击球，则不判违例。

方位错误：比赛中，一方运动员未按规定的区域发球或接发球，此为方位错误。如这一错误在下一次发球前被发觉，错方即使胜球，也应判其无效，纠正方位后重发球；若错方输球，应判其失分或换发球，并不再纠正方位，直至该局比赛结束。若运动员击球方位错误是在下一次发球后被发觉和提出的，则不论错方是胜是负，被发觉前的得分均有效，不再纠正方位，继续比赛，直至该局结束。

思考题

1. 简述羽毛球运动的基本技术。
2. 列举10种常见的违例。

第十二章

网球运动

第一节 网球运动概述

一、网球运动的起源和发展

网球运动可以追溯到 12 至 13 世纪的法国，当时在传教士中流行着一种用手掌击球的游戏，方法是在空地上两人隔一条绳子，用手掌将用布包着头发制成的球打来打去。

近代网球起源于英国。1873 年，会打古式网球的英国少校温菲尔德，在羽毛球运动的启示下，设计了一种适用于户外的、男女都可以从事的网球运动，当时叫作司法泰克（Sphairistike）运动。1875 年，又建立了全英网球运动俱乐部，并于 1877 年举办了全英草地网球男子单打锦标赛，即后来闻名于世的温布尔登网球锦标赛。1881 年，世界上出现了第一个全国性的网球协会，即美国全国草地网球协会（"全国"两字于 1920 年取消）。

1896 年，在雅典举行的现代第 1 届奥运会上，网球的男子单打与双打被列为正式比赛项目。后来，由于国际奥委会和国际网球联合会在"业余运动员"问题上有分歧，已经连续进行了七届的奥运会网球比赛项目被取消。直到 1984 年的洛杉矶奥运会上，网球才被列为表演项目。到 1988 年的汉城（今首尔）奥运会上，网球重新被列为正式比赛项目。

网球运动发展较快的主要原因有如下几点：允许职业选手参加，开创了职业网球巡回赛的先河，取消了职业选手和业余选手的界限，增加了大赛的激烈程度，从而促进了运动员技术水平的提高，吸引了广大网球爱好者从事该项运动的热情和观看、评论网球比赛的积极性。进入 21 世纪，网球的职业化、商业化程度越来越高。

二、网球运动的特点

（一）比赛时间长

两场实力相当的女子三盘、男子五盘单打比赛，可持续 3~5 个小时。

（二）比赛跑动量大

跑动量与打法和场地性能有关。据统计，单打中实力相当的高水平运动员，女子跑动距离可达 4 000 米以上，男子跑动距离可达 6 000 米以上。随着快速场地的广泛运用和网前战术的发展，比赛跑动量有减少的趋势，但跑动的强度在增加，前后快速跑动、跨扑、跳跃动作在增加。

（三）心理品质要求高

网球单项比赛不允许教练指导，运动员每处理一拍球都有较大的心理压力，这就要求运动员具有良好的心理品质。优秀的网球选手一般表现出对训练及比赛目标有很强的责任感和坚定性；有在艰苦的训练和比赛中克服所遇到的种种困难的非凡的勇气；情绪稳定，对自己充满信心；有强烈的竞争意识，在大赛中不畏强手、敢于拼搏；等等。

三、网球运动的核心素养

网球运动作为一项隔网运动项目，对增强人的体质、愉悦身心等都具有重要的锻炼价值。长期进行网球运动，能提高人的速度、力量、灵敏、协调、耐力等身体素质，从而提高人的运动能力。网球运动还能改善人体运动系统、循环系统、呼吸系统、神经系统的功能，增强抵抗各种疾病及适应外界的能力，从而有效地增强人们的体质并促进健康。网球运动中变化多端的球路、瞬息万变的局势、临场应变的快速反应，都能给运动员带来无穷的乐趣，宣泄和释放学习、工作中的压力和紧张，让生理和心理获得不同程度的愉悦和满足。

在网球运动中，运动员通过进攻与防守、控制与反控制，既斗智又斗勇，锤炼了个人的意志品质和心理素质，有利于培养拼搏进取的体育作风，以及胜不骄、败不馁的体育精神。通过网球运动尤其是双打比赛，可以培养学生相互信赖、团结协作、密切配合的合作意识，促进彼此的沟通和理解，形成良好的社交关系。此外，网球比赛独特的文化礼仪，也能培养学生尊重规则、尊重对手的社会适应能力。

第二节　网球运动基本技术

网球运动基本技术由发球、接发球、抽击球、截击球、挑高球和高压球等技术所组成。

一、握拍法

（一）东方式握拍法

1. 正手握拍法

左手先握住拍颈，使拍子与地面垂直，然后手掌垂直于地面，手握拍柄好像与人握手，故也称"握手式"握拍法。准确地说，用右手掌根与拍柄右上斜面贴紧，拇指垫握住拍柄的左垂直面。由此拇指与食指成"V"形，对准拍柄的右上斜面和左上斜面的上端中间[图12-1(a)]。

2. 反手握拍法

在正手握拍法的基础上把手向左转动四分之一圆周，虎口对着拍柄左上斜面，用手掌根压住左上斜面，拇指伸直，贴在拍柄的左垂直面上，食指下关节压住右上斜面[图12-1(b)]。

这种握拍法的优点是击球时便于用力，感觉敏锐，运用灵活，利于做具有攻击性的、力量直接作用于球的击球动作。缺点是正、反拍击球要换握，初学时不习惯。

(a) 东方式正手握拍法 (b) 东方式反手握拍法 (c) 大陆式握拍法 (d) 西方式正手握拍法 (e) 西方式反手握拍法

图 12-1 握拍法

（二）大陆式握拍法

与东方式握拍法不同，大陆式握拍法在进行正、反拍击球时都无须变换握法。握拍时用手掌根贴住拍柄上部的平面，食指与其余三指稍微分开，食指上关节紧贴在右上斜面上，拇指垫贴在拍柄的左垂直面上[图 12-1（c）]。

大陆式握拍法

这种握拍法的优点是灵活性好，手腕可充分发挥作用；正、反拍击球不用换握，适于距离近、速度快的网前截击动作，也适合于发球、打高压球和对付低球。缺点是正拍击球需要较大腕力，手腕易疲劳，不能击弹性较高的球。

（三）西方式握拍法

1. 正手握拍法

将球拍平放在地上，用手抓起后，手掌心朝下，手掌的大部分放在拍柄的底部，手掌根贴在拍柄的右下斜面上，拇指压在拍柄的上部手面，食指的下关节握住拍柄的右下斜面。拇指与食指的"V"形对准握柄的右垂直面。握拍的形状好似"一把抓"[图 12-1（d）]。

2. 反手握拍法

即在西方式正手握拍的基础上，把球拍上下颠倒过来，置于身体反手一侧，用同一拍面击球[图 12-1（e）]。

这种握拍法的优点是适用于硬场地，利于击高于肩部的来球。缺点是手腕用力多，易疲劳，打软场地时不适应，对付低球较难。这种握法在初学者中采用较多。

（四）双手反手握拍法

右手用东方式反手握拍法，握在拍柄端部；左手用东方式正手握拍法，握在右手的上方（图 12-2）。

图 12-2 双手反手握拍法

双手反手握拍法

二、准备姿势

正确的准备姿势：双脚开立，比肩略宽，脚掌着地，脚跟抬起，身体重心置于两脚之间，两膝微屈，并保持膝关节的良好弹性；上体微前倾，两眼注视对手或来球；球拍置于腹前，拍头微上翘，手腕低于拍头；用正手握拍法轻握球拍，不持拍手轻扶着球拍的颈部（图 12-3）。它可以扶住并稳定球拍，减轻持拍手的腕部负担，另外，还能起到将球拍引至身体一侧的辅助作用，有利于加快动作。

图 12-3 准备姿势

三、基本步法

步法是基本技术的基础。手法很好,若无好的步法配合,也打不好球。

(一) 准备击球的步法

两脚分开,与肩同宽,面对网,略弯腰,膝部微屈,脚跟稍微踮起,身体重心落于前脚掌。

(二) 击球步法

当来球进入正拍或反拍区域时,迎上去侧身,两脚前后开立,重心移到后脚。击球时,重心由后脚移至前脚,挥动手臂、球拍,结合腰部动作,使全身力量协调地通过球拍击球。击球后,后脚自然跟进,保持身体平衡,恢复准备击球的姿势。

1. 正手击球步法

在端线外做好准备姿势,正手击球时,一般跨出一两步或几步就可以到达适当的击球位置。当到达击球位置时,右脚跨出最后一步并向右转动,重心在右脚上,然后左脚跨交叉步,形成关闭式站位,最后重心前移至左脚并击球。

2. 反手击球步法

反手击球步法与正手击球步法相反,即左脚先向左迈步,当到达适当的击球位置时,左脚跨出最后一步并向左转动,然后右脚跨交叉步,最后重心前移并击球。

(三) 移动步法

移动步法分交叉步和垫步。交叉步如同走路,左、右脚一前一后跨步向前,不同时落地,步子大,速度快,适于左右或向前快速跑动。垫步时,若向左,先跨出左脚,带动右脚向左移动。垫步多用于小范围内调整身体与球的距离。

1. 前进步法

在来球落点位于中场发球线附近时,大多采用交叉步跑动迎上的击球步法。

2. 后退步法

当对方来球落点深时,正、反手击球一般采用先后退再迎上的步法,即先快速向后退,然后脚再跨出向前击球。

3. 侧移步法

当对方来球落点位于身旁左右两侧时,大多采用垫步向左、右两侧移动击球。

四、击球方法

(一) 正手击球

从准备姿势开始(右手持拍为例),以右脚为轴,向右转肩转髋,同时左脚前跨一步使两脚与肩同宽;身体左侧对球网,重心移到右脚上,转体的同时带动球拍直接后引,将拍面引到与身体平行;球拍高度齐膝,拍头略高于手腕,左臂微前伸,保持身体平衡;挥拍击球时,身体重心移至左脚,并以左脚为轴向左转髋转肩,带动右手臂向前迎击球的中部,击球点在左脚侧前方;球离弦后,球拍随惯性挥至左肩上方。动作完成后,迅速还原到准备回击下一次来球的状态。

正手击球

(二) 反手击球

从准备姿势开始,以左脚为轴,向左转肩转髋,同时右脚跨出一步,使两脚与肩同宽，身体右侧对球网，重心移至左脚上；转肩的同时左手转动拍颈使右手成东方式反手握拍，并带动球拍后引与身体平行，击球肘贴近身体，左手轻持拍颈，拍头略低于来球；击球时，身体重心移至右脚，左手放开拍颈，以右脚为轴向右转髋转肩，带动右手臂由下向前上挥拍击球中部偏下，击球点在右脚侧前方；击球后，球拍随惯性继续挥至右肩上方（图12-4）。动作完成后，迅速恢复成准备姿势，随时回击下一次来球。

图12-4　反手击球

（三）双手反手击球

当判断准来球是飞向反手方向时，在移动到位的最后一步应保持右脚在前，身体右侧朝向来球方向，双手握球拍向左后方挥摆，右臂伸展较大，左臂弯曲；在迎球过程中，挥臂转体动作配合，使球拍由低向高挥动，击球点在右脚侧前方，拍面垂直，触球的中部；击球后，双手随势挥至右侧头部高度，身体重心移向右脚。动作完成后，迅速恢复成准备姿势。

双手反手击球

五、发球技术

（一）基本动作

常用的发球有三种：平击发球、切削发球和旋转发球，三者的基本动作结构是一致的（图12-5）。

图12-5　发球基本动作

1. 准备姿势

初学者多采用东方式反手握拍法。准备发球时，全身放松，侧身站立在端线外中场标记线旁边（单打），左肩对着左边网柱，面向右边网柱，两脚分开约同肩宽，左脚与端线约成45°角，右脚约与端线平行，重心在左脚上；左手持球轻托球拍在腰部，拍头指向前方。呼吸均匀，

发球

精神集中。

2. 抛球与后摆

抛球与后摆拉拍动作是同步开始的，持球手拇指、食指和中指这三指轻轻托住球，掌心向上。当向下、向后引拍时，持球手同时下降至右腿处，紧接着当球拍从身后向头上方做大弧度摆动，身体做转体、屈膝、展肩时，持球手柔和地上举，直至伸高及头顶，将球送至最高点再离开手指抛向空中。此时右肘向后外展约同肩高，拍头指向天空，左侧腰、胯成弓状，身体重心随着抛球开始先移向右脚，然后平稳地开始前移。

3. 击球动作

当左手抛出球时，球拍继续向上摆起，这时握拍手的肘关节放松，可以使向前转动的身体和右肩自动地使手臂产生一个完美的绕圈（注意：不是故意让拍子去做搔背动作）。当球下降至击球点时，迅速向上挥拍击球，左脚上蹬，使手臂和身体充分伸展。当身体向前上方伸展击球时，肩、手臂已经回转，双肩与球网平行。挥拍击球时，持拍手腕带动小臂有一个内旋的"鞭打"动作，这就是发球发力的关键动作，也是其他诸如重心前移、蹬腿、转体、挥拍等力量聚集的总和。

4. 随挥动作

球发出后，身体向场内倾斜，保持连续、完整的向前上方伸展的随挥动作。球拍挥至身体的左侧，重心移向前方，做到完全自然地跟进并保持身体平衡。

（二）基本技术

1. 平击发球

平击发球俗称"炮弹式发球"。发球时击球点在身体的右前上方，以拍面中心平直对准球，利用手腕的向前绊甩和前臂的"旋内鞭打"击球的后中上部。发球时身体应充分向上、向前伸，获得最高击球点，以提高发球命中率。这种方法的特点是发球力量大，速度快，落点深，极具威胁。一般作第一次发球用，常可直接得分。其缺点是命中率低，因为对方回击快，上网有时来不及，并且体力消耗大。

2. 切削发球

这是一种以右侧旋转（略带下旋）为主，由球的右上往左下切削击球的发球法，因此也叫侧旋发球。发球时，把球抛到右侧斜上方，球拍快速地从右侧中上方至左下方挥动。击球部位在球的中部偏右侧，使球产生右侧旋转，飞行轨迹及弹跳方向由发球的切削程度所定。这种方法发出的球旋转性强，球速快，弧线飞行，容易控制落点，球落地后向对方场地一侧的角上跳动，可拉开对方，并造成对方接发球困难。比赛中常用作第二次发球。其缺点是易被正拍攻击力强的对手抽杀。

3. 旋转发球

发球时把球抛到头后偏左的位置，击球时身体尽量后仰成弓形，利用杠杆力量对球加旋转，球拍快速地从左向右上方挥动，从下向上擦击球的背面，并向右带出，使球产生右侧上旋。这种球向上旋转力强，在空中呈高弧线飞行，准确性高。球落地后反弹很高，并没有规律地飞至对方反拍区，造成对方接发球困难。这种球适于对付反拍差的对手，也易于发球后上网截击。多用于双打的发球和单打的第二发球。

六、接发球技术

接发球是网球运动中的一项基本技术,是网球比赛中很重要的一种防范技术,也是由被动变主动的进攻战术。

(一) 接发球站位

一般站在对方发来的球的角平分线上。接第一发球时站位一般靠后些,以便接对方发来的力量较大的球;接第二发球时,可向前移动些。总之,接发球的站位要根据自己击球特点和自己的反应、判断能力来选择。

(二) 接发球的要点

(1) 准备接发球时,身体重心稍高些。
(2) 向前迎击球,要主动进攻,不要被动应付。
(3) 挥拍后摆动作要小,把注意力集中在球上。
(4) 击球时手腕要固定,拍头不能掉在手腕下面。

七、抽击球技术

(一) 平击球

纯粹的平击球是没有的,或多或少都带些上旋。正拍平击抽球有飞行路线平直、落地弹跳低、冲力大、进攻性强的特点。在底线对拉相持中或在对攻中,如果平击球技术运用得好,不仅可以为进攻创造条件,而且有时还能直接得分。但因为平击球的飞行路线平直而缺少弧线,所以该击球法的命中率和准确性比较差。

(二) 切削球

用切削球击出的球下旋,飞行路线是向上的弧形,速度慢,落地后反弹弧线低。比赛中可与平击球交替使用,给对方造成接球困难。也用作控制落点的过渡性击球,接对方大力发球和旋转发球,迎击比肩高的来球和随球上网的一板。身体离球太近、太远或在草地球场进攻时,常用切削球。它不适于作为突破上网的抽击用。

(三) 上旋球

击出的球向上旋转,飞行路线是向上的弧线,下落快,落地后球反弹高而远。比赛中常用于短斜角抽击,中场时快速上网,做突破上网和转身抢攻等。

八、截击球技术

截击球是在网前进行的一种回球方法,即当球在空中飞行,落地之前,便把对方来球击回对方场区。目前,世界上优秀的运动员都以发球上网或接发球上网战术为主。因此,截击球技术是进攻型打法不可缺少的重要组成部分。

正手截击球

截击球技术比较复杂,需要具有较高的判断能力,反应要灵敏,时间把握要正确。截击球时,不是靠手臂的挥动力量,而是利用对方击过来的球的惯性,固定手腕,使球反弹回击。截击高于网的球时,手腕要有扣压的动作;截击低于网的球时,手腕要固定好。截击球的握拍最好采用大陆式握拍法。截击球一般有以下几种:平截击球、切截击球、抽击式截击球、放松式截击球、挑高式截击球等。在对付不同来球或单、双打比赛中可灵活运用各种不同的截击球。

反手截击球

九、高压球技术

高压球同截击球一样，属于上网击球动作，是当对方挑高球时进行扣杀的基本技术。在底线附近对付落地后反弹很高的球也用高压球。绝大多数高压球用正拍打。根据对方挑过来的球的高低程度，高压球有站立高压球、跳起高压球和后退高压球三种。按进攻打法又可分为平击高压球、削击高压球、内侧平击高压球、右侧旋转高压球四种。

高压球

十、挑高球技术

（一）进攻性挑高球

进攻性挑高球又叫上旋高球，这种技术常用来对付威力强大的网前截击型对手，使用强烈的上旋高球是"致命的武器"之一，它能打乱对手的网前战术。这种球能够强劲飞越网前对手，迅速落在后场，使对方既够不着又追不到，即使勉强打到球，也是软弱无力的，从而露出空当，给破网得分创造机会。

（二）防守性挑高球

防守性挑高球也称下旋高球。它飞行弧线高，比上旋高球更易控制，具有失误少的优点。在底线对打被对方打离场地时挑下旋高球，能赢得时间，回到有利的位置。如果能掌握下旋高球，同样能不给对方在网前有扣杀的机会。

十一、反弹球技术

反弹球是当来球落地后刚跳起还未跳至最高点时，利用小臂和手腕动作，将球反弹到对方场地的技术。多在上网途中来球落至脚边，不便截击，也来不及后退抽击时，不得已而用之。反弹球过网具有旋转速度慢、距离短、力量弱的特点，易被对方一板打死。反弹球可以分轻击反弹球、推击反弹球和抽击反弹球等。

十二、放短球技术

当对方在底线附近跑动时，出其不意放一近网短球，使之在无准备或迟疑中失误。放短球时，更多用手腕动作，利用小臂带动手腕的力量，使球拍沿球下部急剧滑动，以缓冲来球的前冲力，并使球随着球拍下切动作产生后旋。短球常以突袭制胜，但对善于上网的对手不可多用。

第三节 网球运动基本战术

网球运动战术是指选手们在比赛中通过观察、分析、判断，有目的地运用自己掌握的技术，争取主动，力争使对方随着自己的节奏走，最后赢得比赛的胜利的方法。其中分单打和双打两大类。

一、单打战术

（一）发球战术

发球不仅是比赛的开始，更是一种进攻的手段。发球有两次机会，称为"第一发球"和"第二发球"。

1. 发球站位

正确的发球站位有利于进攻，并便于转入下一步动作的位置。右场发球时一般站在接近中点线的位置，左场发球时可在离中点线稍远一点的位置。

2. 选择发球

发球要尽可能发至对方的弱手位，用不同发球的方法和不同的落点、速度来使对方摸不透，以打乱对方的脚步节奏。

3. 发球上网

发球后，预测好对方可能回球的路线，积极上网截击对方的回球。

（二）接发球战术

接发球是由被动转变成主动的第一过渡阶段，是由守转攻的开始点。一般而言，接发球首先考虑不失分，再考虑如何将球回到对方的弱手位或对方端线的两角。

1. 右区接发球

右区接发球时右脚应靠近单打边线，因为对方发右区球时，球能够拉得较远。

2. 左区接发球

左区接发球时可往中间靠一点，因为对方右手握拍在左区发球时，不可能将球拉出很远。

3. 对付发球上网

对付发球上网可将球击向发球边线附近，或采用将球直线击向发球边线附近、斜线击向发球边线附近和挑高球击向对方底角附近三种破网（穿越）法。

（三）底线球战术

底线对抽是双方在网球比赛或练习中常见的对抗手段，应采用不断变换击球的方法，击出不同力量、旋转、线路的球，使对方不能有规律地移动，打乱他的节奏，掌握主动，争取最终胜利。

二、双打战术

双打比赛，对体力要求较低，能充分利用场地，有利于更好地切磋技艺，增加友谊。

（1）发球好的人先发球，特别要发好第一球。

（2）技术水平较高的站左区，主要目的是解决反拍弱的问题。

（3）接发球尽量打斜线，如果对方上网截击，则可打直线或挑高球。

第四节　网球比赛主要规则

一、场地与器材

（一）球场

标准网球场是长方形的，双打标准场地长 23.77 米，宽 10.97 米；单打标准场地长 23.77 米，宽 8.23 米；球场内两网柱之间距离为 12.80 米，网柱顶端距地面 1.07 米，网柱中心距边线外沿 0.914 米，用球网将球场分为两等区，球网中央高 0.914 米；每一区距网 6.40 米处画一条与球网平行的线，叫发球线。

（二）球

球的直径为 6.54~6.858 厘米，质量为 56.7~58.5 克，从 2.54 米的高度自由下落时，能在硬地平面弹起 1.35~1.47 米高。

（三）球拍

目前以铝合金和碳素纤维制成的球拍较多，球拍拍面有小型头拍、中型头拍、大型头拍。球拍有轻重之分：L（轻型）、LM（中轻型）、M（中型）、H（重型）。职业比赛球拍总长度不超过 73.66 厘米。

二、比赛主要规则

（一）发球的规定

发出的球在对方还击前，应从网上越过，落到对角的对方发球区内或周围的线上。第一次发球失误后，可在原位置进行第二次发球。第二次发球再失误，即为双误，判失一分，发球擦网出界为一次失误。发球擦网后球落在发球区内可重发。

（二）交换场地

双方应在每盘的第一、三、五等单数局结束时，交换场地。如一盘结束，双方局数之和为双数，则不交换场地，须等下盘第一局结束后再行交换。

（三）网球比赛失分的判断

（1）球落地两次后击球（两跳）。

（2）击球出界，即球触及对方场区界线以外的地面、固定物或其他物体。

（3）击空中球失败（站在场外击空中球失败也算失分）。

（4）比赛进行中，故意用球拍拖带或接住球，或故意用球拍触球超过一次。

（5）"活球"期间运动员的身体、球拍（不论拍是否在手中）或穿戴的其他物件触及球网、网柱或对方区内地面。

（6）球尚未过网即在空中还击（过网击球）。

（7）除握在手中的球拍外，运动员的身体或穿戴的物件触球。

（8）抛拍击球。

（9）比赛进行中，运动员故意改变其球拍形状。

（10）发球员两次发球失误。

（四）记分方法

网球比赛由盘至局，通常是三盘二胜制或五盘三胜制。每盘中双方各有 6 个发球局。一方先超过对方 2 局达到 6 局，则该方为胜一盘。若双方各胜 6 局，则进入抢 7 局，获得胜利的一方赢得该盘胜利。

每局当中的记分是赢第一球时得 15 分，赢第二球时得 30 分，赢第三球时得 40 分，则先赢四球者胜此局。若出现 40 平后，则需进行平分，进行平分时赢第一球者称领先，如各赢一球则需再进行平分，直至一方净胜对方两球才算该局胜。

思考题

1. 网球运动基本技术有哪些？
2. 简述网球运动的记分方法。

第十三章

武术运动

第一节 武术运动概述

一、武术运动的起源和发展

武术在我国有着悠久的历史，它的产生，缘于我国远古祖先的生产劳动。人们在狩猎的生产活动中，逐渐积累了劈、砍、刺的技能。这些原始形态的攻防技能是低级的，还没有脱离生产技能的范畴，但它是武术运动形成的基础。武术作为独立的社会文化现象，是同中华民族文明的产生同步的。武术萌芽于原始社会时期。氏族公社时代，经常发生部落战争，在战场上搏斗的经验不断得到总结，比较成功的一击、一刺、一拳、一腿，被模仿、传授、习练着，促进了武术的产生。武术形成于奴隶社会时期。夏朝建立，经过连绵不断的战火，武术为了适应战争需要而进一步向实用化、规范化方向发展。

武术发展于封建社会时期。秦汉以后，盛行角力、击剑。随着"宴乐兴舞"的习俗，手持器械的舞练时常在乐饮酒酣时出现，如《史记·项羽事纪》记载的"鸿门宴"中"项庄舞剑，意在沛公"，便是这一形式的反映。此外，还有"刀舞""力舞"等，虽具娱乐性，但从技术上更近于今天套路形式的武术运动。唐朝以来开始实行武举制，对武术的发展起了促进作用，如对有一技之长的士兵授予荣誉称号。裴旻的剑术、李白的诗歌、张旭的草书并称"唐代三绝"，可见武术作为一种文化形式已相当具有影响力。宋元时期，以民间结社的武艺组织为主体的民间练武活动蓬勃兴起，有习枪弄棒的"英略社"、习射练习的"弓箭社"等。由于当时商业经济活跃，出现了浪迹江湖，以习武卖艺为生的"路歧人"。明清时期是武术大发展时期，流派林立，拳种纷显。拳术有长拳、猴拳、少林拳、内家拳等几十家之多；同时形成了太极拳、形意拳、八卦拳等主要拳种体系。到了近代，武术适应时代的变化，逐步成为中国近代体育的有机组成部分。民国时期，民间出现了许多拳社、武士会等武术组织。1927年，在南京成立了中央国术馆。1936年，中国武术队赴柏林奥运会参加了表演。中华人民共和国成立后，武术得到了蓬勃发展。1956年，我国各地广泛建立了武术协会、武术队等，形成了空前广泛的群众性武术活动网，为武术的发展开拓了广阔的道路。1985年，在西安举行了首届国际武术邀请赛，并成立了国际武术联合会筹委会，这是武术发展中历史性的突破。1987年，在横滨举行了第1届亚洲武术锦标赛，标志着武术走向亚运会。1990年，武术首次被列入第11届亚运会竞赛项目。1999年，国际武联被吸收为国际奥委会的正式国际体育单项联合会成员，这是武术发展的又一历史性突破，意味着在不久的将来，武术可能成为奥运项目，意味着"把武术推向世界"的雄伟目标的进一步实现。

二、武术运动的特点

（一）鲜明的中国传统文化特色

武术是人类自创的一种活动形式，也是一种文化，是中华民族传统文化中的瑰宝。武术产生于中国，中国传统文化孕育它成形，养育它成长，促使它不断发展、完善。

（二）显著的攻防技击特性

武术最初作为军事训练手段，与古代军事斗争紧密相连，其技击的特性是显而易见的。在实用中，其目的在于杀伤、制服对方，它常常以最有效的技击方法，迫使对方失去反抗能力。这些技击术至今仍在军队、公安中应用。武术作为体育运动，技术上仍不失攻防技击的特性，而且将技击寓于搏斗运动与套路运动之中。

搏斗运动集中体现了武术攻防格斗的特点，在技术上与实用技击基本上是一致的，但是，从体育的观念出发，它受到竞赛规则的制约，以不伤害对方为原则。因此，武术的搏斗运动具有很强的攻防技击特性，但又与实用技击有所区别。

套路运动是中国武术特有的表现形式，不少动作在技术规格、运动幅度等方面与技击的原形动作相比有所变化，但是动作方法仍然保留了技击的特性。因联结贯穿及演练技巧上的需要，套路运动穿插了一些不具有攻防技击意义的动作，然而就整套技术而言，仍然是以踢、打、摔、拿、击、刺等动作为主，这些是套路的技术核心。它的技击方法是极其丰富的，在散打、短兵中不宜采用的技术方法，在套路运动中都能够有所体现。

（三）内外合一、形神兼备的民族风格

讲究形体规范，在追求精神传意、内外合一整体观的同时融入民族文化精髓，是中国武术的一大特色。所谓内，指心、神、意等心志活动和气息的运行；所谓外，即手、眼、身、步等形体活动。内与外、形与神是相互联系统一的整体。

武术运动"内外合一，形神兼备"的特点主要通过功法和技法来体现。中国武术作为一种文化形式，在长期的历史演进中受到中国古代哲学、医学、美学等方面的渗透和影响，因而形成了独具民族风格的练功方法和运动形式。

（四）运动形式的多样性和广泛的适应性

武术的练习形式与内容丰富多样，有竞技对抗的散打、推手、短兵，有适应演练的各种拳术、器械、对练，还有与之相适应的各种功法。不同的拳种和器械有不同的动作结构、技术要求、运动风格和运动量，适合不同年龄、性别、体质的群众的需要，人们可以根据自己的条件和兴趣爱好进行选择性练习。同时，它对场地器材的要求较低，练习者可以根据场地的大小，变化练习内容和方式，即使没有器械也可以徒手练拳、练功。此外，武术运动受时间、季节的限制也很小，与其他体育运动项目相比，具有更为广泛的适应性，这是中华武术运动能在民间历久不衰的重要因素。

三、武术运动的核心素养

武术是以身体运动为前提的技击表现形式，其能力的高低与身体素质的强弱密切相关，在攻防对抗的招式变化中若身体不能运行自如，其招法必不能通畅。在攻防对抗中要

借助于身体运动，根据对手的动作变化在一定时间、空间内迅速、连贯、准确地操控着身体的反应、灵敏、速度、力量、平衡等身体素质能力，以追求动如脱兔、动转若猴等运动能力。技理法中含"虚与实、动与静、刚与柔、进与退"等对立阴阳辩证表现，以身体灵活转换调整应敌招式；如动攻静守、避实就虚、声东击西、攻其不备、出其不意等，形成武术"练有定规，用无定法"之谚语，其技、理、法之间相互联系、转化，实现其战术思维的无定之用法，既能利关节、强筋骨、壮体魄，又能理脏腑、通经脉、调精神。

武术在历史发展中不断摄入、囊括诸多文化精髓，譬如儒家"己所不欲，勿施于人""点到为止"的仁爱思想，以及"不偏不倚"追求适宜的中庸思想；道家"后发制人""顺势而为"的规律法则；兵家"知己知彼，百战不殆"等文化思想的嵌入实现了技击与文化的高度融合，构成了锻炼行道、练以成人的传统文化教育内涵。通过武术技击的对抗，学生直面对手的招式进攻，其胜败皆取决于自身，蕴含挫折与自信、胆怯与勇敢、优柔与果断等多重对立性情感体验，构成了一种聚合多维的素质教育价值。在中国历史上涌现出诸多舍生取义、以身报国的武侠之士，如岳飞、戚继光、霍元甲等人，他们的爱国思想与行为被武术人所崇敬与效仿，成为凝聚中华民族力量的情感纽带。"尚武精神"利于唤醒学生内心深层的"英雄"梦，践行英雄精神（如心存仁爱、维系正义等），培养健全的人格。

第二节　武术运动基本技术

一、拳术基本动作

（一）基本手型

1. 拳

四指并拢卷握，拇指紧扣食指和中指的第二指节，拳面要平，拳握紧（图13-1）。

拳　　　掌　　　勾

2. 掌

四指并拢伸直，拇指弯曲紧扣于虎口处（图13-2）。

3. 勾

五指第一指节捏拢在一起，屈腕（图13-3）。

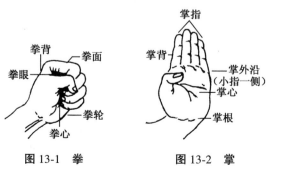
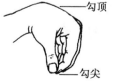

图13-1　拳　　　图13-2　掌　　　图13-3　勾

（二）基本手型动作练习

1. 冲拳练习

（1）预备姿势：两脚左右开立，与肩同宽，两拳抱于腰间，肘尖向后，拳心向上。

（2）动作说明：挺胸、收腹、立腰，右拳从腰间向前猛力冲出，转腰、顺肩，在肘关节过腰后右前臂内旋，力达拳面；臂要伸直，高与肩平，同时左肘向后牵拉，（图13-4）。练习时左右可交替进行。

图 13-4　冲拳　　　　冲拳

（3）要点：出拳要快速有力，要有寸劲（即爆发力）；还要做好拧腰、顺肩、急旋前臂的动作。

（4）练习步骤：先慢做，不要用全力，注意动作的准确性，然后再过渡到快速有力；结合各种步型、步法和腿法做冲拳练习。

2. 架拳练习

（1）预备姿势：与冲拳相同。

（2）动作说明：右拳向下、向左、向上经头前向右上方划弧并在右前上方架起，拳眼向下，眼看左方（图13-5）。练习时左右交替进行。

图 13-5　架拳

（3）要点：松肩、肘微屈、前臂内旋。

（4）练习步骤：先慢做，不要用全力，着重体会动作路线，然后再逐渐加力；结合步型、步法与手法练习（如做马步架打）。

3. 推掌练习

（1）预备姿势：与冲拳同。

（2）动作说明：右拳变掌，前臂内旋，并以掌根为力点，向前猛力推出。推击时要转腰、顺肩，臂要伸直，高与肩平，同时左肘向后牵拉（图13-6）。练习时左右交替进行。

图 13-6　推掌　　　推掌

（3）要点：挺胸、收腹、直腰，出掌要快速有力，有寸劲；同时还要做好拧腰、顺肩、沉腕、翘掌等动作。

（4）练习步骤：与冲拳同。

4. 亮掌练习

（1）预备姿势：与冲拳同。

（2）动作说明：右拳变掌，经体侧向右上方划弧，至头部右前上方时抖腕亮掌，臂成弧形；掌心向上，虎口朝前，眼随右手动作转动，亮掌时注视左方（图13-7）。练习时左右手交替进行。

图 13-7　亮掌

（3）要点：抖腕、亮掌与转头要同时完成。

(4) 练习步骤：开始练习时，可用信号或语言提示，使抖腕、亮掌与转头一致；结合手法与步型进行练习（如"仆步亮掌"等）。

(三) 基本步型及动作练习

武术的基本步型有弓步、马步、虚步、仆步、歇步等几种。

1. 弓步练习

(1) 预备姿势：并步直立抱拳。

(2) 动作说明：左脚向前一大步（为本人脚长的4~5倍），脚尖微内扣，左腿屈膝半蹲（大腿接近水平），膝与脚尖垂直；右腿挺膝伸直，脚尖内扣（斜向前方），两脚全脚着地；上体正对前方，眼向前平视，两手抱拳于腰间（图13-8）。弓左腿为左弓步，弓右腿为右弓步。

图13-8　弓步　　　弓步

(3) 要点：前腿弓，后腿绷；挺胸、塌腰、沉髋；前脚同后脚形成一直线。

(4) 练习步骤：左右弓步交替练习；原地保持弓步姿势不动，加做左右冲拳或推掌练习；左右弓步可交替练习。行进间练习左弓步冲右拳再上步接右弓步冲左拳。这样连续进行，逐步延长练习时间。

2. 马步练习

(1) 预备姿势：并步直立抱拳。

(2) 动作说明：两脚平行开立（约为本人脚长的3倍），脚尖正对前方，屈膝半蹲，膝部不超过脚尖，大腿接近水平，全脚着地，身体重心落于两腿之间，两手抱拳于腰间（图13-9）。

(3) 要点：挺胸、塌腰，脚跟向外蹬。

图13-9　马步　　　马步

(4) 练习步骤：原地做马步蹲起练习，即蹲马步和站立交替练习，还可做马步左右冲拳或推掌练习，行进间练习。连续上步做马步架打练习。逐步延长练习时间。

3. 虚步练习

(1) 预备姿势：并步直立叉腰。

(2) 动作说明：两脚前后开立，右脚外展45°，屈膝半蹲，左脚脚跟离地，脚面绷平，脚尖稍内扣，虚点地面，膝微屈，重心落于后腿上；两手叉腰，眼向前平视（图13-10）。左脚在前为左虚步，右脚在前为右虚步。

(3) 要点：挺胸、塌腰，虚实分明。

图13-10　虚步　　　虚步

(4) 练习步骤：可先手扶一定高度的物体进行练习，或先把姿势放高一些，然后逐渐按规格要求做正确的动作，逐渐延长练习时间。可结合手型、手法练习，如做"左虚步勾手挑掌"跳转成"右虚步勾手挑掌"。可左右跳换做。

4. 仆步练习

（1）预备姿势：并步直立抱拳。

（2）动作说明：两脚左右开立，右腿屈膝全蹲，大腿和小腿靠紧，臀部接近小腿，右脚全脚着地，脚尖和膝关节外展；左腿挺直平仆，脚尖里扣，全脚着地；两手抱拳于腰间；眼向左方平视（图13-11）。仆左腿为左仆步，仆右腿为右仆步。

图 13-11　仆步　　　　仆步

（3）要点：挺胸、塌腰、沉髋。

（4）练习步骤：参看虚步的练习步骤。加手型、手法练习，如做"仆步勾手亮掌"，行进间连续做"仆步穿掌"。

5. 歇步练习

（1）预备姿势：并步抱拳。

（2）动作说明：两脚交叉靠拢全蹲，左脚全脚着地，脚尖外展，右脚前脚掌着地，膝部贴近左腿外侧，臀部坐于右腿接近脚跟处；两手抱拳于腰间；眼向左前方平视（图13-12）。左脚在前为左歇步，右脚在前为右歇步。

图 13-12　歇步　　　　歇步

（3）要点：挺胸、塌腰、两腿靠拢并贴紧。

（4）练习步骤：参看虚步的练习步骤。交替做左右歇步，并增加手法，如左右穿手亮掌。

（四）基本躯干动作及练习

武术的基本躯干动作是指肩部动作、腿部动作和腰部动作，常称肩功、腿功和腰功。

1. 压肩练习

（1）预备姿势：面对肋木（或一定高度的物体）站立，距离一大步，两脚左右分开，与肩宽或稍比肩宽。

（2）动作说明：两手抓握肋木，上体前俯（挺胸、塌腰、收髋）并做下振压肩动作。利用肋木压肩时，也可以由另一人骑坐在练习者背上，随着练习人的下振动作，有节奏地给以助力；也可以两人面对面站立，互相扶按肩部，做体前屈的振动压肩动作（图13-13）。

（3）要点：两臂、两腿要伸直，振幅应逐步加大，压点集中于肩部。增加助力时应由小到大。

图 13-13　压肩

2. 压腿练习

（1）正压腿练习。

① 预备姿势：面对肋木或一定高度的物体，并步站立。

② 动作说明：左腿提起，脚跟放在肋木上，脚尖勾起，踝关节屈紧，两手扶按膝上；两腿伸直、立腰、收髋，上体前屈，并向前、向下做振压动作。练习时左右腿交替进行。

图 13-14　正压腿

③ 要点：直体向前、向下压振；逐渐加大振幅，逐步提高腿的柔韧性；先以前额、鼻尖触及脚尖，然后过渡到下颚触及脚尖（图 13-14）。

④ 练习步骤：集体压腿时，可在统一口令下有节拍地进行，压至有疼痛感觉时可停住不动，进行耗腿练习，压腿与耗腿可交替进行；压腿前应先做下肢屈伸、摆动等动作，把肌肉和关节活动开；压腿后可把被压的腿屈膝抱在胸前，然后松开做"控腿"练习，以提高腿部的控制能力；压腿后可交替进行摆、压、踢或压、搬、控、踢等。

（2）侧压腿练习。

① 预备姿势：身体侧对肋木或一定高度的物体，右腿支撑，脚尖稍外展。

② 动作说明：左腿脚跟搁在肋木（高物体）上，脚尖勾起，踝关节紧屈，右臂屈肘上举，左掌立于右胸前；伸直两腿、直腰、松髋，上体向左侧振压，练习时左右交替进行。

③ 要点：与正压腿的①、②相同；逐步过渡到上体侧卧在被压腿上（图 13-15）。

图 13-15　侧压腿

④ 练习步骤均与正压腿相同。

（3）仆步压腿练习。

① 预备姿势：成左（右）仆步，两手分别抓握侧脚外侧。

② 动作说明：身体上下振压，使臀部贴近地面；接着右脚蹬地，右腿伸膝，重心左移，左膝弯曲，转成右仆步，身体上下振压，使臀部贴近地面（图 13-16）。

图 13-16　仆步压腿

③ 要点：挺胸、塌腰、全脚着地、被压腿伸直、脚尖里扣；振压和左右变换仆步时，上下幅度不宜过大。

3. 腰功练习

（1）前俯腰练习。

① 预备姿势：并腿直立，两手手指交叉于体前。

②动作说明：直臂上举，手心向上，抬头挺胸，眼视双手；上体前俯向下振压若干次，两手尽量贴地；两手松开，抱住两腿跟腱，逐渐使胸部贴近腿部，持续一定时间，然后向左（右）转体，两手手指交叉在脚外侧贴触地面（图13-17）。

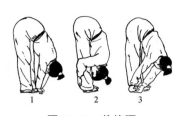

图13-17　前俯腰

③要点：直腿、挺胸、塌腰、收髋，并向前折体。

（2）甩腰练习。

①预备姿势：两脚左右开立，略宽于肩，双臂自然下垂。

②动作说明：两臂上举，掌心向前，上体前屈向后猛甩，两臂随之后振，两腿伸直（图13-18）。

③要点：抬头、挺腰、充分展体，动作紧凑而有弹性。

二、拳术基本动作组合

（一）手型变换

图13-18　甩腰

1. 预备姿势

直立抱拳。

2. 动作说明

（1）两拳臂内旋向前冲出，拳心向下，眼看前方（图13-19）。

（2）两拳变掌，由前向下经两侧直臂绕至头上方，掌心向上，指尖相对，抬头挺胸，眼看指尖。

（3）两掌向两侧下落变勾至侧平举，勾尖向下，眼看前方。

（4）还原成预备势。

图13-19　手型变换

3. 要点

直臂绕环，抬头挺胸。

（二）五种步型的组合（简称《五步拳》）

1. 动作过程

弓步冲拳—弹腿冲拳—马步架打—歇步盖打—仆步穿掌—虚步挑掌。

（1）预备姿势：并步抱拳（图13-20）。

（2）弓步冲拳：左脚向左迈出一步，成弓步；同时左手向左平搂并收回腰抱拳，右拳向前冲出成平拳，拳心向下，目视前方（图13-21）。

（3）弹腿冲拳：重心向前移，右腿向前弹踢，同时左拳由腰间向前冲出成平拳，拳心向下；右拳收回腰间，目视前方（图13-22）。

（4）马步架打：右脚落地向左转体90°，两脚下蹲成马步；同时左掌向上横架头上，右拳由腰间向右冲出，拳心向下；头向右转，目视右前方（图13-23）。

图 13-20　并步抱拳　　　图 13-21　弓步冲拳　　　图 13-22　弹腿冲拳　　　图 13-23　马步架打

（5）歇步盖打：身体向左转 90°，左脚向右腿后插一步，同时右掌经头上向左下压，左拳收回腰间，目视右手；上动不停，下蹲成歇步；同时左拳向旁冲出，拳心向下，右拳收回腰间，目视左拳（图 13-24）。

（6）仆步穿掌：两腿起立，身体左转，随即左拳变掌，手心向下，右拳变掌，手心向上，由左手背上穿出；同时左腿提膝，左手顺势收回右肩前，目视右手；左脚落地成仆步，左手掌指朝前沿左腿内侧穿出，目视左掌（图 13-25）。

（7）虚步挑掌：左腿屈膝前弓，右脚蹬地向前上步成右虚步；同时左手向上、向后划弧成正勾手，略高于肩；右手由后向下、向前顺右腿外侧向上挑掌，掌指向上，高与肩平，目视前方（图 13-26）。继续练习，动作相同，方向相反。

（8）收势：左脚向右脚靠拢，并步抱拳（图 13-27）。

图 13-24　歇步盖打　　　图 13-25　仆步穿掌　　　图 13-26　虚步挑掌　　　图 13-27　收势

2. 练习步骤

（1）先分解动作，再按要点进行反复练习。

（2）进行组合练习。练习时，强调眼随手、身随步、步随势换，逐步做到手、眼、身、步法协调一致。

第三节　武术运动套路

一、初级拳

初级拳是进行长拳基础训练的拳术。其特点是动作舒展，刚健飘洒，快速敏捷，节奏鲜明。

初级拳内容丰富，步型有弓步、马步、仆步、歇步、虚步等；手型有拳、掌、勾；手法有冲拳、砸拳、架拳和推掌、摆掌、撩掌、挑掌、亮掌、按掌、穿掌等；肘法有顶肘；腿法有屈伸性、直摆性击响腿法；跳跃有大跃步前穿、腾空飞脚等。全套分四段，除起势和收势，由 36 个动作组成。其套路动作的运行路线是直来直往，进退、起落、转折基本上在一条直线上，它以快速移动的步法、灵活多变的手法，配合起伏转折、蹿蹦跳跃和造型优美的定势动作，一气呵成，给人以明快、大方、干净利落的美感。

该拳从起势到收势，基本上是沿着由简到繁、由易到难的顺序安排的。它要求姿势工整，方法准确。

（一）初级拳动作名称

1. 起势
（1）预备； （2）高虚步上撑掌。

2. 第一段
（1）弓步冲拳； （2）蹬腿冲拳；
（3）顺弓步冲拳； （4）并步砸拳；
（5）马步上架冲拳； （6）上步弓步推掌；
（7）弓步双摆掌； （8）弓步勾手撩掌；
（9）斜拍脚； （10）弓步上架推掌。

3. 第二段
（1）转身盖掌弓步冲拳； （2）提膝推掌；
（3）大跃步前穿； （4）弓步连环冲拳；
（5）右拍脚； （6）弓步顶肘；
（7）转身弓步撩掌； （8）高虚步亮掌。

4. 第三段
（1）弓步架冲拳； （2）提膝挑掌；
（3）击步腾空飞脚； （4）仆步穿手亮掌。

5. 第四段
（1）弓步摆掌； （2）丁步摆掌；
（3）上步里合腿； （4）弓步勾手推掌；
（5）转身左拍脚； （6）右拍脚；
（7）腾空飞脚； （8）弓步架冲拳；
（9）转身歇步推掌； （10）退步抡臂仆步拍脚；
（11）弓步上架冲拳； （12）提膝上架；
（13）并步砸拳； （14）虚步架栽拳。

6. 收势
（1）弓步双穿掌； （2）并步按掌。

(二) 初级拳动作图示

提膝上架 并步砸拳　　虚步架裁拳　　　弓步双穿掌　　　并步按掌

（三）长拳基本技法要求

1. 手法

长拳对手法的要求是"拳似流星"，要敏捷、有力。因此，必须松肩活肘，使肩、肘、腕等关节在运动的时候力求松活。长拳强调的"手法快捷"并不是杂乱无章、盲目地追求快速，而是要在不减小幅度、具有一定的节奏感的前提下求快。

2. 眼法

长拳要求"眼似电"，要明快、锐利。长拳强调"眼随手动，目随势注"，在活动性动作中随着手法像流星一样迅速、敏捷、有力，眼睛配合手法的运动或左或右，或上或下，和身体形态一起表现出长拳的意向或神韵。

3. 身法

武术运动中，躯干的运动方法称为身法。长拳身法运用的一个总要求是"腰如蛇行"，根据攻防含义的要求而轻快灵活地进行身法的伸缩、俯仰、拧转、闪翻、吞吐等变化。在运动中，身法以灵活为主，注重以腰为主宰，切忌僵板生硬。运用身法的关键，又在于身法自然。

4. 步法

武术运动中，脚步按照一定规则移动和变换方向的方法称为步法。长拳对步法的要求是"步赛黏"，武术运动中身体的前进后退、左右闪展，动作的伸缩和拧转都需要步法来完成。步法沉稳是动作平衡的根本，步法快疾是动作迅猛的保证，步法灵便是动作敏捷的基础。

5. 精神

长拳的精神是指内在的精神状态。运动时要求精神贯注而饱满。脸部应该是"含而不露，神态舒展"，表现出勇敢、机敏、无所畏惧的气概，切忌横眉怒目、咬牙切齿、咧嘴等怪相。

6. 呼吸

"气宜沉"是长拳呼吸的主要方法，除此之外，还有"提、托、聚、沉"，要根据动作不同灵活运用。例如，在跳跃时应用"提法"，在平衡动作时应用"托法"，在发力时应用"聚法"，在由高姿势动作进入低姿势动作或快速动作进入静止动作时应用"沉法"。

7. 劲力

长拳对劲力的要求是"力要达"。用力顺达必须动作放松，用力顺序正确。这需要从"三节"着手：以上肢来说手是梢节，肘是中节，肩是根节；以下肢来说脚是梢节，膝是中节，胯是根节。上肢动作必须是"梢节起、中节随、根节追"，三节均动，劲力才能顺达。而下肢的弹腿、蹬腿等动作，必须是"起于根、顺于中、达于梢"，三节贯通。在上、下肢动作互相牵涉的动作，必须使脚、膝、胯的力量，通过腰为媒介，从"送肩、顺肘"而传递到手或拳，使上下六部贯通起来，上下的劲力顺成一股劲。用力时，关键不在于力的大小，而在于顺与不顺。

8. 节奏

节奏是指套路中的动静快慢的处理。长拳以12种形象生动的事物来比喻、规范技术动作的12种动静之势，要求：动如涛、静如岳、起如猿、落如鹊、立如鹤、站如松、坐如钟、斩如弓、轻如叶、重如铁、缓如鹰、快如风。

二、二十四式简化太极拳

太极拳动作徐缓、轻灵、刚柔相济，有掤、捋、挤、按、采、列、肘、靠、前进、后退、左顾、右盼、中定等技法。其特点为轻松柔和，连贯均匀，圆活自然，协调完整。

（一）二十四式简化太极拳动作名称

（1）起势；　　　　　　（2）左右野马分鬃；
（3）白鹤亮翅；　　　　（4）左右搂膝拗步；
（5）手挥琵琶；　　　　（6）左右倒卷肱；
（7）左揽雀尾；　　　　（8）右揽雀尾；
（9）单鞭；　　　　　　（10）云手；
（11）单鞭；　　　　　 （12）高探马；
（13）右蹬脚；　　　　 （14）双峰贯耳；
（15）转身左蹬脚；　　 （16）左下势独立；
（17）右下势独立；　　 （18）左右穿梭；
（19）海底针；　　　　 （20）闪通臂；
（21）转身搬拦捶；　　 （22）如封似闭；
（23）十字手；　　　　 （24）收势。

太极拳（上）

太极拳（下）

（二）二十四式简化太极拳动作图示

起势(1)　　(2)　　(3)　　(4)　　左野马分鬃(1)　　(2)

第二部分 实践教学篇·第十三章 武术运动

(4)　　(5)　　(6)　　左下势独立(1)　　(2)

(3)　　(4)　　(5)　　(6)　　(7)

右下势独立(1)　　(2)　　(3)　　(4)　　(5)

(6)　　(7)　　左穿梭(1)　　(2)　　(3)

(4)　　(5)　　(6)　　右穿梭(1)　　(2)

(3)　　(4)　　(5)　　海底针(1)　　(2)

167

（三）太极拳技术要求

1. 虚灵顶劲

顶劲就是头部正直，神贯于头顶。头颈不可用力，否则颈部僵硬，气血不能通流；有虚灵自然之意，否则不能提起精神。

2. 含胸拔背，气沉丹田

含胸就是胸部略内含，使气沉于丹田。胸忌挺出，挺出则气上浮于胸际，上重下轻，则重心不稳。拔背有利于气贴于背。能含胸则自能拔背；能拔背，则能力由脊发，所向无敌。

3. 松腰

腰为身体的中枢，连贯上下肢。能松腰，则虚实变化，劲力收发，都可由腰带动，所谓"命意源头在腰际"或"主宰于腰"。

4. 虚实分明

太极拳术讲究虚实分明。若全身坐在右腿上，则右腿为实，左腿为虚；若全身坐在左腿上，则左腿为实，右腿为虚。虚实分明，则转动轻灵，毫不费力；如虚实不分，则迈步重滞，自立不稳，容易为他人所牵动。

5. 沉肩坠肘

沉肩就是肩松开下沉。如两肩抬起，则气随之而上，全身皆不得力。坠肘就是肘关节往下松垂。肘关节若悬起，则肩不能沉，不利于发力，放力不远。能沉肩坠肘，则可以产生一种内劲，其外似软绵，内实坚刚，犹如"绵里藏针"。

6. 用意不用力

练习太极拳，要求全身松开，不能有一点僵劲，要柔，柔则能轻灵变化，转动自如。如浑身僵劲，则气血停滞，转动不灵，牵一发而动全身。若不用力而用意，即意到，气也到。如果气血运行流畅，久久练习，则能得真正内劲，即太极论中所云："极轻灵，然后能坚刚也。"太极功夫纯熟之人，臂膊如棉裹铁，分量极沉。练外家拳者，用力则显得有力，不用力时，则显得轻浮。

7. 上下相随

所谓上下相随，即太极论中所云："其根在脚，发于腿，主宰于腰，形于手指，由脚而腿而腰，总须完整一气也。"手动、腰动、足动，眼神也随之而动，这样才称为上下相随。

8. 内外相合

太极拳所练在神，有云："神为主帅，身为躯使。"精神能提得起，自然举动轻灵，太极拳架不外乎虚实开合。所谓"开"，不但手脚开，心意亦与之俱开；所谓"合"，不但手足合，心意亦与之俱合。如能内外合为一气，则浑然至坚矣。

9. 势势相连，绵绵不断

外家拳术，其劲力乃后天练习而成，故有起有止，有续有断，旧力用尽，新力未生，此时最容易为他人所利用。太极拳讲究用意不用力，自始至终，绵绵不断，周而复始，循环无穷。

10. 动中有静，势势均匀

太极拳轻灵徐缓，虽动犹静，即动中有静，静中有动。所以练太极拳架子时，越慢越好。慢则呼吸深长，能气沉丹田，周身放松。练习时要求保持均匀的速度，不能忽快忽慢。练习者应细心体会，才能真正领会太极拳之奥妙。

第四节　散打与防身术

一、散打运动

散打是中国武术的重要组成部分，最能体现竞技体育的特点，它是以踢、打、摔、拿四击为基本素材，以两人对抗，按照攻、守、进、退、还击及反还击为运动规律的技击运动。

尽管散打运动的技术性要求很高，风险较大，但只要通过系统的学习训练，掌握合理、正确的武术技击手段，就可以帮助练习者提高自身的身体素质和机能水平，增强攻防格斗的技能、技巧，提高自身防卫的能力，培养勇敢顽强、灵活机智、沉着果断的意志品质。

（一）散打基本技术

散打的基本技术是指散打运动员在实战中完成进攻与防守动作的方法，是散打运动员竞技能力、水平的重要因素。根据动作的组成，可将散打技术大致分为单个动作技术和组合动作技术两大类。

1. 基本拳法

拳法具有速度快和灵活多变的特点，它能以最短的距离、最快的速度击中对手，掌握得好，可神出鬼没地给对手构成很大的威胁，常用于攻击对手头、颈、腹、肋和裆等部位。拳法包括直拳、摆拳、勾拳。

（1）左直拳。以右实战姿势开始（以下除另有说明，都以右实战姿势开始），右脚蹬地，身体重心微向左脚移动；同时，上体略向右拧，左肩前顶，左拳边内旋边向前直线冲出；在击打目标的一瞬间，拳头突然握紧，力达拳面；右拳自然收护于下颌前（图13-28）。拳击打后，迅速弹回并恢复成实战姿势。

要点：出拳不能向后引臂；劲力以蹬地、拧体、顶肩直达拳面；快击快攻（切勿停顿），迅速还原。

图13-28　左直拳

用途：左直拳是进攻技术中最主要的动作之一，它可以结合身体的高低姿势或左右闪躲，击打对手的头、胸等腰以上的要害部位。

（2）右直拳。动作方法同"左直拳"，只是左右相反。

要点：同"左直拳"。此外，在击打过程中身体不可过分前俯，注意保持身体平衡。

用途：右直拳是一种力量大、打击狠的重拳，运用得当，常可取得"一拳定乾坤"的效果。它的作用与"左直拳"基本相同。

（3）左摆拳。上体微向右拧转，同时左拳向左斜前、向前、向右前方弧线横摆，摆出后左臂微屈，接近目标时手腕内旋，使拳面击向目标，击中时拳头骤然握紧，右拳自然收护于下颌前（图13-29）。拳击打后，迅速恢复成实战姿势。

图13-29　左摆拳

要点：摆拳时不能向后引臂，肘尖与肩平齐，不可掀肘；击打要借助身体向右拧转的力量。

用途：左摆拳是一种横向进攻型动作，可结合身体的高势或低势打击对手的身体侧面；上盘可打太阳穴、下颌骨侧面，中盘可打腰、肋等部位。

（4）右摆拳。动作方法同"左摆拳"，只是左右相反。

要点：蹬地内扣、身体拧转、摆拳发力要协调一致；击打要借助身体向左拧转的力量。

用途：右摆拳运动路线较长，是一种力量大、打击狠的重拳。它的作用与"左摆拳"基本相同。

（5）左勾拳。重心略下沉，左脚蹬地，上体缩胸、收腹并向右拧转；同时左拳边外旋边由下向前上方勾击目标，力达拳面；击出时，左上臂与前臂弯曲成小于90°的夹角；右拳自然收护于下颌前（图13-30）。拳击打后，迅速恢复成实战姿势。

图13-30　左勾拳

要点：重心下沉，左脚蹬地，上体向右拧转是为了加大勾拳的打击力量，这三个环节的动作要连贯流畅，劲力由下至上。

用途：左勾拳适用于近距离的攻击，与对手短兵相接时，攻击对手的胸、腹部或下颌部。

（6）右勾拳。右脚蹬地扣膝合胯，身体向左拧转；其他动作方法同"左勾拳"，但左右相反。

要点：要借助右脚蹬地、扣膝合胯、身体拧转的助力击打目标，用力要顺达。

用途：右勾拳是近距离作战的重武器之一，作用与"左勾拳"基本相同。

2. 散打肘法

武林有"宁挨十手，不挨一肘"的说法，足见肘法的击打威力之巨大。肘法一般在近距离实战的情况下运用，常用于击打对手躯干及头部。肘法在正式比赛中禁用。

（1）顶肘。以左顶肘为例，以右实战势开始（下同）。上体微右转，含胸扣肩，左肘抬起盘于胸前，拳心朝下；随即左脚向前进一大步，右脚跟滑半步，同时拧腰展胸，开肩发力，以肘尖为力点直线向前顶撞；右手推顶左拳面以助长发力。顶肘后，迅速恢复成实战姿势。

（2）横击肘。以右横击肘为例，右脚蹬地，身体向左拧转；右臂屈肘夹紧，拳心朝下向右侧水平抬起，随体转之势以肘关节前臂端为力点向左前方横向击打；左拳自然收护于下颏前。击肘后，迅速恢复成实战姿势。

要点：肩要松，充分利用腰的力量，以腰带肩、带肘发力。

用途：适用于近距离作战或贴身"肉搏战"，可重创对手的头部、肋部或腹部。

（3）砸肘。以左砸肘为例，左臂屈肘夹紧；随即以肘尖为力点由上垂直向下砸肘，同时上体微向右拧转，左腰部侧屈，重心下沉以助劲力；右手不动。砸肘后，迅速恢复成实战姿势。

要求：下砸时手臂用力、腰侧屈、重心下沉要协调一致，聚力于肘尖。

用途：当对手俯身抱你腰、腿时，下砸攻击其头部和背部。

3. 基本腿法

拳谚云："手是两扇门,全凭腿打人。"腿的攻击幅度大,动作猛,力度大,具有强大的攻击力。腿法一般在中、远距离的情况下运用,常用于击打对手的头部、躯干、裆部和下肢。

(1) 前蹬腿。以右前蹬腿为例。重心前移,左腿支撑蹬直,脚尖微外展;右腿屈膝、勾脚尖向上提起,随即右腿以脚跟为力点迅速向前直线蹬出,同时髋关节前送(图13-31)。前蹬后,迅速恢复成实战姿势。

图13-31　右前蹬腿

要点:屈膝抬腿时,大腿尽量抬高贴近胸部;抬腿、发力、送髋一气呵成。

用途:主要用于攻击对手的胸部、腹部及裆部。

(2) 侧踹腿。以左侧踹腿为例。右腿微屈支撑重心,脚尖外展;左腿屈膝提起,脚掌内扣;随即左腿由屈到伸以全脚掌为力点向前方踹出(图13-32)。踹腿后,迅速恢复成实战姿势。

图13-32　左侧踹腿

要点:上体、大腿、小腿、脚掌与进攻目标要成一条直线,踹出时一定要以大腿带动小腿直线向前发力。

用途:主要用于攻击对手的头、颈、胸、肋、腰等部位。

(3) 正弹腿。以左正弹腿为例。右腿支撑身体重心,左腿屈膝向前上提,脚面绷平;动作不停,左腿由屈到伸,大腿带小腿以脚背为力点向前弹出(图13-33)。鞭踢后,左腿迅速收回,恢复成实战姿势。

图13-33　左正弹腿

要点:提腿、屈膝与弹出连贯一致,不要停顿,要快弹快收。

用途:主要用于弹踢对手的裆部。

(4) 鞭腿。以右侧鞭腿为例。重心前移,左腿直立支撑或稍屈,脚尖外展;右腿屈膝展髋,大、小腿折叠,侧向提起,脚面绷平;动作不停,右腿边侧抬边由屈到伸,大腿带小腿以脚背为力点从右向左前横弹;上体直立或侧倾(图13-34)。弹踢后,迅速恢复成实战姿势。

图13-34　右侧鞭腿

要点:击打目标时,主要靠以膝关节为轴心的小腿鞭弹动作。因此,要注意膝关节内扣,小腿内旋,脚背绷平对准目标。

用途:用于踢打对手的头、颈、胸、腹、肋等部位;低侧弹腿还可以攻击对手的大腿和膝关节。

4. 散打膝法

膝关节极其坚硬，用于攻击时具有很大的杀伤力。一般在实战中与对手距离近的情况下运用，常用来打击敌方的躯干、裆等部位。

（1）顶膝。以右顶膝为例。从右实战姿势开始（下同）。重心前移，左腿支撑站立；右腿屈膝上提，含胸收腹，以膝关节上部为力点向前上方猛力顶击；同时，两手由上向下做拉拽或按压动作（图13-35）。顶膝后，迅速恢复成实战姿势。

图13-35　右顶膝

要点：收腹、提膝与双手向下拉拽相向用力，使劲力聚集于打击目标上。

用途：主要用于攻击对手的裆、腹及头等要害部位。

（2）横撞膝。以右横撞膝为例。左腿向左斜前上一步，重心前移，左腿微屈支撑，上体微向左侧倾；右腿屈膝、展髋侧抬起，随即身体向右拧转、合髋，两手向后拉拽，右腿以膝关节上部为力点由右向左前划弧横向击出（图13-36）。撞膝后，迅速恢复成实战姿势。

图13-36　右横撞膝

要点：大、小腿夹紧并尽量平抬，将膝关节突出，撞击时，拧腰、合髋、双手后拽，协同发力。

用途：对手正对时，侧闪后横撞对手胸腹部；对手侧对时，侧闪后攻其肋部。

（二）散打基本战术

散打实战或比赛，不仅是搏手双方技术水平的对垒，而且是心理意志和智慧的较量。散打的战术，就是合理组织和运用各种技术方法，充分发挥自己身体机能和技术特长，争取实战或比赛最终胜利的艺术。

战术和技术是相辅相成的，技术是战术的基础，只有熟练地掌握了各种技术、技巧，才能灵活有效地组织和运用各种战术。战术是技术的灵魂，离开了各种战术的合理组织和应用，任何高超的技术都将失去其应有的攻击威力。战术在实战或比赛中作用重大。从一定意义上讲，若掌握了灵活巧妙的战术，也就把握了通向胜利之门的金钥匙。

1. 主动抢攻

主动抢攻，是指在对手注意力分散，没有防备或动作有漏洞、有预兆的情况下，主动快速地使用各种技术动作突然打击对手。这是一种"先发制人"的战术方法，可以起到先声夺人、压制对手气势和意志、牵制对手运动、破坏对手战术意图和掌握战斗主动权的作用。

2. 佯攻巧打

佯攻巧打，是指隐瞒自己的真实意图，利用各种假动作诱骗对手，转移并分散对手的注意力，从而实现真实的进攻。这是一种"声东击西"的战术方法。它的作用有二：其一，假动作使对手产生无效反应，延长反应时间，我方即赢得了进攻时间；其二，假动作使对手的注意力集中到某一部位，往往导致肢体和重心偏移，我方即赢得了攻击的机会。

3. 引蛇出洞

引蛇出洞，是指利用自己故意暴露的空当和破绽为诱饵，诱骗对手出击，自己则趁机伏击对手，实现预定的攻击。这是一种"诓骗诱敌"的战术方法。它的作用有二：其一，诱使对手贸然出击，暴露空当，我方即实现预定的防守反击的目的；其二，将对手诱入不利于发挥其长处的境地，我方则以己优势攻击。

4. 以逸待劳

以逸待劳，是指采取准确而严密的积极保护与防守的方法，防御对手的进攻，一旦得机得势，坚决还击。这是一种"后发制人"的战术方法。它的作用也有二：其一，致使对手重于进攻而疏于防守，漏洞百出；其二，消磨对手的气势和体力，最终导致"彼竭我盈"的势态。

二、常见自卫还击法

（一）对手用直拳击我头、胸部的自卫还击法

1. 拦格还击

如对手右直拳朝我头、胸部攻来，我用左小臂向外格挡其手腕部，同时用右直拳攻打其胸部（或脸部、喉结处）。

如对手左直拳朝我头、胸部攻来，我用右掌由里向外平拦其手腕，同时用左拳击打对方右肋或胃部。

2. 闪让还击

对手左直拳朝我头部攻来时，我左脚向右斜前方上半步，右脚跟移，以闪开对手攻击，使其左拳顺我左侧滑过，同时我左直拳击打对手胸腹部。

3. 以攻为守

当对手用左（右）拳向我头、胸部击来时，在闪躲的同时，我用直拳击其脸，或以重拳击打其胸腹，或以脚蹬、踹对手膝、胫骨。我必须快速击中对手，使对方中止进攻。关键是我还击路线要短于对手进攻路线，并且动作要快。

（二）对手用拳劈我头部的自卫还击法

对手用劈拳、砸拳击打我头顶时，其自卫还击法有以下几种。

1. 架打还击

对手用右拳朝我头顶攻来时，我以左小臂向上架其手腕或小臂，同时以右拳攻击其脸部或胸腹部。

2. 闪让还击

对手右拳朝我头部劈来时，我向左侧闪让，同时以右拳击打其胸、腹、肋部。

对手左拳朝我头部劈来时，我向右侧闪让，同时以左拳击打其胸、腹、肋部。

（三）右手腕被对方左手抓住时的解脱方法

1. 屈肘压腕

当我右手腕被对方左手抓住时，用左手掌按住对方的左手背，使虎口抓住对方左手的背腕部位；迅速屈右肘，然后左手抓住对方的左手随右拳朝怀里收，同时，抬右肘前移下压，用右肘关节压对方的肘关节，迫使对方伏地就擒。

2. 截掌勾腕

当我右手腕被对方右手从上方抓住时，我用左手掌按住对方的右手背，迅速屈右肘，然后我右手从对方右手外绕出，将翘起的右手掌拧腕外旋，侧屈腕内勾，用右手小指侧掌缘勾切在对方的右手尺骨侧腕关节缝上，并使身躯后坐，重心下沉，以增加勾腕力，使对方右腕被拧勾折，剧痛难忍，伏地就擒。

（四）对付持凶器者的自卫要点

如果对方持凶器攻来，首先要沉着冷静，不要慌张，要与对方保持一定距离，不能让对方击中。一旦抓住时机，要迅速钻入，靠近其身。这时，其器虽长但锋端已超离我身，而我的手、脚都处在有效的攻击距离内，可以通过按、托、格、拨其臂的方法，控制其兵械的运转，同时攻击其躯干和头部。钻靠近身时，要注意用闪让步，边闪边进。攻击对方时注意手脚配合运用。对付持凶器来犯者，还击要狠，不能手软。

例如，对方用右手持刀刺我胸时，我向左闪让，同时身体右转，使对方的刀锋沿我胸部滑过；同时，我迅速以右手抓住其右腕，控制其持刀的右手的动作变化，以左手或左脚还击对手。

（五）如何严防对手击裆

裆部是人体的要害部位之一，一旦被对方击中，即便是耻骨、会阴部受击，也会疼痛难忍，如果男性外阴被击中，轻者剧痛，重则休克。因此，与人搏斗时要严防在先，应注意以下几点。

（1）与人对敌时，两腿尽量不要横向分开对敌，两脚要前后站立，身体略右转（左脚在前），前脚脚尖及膝关节微内扣，使膝、胯有护裆之形。

（2）移动要灵活。在移动的过程中，保持重心平稳，步法灵活，如果对方起腿低，可用前脚进行阻截，或迅速向后退让，防止击中裆部。

（3）不要随便用后腿攻击，一旦用后腿攻击，起脚及收腿要快，要注意防对手乘空击裆。

三、女子防身术

女子防身术是女性以防身自卫为目的，根据女性生理特点，运用拳打、脚踢、摔打、擒拿等格斗技击方法来制服对方、保护自己的一项专门技术，它是一门综合性较强的斗智、斗勇、斗力的搏击技术。它把武术中各种适合实践应用的招法分离出来，经过摘编、加工、提炼、创造、完善，使其成为一套实用的搏击技术，并且具备简单、实用、易学、易记的特点。

（一）基本姿势

侧身是女子自卫与遭遇其他不测时必须首先采用的。道理很简单，只有侧身，才可能尽量少地暴露易遭攻击的部位。这种侧身是两腿一前一后，屈膝，脚掌着地，两手握拳一前一后（图13-37）。

（二）拳

手是最灵活的，在攻防格斗中，手的威力又最大，而手的攻击形式以拳为主。

1. 直拳

直拳又称冲拳，主要是直线用拳直接攻击对方面部和胸部（图13-38）。

2. 勾拳

勾拳又称抄拳，主要走弧线或直线，从下方用拳面击打对方腹部、下颌等（图13-39）。

3. 劈拳

劈拳是由上往下，以拳外背棱或指棱攻击对方面部的拳法（图13-40）。

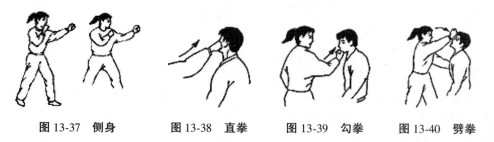

图13-37 侧身　　图13-38 直拳　　图13-39 勾拳　　图13-40 劈拳

4. 鞭拳

鞭拳是从左、右以拳背攻击对手头部的拳法（图13-41）。

（三）女子防身时手的用法

在练习中应懂得用拳攻击是自卫的一种方法。但拳是由手构建的。灵活运用手、运用拳需要在实战中根据具体情况变化运用，如手可变成虎爪、撮勾、单指、金剪指、双指、金铲指、倒夹等（图13-42），可用来戳击对方眼睛、咽喉、腋下等要害部位。

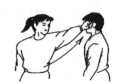

图13-41 鞭拳

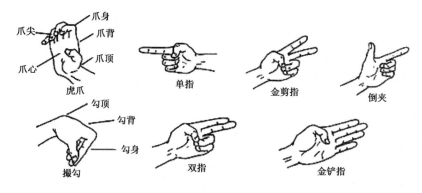

图13-42 防身时手的用法

（四）用掌、爪攻击面部、眼睛的技法

（1）被歹徒按压时，如手未被按压，可张开手掌，以掌根猛击歹徒鼻梁。轻者鼻血长流，重则可致昏厥。这一招在武术中叫迎面掌[图13-43(a)]。迎面掌到位后，张开的五指可以指甲贴其面抓下，武术中这一招叫"迎面贴金"，又叫"洗脸炮"[图13-43(b)]，轻则抓破眼睑，泪流不止，眼睛睁不开，重则伤及眼球。这一招虽不致命，但使用方便，乘歹徒一时丧失施暴能力，自卫者可及时逃脱。

（2）以一指或两指叉眼的方法在武术中叫"单放""双放""二龙戏珠"[图13-43(c)]。在被歹徒按压时，因为距离极近，歹徒又不防范，使用单指叉眼、双指叉眼[图13-43(d)]的技法是非常有效的。事实上，只要能叉中歹徒眼睛，并不拘泥于用单指还是双指，用五指也可，用双手双指也可，要视使用的熟练程度和当时两手自如情况而定。

（3）用大拇指勾托住对手下巴，以食指、中指尖插进对手眼球上部，掏瞎其双目，称为"鸿门设宴"［图 13-43（e）］。使用此招的前提是：暂时封住对方双手，最好利用地形环境等使其身体被控制住，双手不能救，身体不能脱逃，头部被大拇指固定跟随，处于被动挨打局面。这一招是毒中之毒的招法，但对凶狠的歹徒不必慈悲。

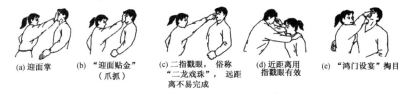

图 13-43　用手攻击面部技法

坐姿时被抓、被抱，甚至主动攻击，这些招法都可以使用；站姿时，只要身高差距不大，不致够不到歹徒面门，也可以使用。

（五）用肘攻击

肘法属于近距离击打技法。肘部的生理构造特点，使其击打力量较之其他手法（掌、拳等）要重、要狠，比较适于女性自卫。

1. 顶肘

肘部平抬，屈臂，肘尖向前，发力时蹬腿、送髋，同时，另一手上臂向另一侧产生一股伸张力。蹬腿、送髋、上臂猛伸张，三股力用好了，顶肘动作就完美了。顶肘以肘尖攻击，女性自卫时用以顶击对方腋下（图 13-44），效果最好。顶肘发力距离短，又无旋转助力，练习时难度大些。

2. 挑肘

前臂回收弯曲，肘尖由下向前上挑击；发力时蹬腿、旋转身体要领同直拳、勾拳，挑臂动作同勾拳（图 13-45）。挑肘可用于击打对方胸腹部。

图 13-44　顶肘

图 13-45　挑肘

3. 横肘

横肘动作主要是用两股力，一是蹬腿，二是旋转身体。上臂向前横移，实际上也是旋身之力的延长。横肘是以肘尖击打对方，适于攻击对方太阳穴、后脑、耳门、颈部及胸肋（图 13-46）等。

4. 砸肘

手臂上抬，肘尖朝前上方，砸击时身体迅速下沉，肘由上往下砸击。身体下沉与手臂砸击两股力合而为一。砸肘多用于对方抱腰、抱腿时砸击其后脑、腰部（图 13-47）。

图 13-46　横肘

5. 反手顶肘

手臂略上抬，身体迅速下沉（但幅度没有砸肘大），同时两肘向后顶击，力达肘尖。顶肘主要用于攻击背后之敌肋、腹部（图 13-48）。

6. 反手横肘

手臂平抬，蹬腿，身体旋转发力，同时手臂随旋转方向向后横向猛击，力达肘尖。

反手横肘主要用于攻击背后之敌面部、太阳穴等（图13-49）。

图13-47　砸肘　　　图13-48　反手顶肘　　　图13-49　反手横肘

（六）用膝攻击

膝的力量极大，用力量极大的膝攻击男性毫无承受打击能力的要害部位裆部，可说是杀鸡用了牛刀。以膝攻击裆部还有另外两个好处，一是距离短，保证攻击可以在瞬间完成；二是角度小，攻击准备和攻击过程很隐蔽。

用膝攻击距离一定要近，因为用膝与用腿不同，膝的攻击距离比大腿、小腿之和短了许多，如动作不到位或勉强到位，对手稍微弯腰一弓身就化解了。

1. 提膝

提膝又称顶膝，要领是膝、腿上抬，动作要猛，并以双手拉住对方帮助发力（图13-50）。提膝是女性用以攻击的利器，提膝时可用手帮助发力。

2. 侧撞膝

侧撞膝分为左侧撞膝和右侧撞膝。左侧撞膝是左膝上抬，由左向右侧撞击。动作要领：微倒身，扭髋内转，两手抓住对方帮助发力。右侧撞膝动作与左侧撞膝相反。

图13-50　提膝

（七）女子防身的适宜腿法

腿法可分为屈伸性腿法和直摆性腿法。直摆性腿法（如摆腿、后扫腿等）难度较大，未经长期特殊练习，不会有任何威力。考虑女生各方面的条件，还是用屈伸性腿法自卫比较合适。选用腿法有以下几种。

1. 蹬腿

蹬腿时，一腿支撑，一腿膝上抬，同时向前蹬出；脚尖要勾，力达脚跟；蹬腿时身体不可前后俯仰，要脆快有力，蹬出后迅即收回（图13-51）。

图13-51　蹬腿

2. 弹腿

一腿支撑，一腿提膝，同时膝关节由屈到伸，向正前方弹踢出腿；脚背绷直，力达脚背；弹踢时要脆快有力（图13-52）。

弹腿又可分为正弹腿、侧弹腿、低弹腿、中弹腿、高弹腿等。女性自卫一般多用正弹腿攻击裆部。

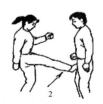

图13-52　弹腿攻击裆部

3. 踹腿

踹腿又可分为正踹腿、侧踹腿。

正踹腿：一腿支撑，一腿提膝稍上抬，上抬之腿脚尖外摆，向前下方猛力踹击，力达脚跟；正踹腿一般用于攻击对手胫骨（小腿骨）（图13-53）。

侧踹腿：先转体，一腿上抬，屈膝，勾脚尖，由屈到伸向侧踹击，力达脚跟。低侧踹腿可用于攻击对方胫骨（图13-54）膝关节；中侧踹腿可用于攻击对方裆部、腹部（图13-55）。

图13-53　正踹腿　　　　图13-54　低侧踹腿　　　　图13-55　中侧踹腿

（八）用头部攻击

以额头为武器攻击对方，在武术中称为头锋。虽然头部一般而言是要害薄弱部位，但头部也有坚实的区域，这就是前额。有人做过试验，人的前额能承受1 000千克的压力。徒手对前额攻击，如无特殊功力，一般都是攻击一方受伤。而以头锋击人，却颇见威力。

图13-56　头部攻击

头锋攻击，主要用于撞击对手面部和胸部（图13-56），一般而言，撞击面部效果较好。撞击面部要瞄准鼻梁三角区，千万不能撞在对方前额上，形成互伤。

（九）仰卧被按压时可采用的技法

倒地后易成仰卧姿势，被歹徒按压。这时歹徒可能站着，也可能跪着；可能坐着，也可能趴着；可能骑在女性身上，也可能卧靠在旁边，仅以上身压着仰卧者；可能抓领、抓肩、搂脖，也可能掐喉。但是，不管处于上述哪种情况，都要尽可能地采取攻其要害、一招制敌的方法。这时可能采取的直接攻击的方法有以下几种。

（1）如对方分跨于仰卧者身体站立，而俯身抓、掐、压制仰卧者，仰卧者可抬腿蹬击其裆部，要抬起腰、臀，用全身的力量猛蹬（图13-57）。

（2）如对方手肘抬起，露出腋下，可用掌夹、凤眼捶、勾手等技法猛击其腋窝（图13-58）。

图13-57　仰卧蹬击

（3）直接戳击对方眼睛和戳击对方咽喉，有意想不到的效果，因为这时距离很近（图13-59）。

（4）如果手臂未被压住，对方的手臂又未形成阻隔（多在抱胸、腰时），可用肘尖横击其太阳穴，且要用上腰腹之力、旋臂之力（图13-60）。

（5）如歹徒强行亲吻仰卧者，可抓住机会咬掉其鼻尖或舌尖（图13-61）。但要注意的是，被咬伤后的歹徒可能更丧心病狂。因此要在狠咬之后，趁其负痛一时发愣的机会，连续进攻，再对其要害部位实施攻击。

（6）以头锋撞其鼻梁，抬头要猛（图13-62）。

图13-58 掌夹、勾手击腋　图13-59 戳击　图13-60 肘尖横击　图13-61 狠咬　图13-62 头锋撞击

（十）被抱时采用的技法

1. 正面被抱

（1）肘击太阳穴。正面被对方抱腰，但手臂未同时被抱住，是以肘部攻击对方太阳穴的最好时机。一旦歹徒双手抱住你的腰，他的头部就全部暴露而失去防护了。这时，你可以佯装拒绝他的亲吻等，使上身后仰，造成攻击距离（图13-63）。接着猛然收腹、旋身、挥臂，以肘部猛击其太阳穴（图13-64）。以肘攻击歹徒太阳穴最好采用连续攻击法，一气呵成（图13-65）。

图13-63 后仰攻击

（2）攻击其眼睛，折其手指。正面被抱腰时因为手臂未被抱住，所以这时也可以采用叉眼、戳喉等方法（图13-66）。如果只求解脱，可采用折手指技法（图13-67）。

图13-64 肘击太阳穴　图13-65 连续攻击　图13-66 戳击　图13-67 折指　图13-68 反手横肘

2. 背后被抱

（1）后腰被抱。抬手以反手横肘向后猛击对方太阳穴，当然别忘了蹬腿、身体旋转发力，力达肘尖（图13-68）；反方向折其拇指或小指（图13-69）；以脚跟猛踩其脚面（图13-70）。

（2）连手臂后腰被抱。被抱者可伸手抓、握、提对方的睾丸（图13-71）。因对方注意力在上部，很有隐蔽性，成功可能性很大。需要注意的是，反手掏出，务要准确。如果歹徒抱住的是腰际，那么歹徒必然弯腰，头较低，这时可猛仰头以后脑击其面部（图13-72）。

图13-69 折指　　图13-70 踩脚　　图13-71 抓裆　　图13-72 后仰击面

（十一）头发被抓扯时采用的技法

（1）正前方被人扯拖头发。此时切勿与抓扯者的抓扯力相抗，以免头皮受伤。抓扯者一般向前下方拖带，女子的头不能抬起，头、眼也朝着这个方向。外行抓扯人一般都是身内拖带，因此裆部要害部位便全部暴露，并正处于被抓扯者面对的方向。这时，应趁被抓扯俯身向前窜而站立不稳之机，借着抓拉之力，借着惯性，将膝头高提，以提膝的打法猛撞歹徒裆部（图13-73）。尤其要注意的是，很多人抓扯别人头发都有往前后推拉的习惯。在他推时，应顺其力后仰或后退，以免受伤；在他拉时，则借其力冲过去提膝攻击。关键是千万不要和歹徒硬抗。可用一手掌心向上，四指直插进软肋（肋骨下），扣住肋骨往上扯，对方痛极自然会松手；或双手叠压于对方抓发之手背部，上体前倾弯腰下压（图13-74）或击打对方肘部曲池穴等，对手也会松手。但这些方法都是解脱之法，而非致命之法，似不宜用于对付歹徒。

（2）侧立被人扯拖头发。这时可顺其力侧身弯腰靠近对方，顺势发撩掌击其裆部，然后以手抓握其睾丸（图13-75）。歹徒有时会揪住女子头发拖着往前走，这时女子是在歹徒的背侧位置，头已过其肘前，身在其肩后。这时，应以手掌自歹徒后裆猛地插入，使用掏裆法，握紧其睾丸后提。一手掏裆时，另一手抓抱其腰胯配合发力。

图13-73　提膝击裆　　　图13-74　扣肋上扯　　　图13-75　撩掌击裆

（十二）女子防身术心理分析

防身自卫的目的是徒手或运用器械，对各种违法犯罪分子予以应有的打击，以维护自身权益不受侵害和解救他人免受暴力侵害。可是，女性一旦面临歹徒难免害怕、胆小、惊慌失措、手脚发软、浑身战栗。故高职院校女生首先应从心理上相信自己能战胜歹徒。面对恐怖的歹徒要做到头脑冷静，避免心慌意乱，最好的办法就是尽快把脑子里的一切念头全抛开，凝神注视歹徒及其举动，想办法对付他，用自己学过的招法，横下一条心，跟歹徒斗智斗勇，一定要保护自己、战胜歹徒。

思考题

1. 太极拳的基本技术要求是什么？
2. 简述三种防身术或自卫还击法。

第十四章

健身气功

第一节 健身气功概述

一、健身气功的起源和发展

气功作为中华民族的文化瑰宝，是一门研究自我身心和谐的学问。据现有资料考证，气功至今已有五千多年的历史。其起源与人类的形成同步，盛行于新石器时代。在春秋战国时期，气功与百家诸子的学说相结合，形成了完整的理论体系。秦汉以后，流行于社会多阶层。随着佛教东渐、道教兴起，气功实践与宗教修行相结合，之后在魏晋、隋唐以至明清，又经历数次繁荣昌盛的阶段。大量实践经验的积累，形成了健身气功独具特色的理论体系和丰富多彩的锻炼方法，数千年来为中华民族的繁衍生息做出了卓越的贡献。

进入 21 世纪，健身气功发生了翻天覆地的变化，开创了健身气功史上空前的良好局面。国家体育总局健身气功管理中心从挖掘整理优秀传统气功功法入手，并汲取当代最新的科学研究成果，先后编创推出了健身气功·易筋经、五禽戏、六字诀、八段锦和太极养生杖、导引养生功十二法、十二段锦、马王堆导引术、大舞等系列功法，积极引导群众开展健康文明的健身气功活动，满足广大群众日益增长的多元化健身需求。尤其是近年来，国家体育总局健身气功管理中心把健身气功与建设健康中国、体育强国和文化强国结合起来，注重健身气功与健康、文化等融合发展，加之《"健康中国2030"规划纲要》等系列国家政策的指引和新时代群众对美好生活愈加迫切的向往，学练健身气功的群众与日俱增，不仅形成了数以百万计的健身气功习练人群，精彩纷呈的健身气功活动在中国城乡开展得如火如荼，并迅速走进学生课堂，而且还传播到世界众多国家和地区，成为世界各国民众了解中国文化和分享健康生活的重要途径。

二、健身气功的特点

在中国传统文化里，对人的生命的整体性认识是多层次、多方位的，它涵盖了人和自然的关系、人的社会属性和人的生命整体观。

（一）形、气、神三位一体的生命整体观

人的生命是形、气、神的三位一体，而神、气、形在人的生命运动中各有所司，因此，"一失位则三者伤矣。是故圣人使人各处其位，守其职，而不得相干也。故夫形者，非其所安也而处之，则废；气不当其所充而用之，则泄；神非其所宜而行之，则昧。此三者，不可不慎守也"（《经济类编》）。据此，则养生之要旨在于"将养其神，和弱其气，平夷其形，而与道沉浮俯仰；恬然；则纵之；迫则用之"（《淮南子·原道训》）。这里最要紧的是"将养其神"。如何"养神"？其要在通过涵养道德和陶冶心性把人（"我"）之"神"和大自然之道联系起来，以臻于至境。《淮南子·俶真训》则说："静漠恬澹，所以养性也；和愉虚无，所以养德也。外不滑内，则性得其宜；性不动和，则德安其位。养生以经世，抱德以终年，可谓能体道矣。"《淮南子》从形、气、神三位一体的生命观出发，全面地阐述了道家修道，从养形到"全生"的原理和实修之要旨。

（二）以心为主导的身心整体观

钱学森强调，"人体是一个开放的复杂巨系统"。其复杂性在于多层次、多子系统、多尺度、多种运动形式、强非线性……"生命在于有序"，每个生理系统、每一个器官、每一个组织、每一个细胞……都有自己的序；同层次各子系统之间、跨层次各子系统之间都有相互作用。这就提出了一个根本性的问题：人身心系统整体的序、主序、序参量是什么？现代生命科学无法回答这个问题。然而，中国传统文化有关人的生命的整体性认识，提供了正确的回答——以心为主导的身心整体观。《黄帝内经·素问》曰："心者，君主之官也，神明出焉……凡此十二官者不得相失也。故主明则下安，以此养生则寿……主不明则十二官危，使道闭塞而不通，形乃大伤，以此养生，则殃。"故人生命的主序正是作为"生之制"的"神"（或作为生之质的性）。

（三）人体整体观

以心为主导的身心整体观为基础，通过以"内省"为主导的气功练养实践，使"血气能专于五脏而不外越""五脏能属于心而无乖""精神盛，而气不散"，则心身系统整体的有序程度必将大大提高，不仅能促进健康，防治非传染性慢性病，而且有可能会导致稳态的跃迁，使身心整体的状态达到一种新的境界。

三、健身气功的作用及价值

国家体育总局健身气功管理中心组织编创健身气功功法时，特别重视功法的历史传承。这固然有弘扬传统文化之义，更重要的是这些功法历经千余年，数千万人实践之洗练，去芜存菁，为其安全性、有效性提供了历史的证明。

（一）正心诚意，律己持恒

正心，指端正、明确人（"我"）学功练功之目的，即健康自己的身心。除此之外，别无他求。诚意，就是认真学，勤于练，乐于行，敏于悟。气功锻炼和做学问、搞科研等一样，都必须循序渐进，这是客观规律。根基扎实，循序渐进，由渐进而顿悟是必然的。

练功贵在持之以恒，关键是人（"我"）的自律性。这属于人格性要素，它并非全由天成。坚持每天练功，越是繁忙，越是坚持高质量地锻炼；加倍认真，高度集中，以更强的毅力，协同身心达到更高度的有序，取得更好的练功效果。

（二）法无高低，境界有别

他山之石，可以攻玉。至于功法的选择，往往因人而异，因地制宜，且随机缘而定，难以一概而论。

（三）站桩筑基，天地人一气浑元

意念"内省"和站桩、筑基是健身气功区别于一般体育锻炼的根本所在。筑基的本意是夯实建造房屋、宫殿、大厦的地基。修炼健身气功的目的在于打造、重塑一个身心健康的"我"，而其根基就是站桩。由站桩入手，则根基扎实，习练健身气功可获事半功倍之效，根基越正、越扎实，效果越好，且上升空间越大，可望达到的境界越高。

（四）融于生活，涵养身心

坐、立、行、卧，事虽小，若能以练功对身形各部的要求规范自己，日积月累，由必然而自然，其效必宏。身体力行，持之以恒，功在不舍！

四、健身气功运动的核心素养

健身气功以身心健康为主旨，强调"形（姿势）、意（意念）、气（呼吸）"三者融合统一的具体操作。以"静"为前提，摒除杂念、万念归一，使其"聚精会神"进入体松心静的身心状态，缓解焦虑、消除烦躁，培养积极乐观、胸怀宽厚、独慎自省等精神素养；以动作与呼吸协调配合来调节呼吸、脏腑、经络等生理整体结构，并提出"身心俱合""形神兼备""动静结合"等理法要义，促使练习者外强筋骨，内修心性，以实现身心健康的价值目标。

健身气功根植于中华传统文化土壤中，囊括众多传统文化内涵，具有独特的育人特质。健身气功中蕴含思维智慧、思想观念、道德精神、行为准则等核心元素，有助于引导学生树立正确的世界观、人生观和价值观，增强学生的理性判断与感性认知，提升学生的综合素养能力，驱动学校"立德树人"根本任务的高效落实。

第二节　健身气功功法介绍

一、易筋经

易筋经的主要作用是能够强筋壮骨，据传易筋经为我国北魏菩提达摩授与少林僧人的秘法，是一套效果很好的健身气功功法。"易"的含义即变易、改变，引申为增强之义；"筋"指筋脉、肌肉、筋骨；"经"为方法。"易筋经"从字面上理解即活动筋骨，以强身健体、祛病延年的方法。

（一）易筋经动作名称

起势　　　　　　　　　　　　　第八式　三盘落地势
第一式　韦驮献杵第一势　　　　第九式　青龙探爪势
第二式　韦驮献杵第二势　　　　第十式　卧虎扑食势
第三式　韦驮献杵第三势　　　　第十一式　打躬势
第四式　摘星换斗势　　　　　　第十二式　吊尾势
第五式　倒拽九牛尾势　　　　　收势
第六式　出爪亮翅势
第七式　九鬼拔马刀势

易筋经

（二）易筋经动作图示

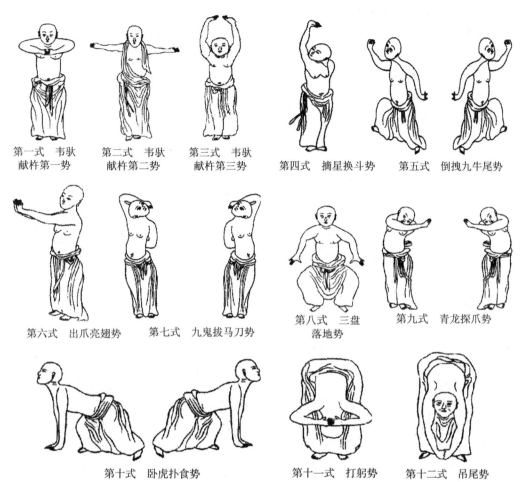

第一式　韦驮献杵第一势　　第二式　韦驮献杵第二势　　第三式　韦驮献杵第三势　　第四式　摘星换斗势　　第五式　倒拽九牛尾势

第六式　出爪亮翅势　　第七式　九鬼拔马刀势　　第八式　三盘落地势　　第九式　青龙探爪势

第十式　卧虎扑食势　　第十一式　打躬势　　第十二式　吊尾势

（三）练功指导

易筋经气感强，收效快，尤其是内外兼修，身心同养，性命双修，具有御邪疗疾、延年益寿、开发潜能的功效。从中医研究的角度看，易筋经以中医经络走向和气血运行来指导气息的升降，在身体曲折旋转和手足推挽开合过程中，人体气血流通，关窍通利，从而达到祛病强身的目的。而按现代医学观点来看，修习易筋经，会使人体血液循环加强，从而改善人体的内脏功能，延缓衰老。

易筋经运动量较大，动作难度较高，因此，全套运动只适宜于体质较好的青壮年慢性病患者。体质较弱者，可量力而行，有选择地操练其中几式或减少每式操练次数。心脑血管和哮喘病发作期间忌练。

二、八段锦

八段锦功法是一套独立而完整的健身功法，起源于北宋年间。古人把这套动作比喻为"锦"，意为五颜六色，美而华贵；体现其动作舒展优美，视其为"祛病健身，效果极好；编排精致，动作完美"。现代的八段锦在内容与名称上均有所改变，此功法分为八段，每段一个动作，故名为"八段锦"，练习无须器械，无须场地，简单易学，节省时间，作用极其显著。

（一）八段锦动作名称

预备势

第一式　两手托天理三焦

第二式　左右开弓似射雕

第三式　调理脾胃单举手

第四式　五劳七伤往后瞧

第五式　摇头摆尾去心火

第六式　两手攀足固肾腰

第七式　攒拳怒目增气力

第八式　背后七颠百病消

收势

（二）八段锦动作图示

八段锦

第一式　两手托天理三焦

第二式　左右开弓似射雕

第三式　调理脾胃单举手

第四式　五劳七伤往后瞧

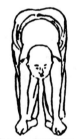

第五式　摇头摆尾去心火

第六式　两手攀足固肾腰

第七式　攒拳怒目增气力

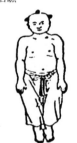

第八式　背后七颠百病消

（三）练功指导

松静自然：是练功的基本要领，也是最根本的法则。松，是指精神与形体两方面的放松。这里的"自然"决不能理解为"听其自然""任其自然"，而是指"道法自然"。

准确灵活：准确，主要是指练功时的姿势与方法要正确，合乎规格。灵活，是指习练时对动作幅度的大小、姿势的高低、用力的大小、习练的数量、意念的运用、呼吸的调整等，都要根据自身情况灵活掌握。

练养相兼：练，是指形体运动、呼吸调整与心理调节有机结合的锻炼过程。养，是通过上述练习，身体出现的轻松舒适、呼吸柔和、意守绵绵的静养状态。

循序渐进：只有经过一段时间和数量的习练，才会做到姿势逐渐工整，方法逐步准确，动作的连贯性与控制能力得到提高，对动作要领的体会不断加深。

三、导引养生功十二法（站势）

导引养生功十二法是一种通过意识的运用、呼吸的控制和形体的调整，使生命优化的自我经络锻炼方法。功法自推广以来，以其功理深厚、功效显著深受大众的喜爱。

（一）导引养生功十二法动作名称

预备势　　　　　　　　　　　　　　第七式　芙蓉出水
第一式　乾元启运　　　　　　　　　第八式　金鸡报晓
第二式　双鱼悬阁　　　　　　　　　第九式　平沙落雁
第三式　老骥伏枥　　　　　　　　　第十式　云端白鹤
第四式　纪昌贯虱　　　　　　　　　第十一式　凤凰来仪
第五式　躬身掸靴　　　　　　　　　第十二式　气息归元
第六式　犀牛望月　　　　　　　　　收势

导引养生功

（二）导引养生功十二法动作图示

　第一式　乾元启运　　　第二式　双鱼悬阁　　　第三式　老骥伏枥　　　第四式　纪昌贯虱

　第五式　躬身掸靴　　　第六式　犀牛望月　　　第七式　芙蓉出水　　　第八式　金鸡报晓

　第九式　平沙落雁　　　第十式　云端白鹤　　　第十一式　凤凰来仪　　第十二式　气息归元

（三）练功指导

1. 握拳时，中冲抠劳宫

导引养生功十二法的握拳有其独特的要求，凡是有握拳的动作，都要求中冲抠劳宫，当然中冲抠劳宫时只是瞬间。譬如，"第三式　老骥伏枥"这个动作，两掌握拳屈肘于胸前时，应以中指端点抠劳宫。"第四式　纪昌贯虱"要求两手握拳收腰间及拉弓射箭时，中冲要瞬间点抠劳宫。"第五式　躬身掸靴""第六式　犀牛望月"两手握拳收于腰间时，中冲也同样要瞬间点抠劳宫。

2. 脚跟侧蹬时，捻动涌泉

导引养生功十二法中的"第四式　纪昌贯虱""第六式　犀牛望月"，要求身体转动时，转动腿要以前脚掌为轴，实腿转动，脚跟切勿拔起，侧蹬时前脚掌要微微用力，以捻动涌泉穴。

经络理论告诉我们，涌泉穴是足少阴肾经的井穴。因此，脚跟侧蹬时捻动涌泉，就是激活肾经的源头，从而使肾经的经气源源不断地发出，有助于滋阴补肾，固肾壮腰。

3. 商商相接

导引养生功十二法中的勾手有两种形式，第一种勾手是五指自然背屈，五个手指端撮拢在一起，中医上称作"六井相会"。第二种勾手被称为"商商相接"，即五指中的小指、无名指和中指自然背屈，食指自然伸开，大拇指内侧的少商贴在食指的商阳穴处，但此时少商和商阳并没有接通，只有少商和商阳相互捏压时，我们才能说这种勾手为"商商相接"。

4. 上步绷脚，落步勾脚

导引养生功十二法要求上步时要绷脚，落步时要勾脚，主要是为了刺激"原穴"，加强自我按摩，同时可活动踝关节，而踝关节正是"原穴"所在处。因此，功法中有规律活动踝关节，既可以增强经络运行气血、协调阴阳的生理功能，又可以提高经络抗御病邪、反映症候的病理功能，还可以加强经络传导感应、调整虚实的防治功能，从而收到维护正气、内安五脏、强身健体的效果。例如，功法中"第二式　双鱼悬阁""第十一式　凤凰来仪"就有上述的功效作用。

5. 脚趾上翘、抓地

导引养生功十二法中的"第八式　金鸡报晓"要求成独立势时，支撑脚五趾抓地；"第十式　云端白鹤"第一动要求脚趾上翘，第三动要求五趾抓地，目的都是刺激"指趾端"，从而提高健身效果。

第三节　健身气功竞赛规则

一、普及功法动作规格常见错误

练习易筋经、八段锦、导引养生功二十法常见错误如表14-1、表14-2、表14-3所示。

表14-1　练习易筋经常见错误

各式名称	常见错误
预备势	站立时，身体未中正
第一式　韦驮献杵第一势	1. 双臂上抬时未成前平举 2. 两臂屈肘回收合掌时，指尖未向斜前上方约30°，掌根未与膻中穴同高

续表

各式名称	常见错误
第二式　韦驮献杵第二势	1. 两肘抬起时，掌臂与肩未成前平屈 2. 两掌屈肘后外撑，力未在掌根；两臂未成水平
第三式　韦驮献杵第三势	1. 翻掌未至耳垂下；虎口未相对 2. 两掌上托未至头顶；掌心未向上
第四式　摘星换斗势	1. 摘星时，改变步型 2. 起身换斗时，未以腰带臂；中指指尖未在同侧肩髃穴垂直上方
第五式　倒拽九牛尾势	1. 握拳时，未从小指到拇指逐个相握成拳 2. 前拽后拉时，未以腰带臂
第六式　出爪亮翅势	1. 展肩扩胸时，未保持掌心相对 2. 两掌前推到位时，未分指瞪目
第七式　九鬼拔马刀势	1. 下蹲时，改变步型；后臂未上推 2. 左右换势时，两手未经侧平举
第八式　三盘落地势	1. 下蹲时，直臂下按，两掌根未至环跳穴高度 2. 口型错误未发嗨音；外八字脚
第九式　青龙探爪势	1. 左右探爪时，转体未达 90° 2. 探地转掌时调臀、屈膝
第十式　卧虎扑食势	1. 成弓步向前扑按时，两拳未变虎掌 2. 定式动作前腿未提踵，后腿未屈膝，未成反弓
第十一式　打躬势	1. 接上式起身时，两手未外旋 2. 捂耳俯身时，肘关节未外展 3. 打躬时，脊柱未逐节蜷曲；起身时，脊柱未逐节伸展
第十二式　吊尾势	1. 俯身时，两膝未伸直；未塌腰、抬头 2. 摇头摆臀时，未始终保持抬头；同侧肩与髋未相合
收势	1. 起身时，两手未松开外旋上举 2. 两臂上举时，未目视前下方

表 14-2　练习八段锦常见错误

各式名称	常见错误
预备势	1. 抱球时，拇指上翘，其余四指斜向地面 2. 塌腰、跪膝、脚尖外展
第一式　两手托天理三焦	1. 两掌在胸前翻转后未垂直上托 2. 两掌下落呈捧掌时，掌心未向上

续表

各式名称	常见错误
第二式　左右开弓似射雕	1. 开弓时，八字掌侧推与龙爪侧拉未走直线 2. 马步撅臀、跪膝、脚尖外展
第三式　调理脾胃单举手	1. 呈单举时，上举手未至头左（右）上方；下按掌指尖未向前 2. 上举手下落时，未按上举路线返回；呈捧掌时，两掌心未向上
第四式　五劳七伤往后瞧	1. 后瞧时，身体出现转动 2. 屈膝下蹲，两膝超越脚尖；两掌下按，指尖未向前
第五式　摇头摆尾去心火	1. 马步撅臀、跪膝、脚尖外展 2. 摇头摆尾时，挺胸、展腹、尾闾转动不到位
第六式　两手攀足固肾腰	1. 两掌向下摩运未达臀部时已俯身 2. 起身时未塌腰，未以臂带身
第七式　攒拳怒目增气力	1. 马步撅臀、跪膝、脚尖外展 2. 攒拳时未怒目；攒拳与握固回收时肘未贴肋 3. 抓握前的旋腕动作未以腕为轴
第八式　背后七颠百病消	提踵时耸肩；未停顿

表 14-3　练习导引养生功十二法常见错误

各式名称	常见错误
第一式　乾元启运	1. 两臂侧摆转头时未与肩平 2. 屈膝下蹲，膝关节超过脚尖
第二式　双鱼悬阁	1. 上步时未绷脚；落地时未翘脚 2. 两掌上架下按时，上架手未至头右前上方；下按手指尖未向内
第三式　老骥伏枥	1. 两臂屈肘收于胸前时，两前臂未相靠贴身 2. 勾手手型不正确；勾尖未向上
第四式　纪昌贯虱	1. 转体侧蹬，碾蹬脚膝关节未伸直，脚跟拔起 2. 屈蹲腿脚尖未保持向前；上体不中正
第五式　躬身掸靴	1. 转体摆臂时，手臂未先内旋再外旋 2. 躬身时，膝关节未伸直；未抬头 3. 掸靴时，手未触及脚面
第六式　犀牛望月	1. 开步时两手未坐腕后撑 2. 转体侧蹬，碾蹬脚膝关节未伸直，脚跟拔起；屈蹲腿脚尖未保持向前；上体不中正 3. 两掌上摆至头前侧上方时，两臂未成弧形；未抖腕亮掌

续表

各式名称	常见错误
第七式　芙蓉出水	1. 盘跟步两手握拳侧拉时，胸前手拳心未向前；胯旁手拳眼未向后 2. 两掌上托时，掌根未相靠
第八式　金鸡报晓	1. 勾手侧摆，两臂未与肩平；屈膝下按，两膝未相靠 2. 屈膝后伸时，身体未成反弓；脚底未朝上
第九式　平沙落雁	1. 两臂侧摆未与肩平 2. 盘根步两掌侧推时，未坐腕弧形推出
第十式　云端白鹤	1. 吸气脚趾未上翘，呼气脚趾未抓地 2. 两腿屈蹲时，两膝未相靠；两掌分摆时未叠腕卷指
第十一式　凤凰来仪	1. 上步时未绷脚；落地时未翘脚 2. 勾手手型不正确；勾尖未向上 3. 重心后移分掌时，上体不中正；未松腰敛臀
第十二式　气息归元	两掌侧摆时，臂与上体夹角未成 60°

二、竞赛功法难度动作名称与扣分内容

竞赛功法扣分项如表 14-4 所示。

表 14-4　竞赛功法扣分项

序号	动作名称	原功法动作名称	扣分内容
1	前举腿	易：直立举腿平衡	1. 支撑腿膝关节弯曲 2. 举腿的膝关节弯曲 3. 举腿的脚跟低于髋
2	盘腿平衡	易：盘腿平衡 五：盘腿下扑	1. 支撑腿大腿高于水平 2. 盘腿未接近水平，外踝未压在支撑腿膝上方 3. 静止不到 2 秒钟
3	提踵提膝平衡	易：提踵直立提膝平衡 五：提踵独立	1. 提膝腿大腿低于水平 2. 静止不到 2 秒钟
4	后举腿平衡	易：后举腿平衡 易：燕式平衡 五：燕式平衡	1. 支撑腿膝关节弯曲 2. 举腿膝关节弯曲 3. 双臂低于水平 4. 头低于髋 5. 举腿脚尖低于头 6. 静止不到 2 秒钟
5	侧身平衡	易：侧平衡	1. 上体侧倾低于水平 2. 后举腿膝关节低于头 3. 后举腿膝关节夹角大于 90° 4. 支撑腿膝关节弯曲 5. 静止不到 2 秒钟

续表

序号	动作名称	原功法动作名称	扣分内容
6	三盘落地	易：三盘落地	1. 双膝未并拢 2. 未抬头、挺胸、塌腰、呈反弓形 3. 双膝、臀部、双脚内侧及双掌根未着地 4. 静止不到 2 秒钟
7	虎尾腿势	易：虎尾腿势	1. 未抬头、挺胸、塌腰、呈反弓形 2. 铁牛耕地时重心前后移动不明显 3. 前后移动时身体未呈反弓形
8	提踵上举	五：提踵上举	1. 两手上举至胸部时，脚跟未离地 2. 两手下落至胸部前，脚跟已着地 3. 眼神未随手而动
9	缩身举腿	五：缩身提腿	1. 肩、背部未形成两个弓形 2. 上举腿未伸直或低于水平
10	跳步背腿平衡	五：换步平衡	1. 跳步腾空不明显 2. 上体前倾大于 30° 3. 后摆腿脚尖或两掌低于髋部 4. 跳步后未一次成形 5. 静止不到 2 秒钟
11	控腿蹲起	五：蹲身独立 五：控腿独立 六：单举腿下蹲 八：前举腿低势平衡	1. 支撑腿未全蹲 2. 支撑腿脚跟离地 3. 摆动腿未伸直 4. 摆动腿低于水平面 5. 身体未中正（八段锦静止不到 2 秒钟）
12	前探平衡	五：前探平衡	1. 上体低于水平，后举腿，膝关节低于髋部 2. 静止不到 2 秒钟
13	侧蹬腿平衡	六：提膝侧平衡	1. 蹬伸腿低于水平面，膝关节弯曲，未勾脚尖 2. 支撑腿膝关节弯曲 3. 静止不到 2 秒钟
14	单腿盘坐	六：单脚盘坐	1. 上盘腿脚跟未贴紧下盘腿根部 2. 上盘腿大腿外侧未贴紧下盘腿脚掌内侧 3. 上体未保持中正

思考题

1. 简述健身气功的锻炼价值。
2. 简述健身气功八段锦的功法特点。

第十五章

舞龙舞狮运动

第一节 舞龙舞狮运动概述

一、舞龙舞狮运动概述

（一）舞龙运动概述

舞龙是指运动员在龙珠的引导下，手持龙具，随鼓乐或音乐伴奏，通过人体运动和姿势的变化，完成龙的游、穿、腾、跃、翻、滚、戏、缠、组图造型等动作和套式，充分展示龙的精、气、神、韵等内容的一项民族传统体育项目，反映了龙所象征的中华民族不屈不挠、奔腾争跃、喜庆祥和的精神风貌。

舞龙运动的发展有悠久的历史。最初舞龙是古代劳动人民为了祈求风调雨顺、五谷丰登的仪式。龙是中华民族的图腾，有资料显示舞龙活动的兴起与古老的图腾崇拜、宗教祭祀活动有关。经过漫长时间的发展，舞龙活动的宗教、神话色彩逐渐被淡化，其娱乐、喜庆、健身等功能得以强化。近年来，舞龙运动迅速发展起来，并被列为全国正式比赛（四类）项目，民间民俗传统舞龙活动走向了现代竞技舞龙运动发展的道路。舞龙运动突出的社会价值和文化功能，极大地迎合了高校的需求，被很多大中专院校引入体育实践中，成为高校体育教育的重要内容。

（二）舞狮运动概述

舞狮运动在我国历史悠久，流传地域广阔，每逢喜庆佳节，都有舞狮的风俗，它由民俗活动逐渐发展成为一种具有独特民族风格的传统体育运动，并以它绚丽的色彩和千姿百态的动作吸引着人们参与、观赏并发出赞誉，使舞狮运动发展成为一项体育竞赛活动。

1985年3月，福建省体委等7个单位联合举办了首届舞龙、舞狮表演赛。来自全国8个地区的16支代表队，共派出了13条龙、9头狮，约300名运动员参赛，显现了这项民间欢庆活动走向竞技体育的趋势。与此同时，东南亚及中国香港地区的华人舞狮活动也日益兴盛。国际性的舞狮比赛也逐年增多，并于1995年1月23日在中国香港地区成立了国际龙狮总会。1995年7月，中国龙狮运动协会成立。1995年年底，调集广东的南狮、京津地区的北狮专家起草了舞狮竞赛规则。1996年，协会又两次组织研讨会对规则进行修改，并于1997年3月和1997年10月举办了舞龙、舞狮教练员和裁判员的培训班。在同年年底，举行了首届全国舞狮锦标赛，来自全国各地的20支舞狮队参加了角逐。

2003年，中国大学生体育协会舞龙舞狮分会挂牌成立，随后便推出"百校龙狮进课堂"推广计划，十年来加盟高校已逾百所。两年一届的全国大学生舞龙舞狮锦标赛，竞赛规模不断壮大，竞赛水平不断提高，竞赛内容和形式也不断丰富。

二、舞龙舞狮运动的核心素养

龙狮运动中在三维立体空间中龙狮（器械）通过舞者肢体运动的快与慢、动与静、高与低、翻与腾、曲与圆等对立交错的巧妙节奏和韵律变化，表达龙狮的形神、意韵、情趣、传递情感、思想、精神，诠释着追求崇尚和谐之美的文化蕴意，使学生从中感受到跨越时空的传统体育文化魅力，同时提高学生的艺术情感、技术技巧的表现力，促进人们集思广益，进行巧妙构思的龙狮形态的模仿与创编，培养审美素养与创新思维能力。在教学中使学生在一定的空间、时间内果断、迅速、连贯、准确地舞动（器械）出不同的龙狮造型，做出腾越、翻滚等动作，对培养学生身体素质的灵活性、协调性、速度、力量、耐力、柔韧等综合运动能力，具有显著优势。

龙狮运动是中华民族的精神文化象征、凝聚民族精神的"耦合点"。其蕴含着"天人合一"的整体思维，"自强不息"的民族精神，"和谐共生"的价值理念等，具有民族同源性，以及引发人的思想、情感的文化认同优势。在实践教学中学生对龙狮动作技术特点、规律、原理的学习把握，动作名称、谚语（如龙腾九霄、盘龙升海等）的语义理解，与自身思想、思维进行不断碰撞、融合，在多人通力合作下呈现出各种不同的龙狮形态、神情、韵意，这个过程是促进参与者对龙狮文化的认知与精神追求的过程。

第二节　舞龙运动基本技术

一、基本握法

（1）正常位。双手持龙具把，左（或右）臂肘微弯曲。手握于龙具把位末端，与胸同高，右（或左）臂伸直，手握把的上端。

（2）滑把。一手握龙具把端不动，另一手握龙具把上下滑动。

（3）换把。结合滑把动作，当滑动手接近固定手位时，双手转换，滑动手握把成固定手，固定手变成滑动手。

二、基本步形和步法

（一）步形

（1）正步。两脚靠拢，脚尖对前方；重心在双脚上。

（2）小"八"字步。两脚跟靠拢，脚尖分开，对左、右前角。

（3）大"八"字步。两脚跟间相距一脚半，其他同小"八"字步。

（4）"丁"字步。右（左）脚跟靠拢左（右）脚足弓处，脚尖方向同小"八"字步。

（5）虚"丁"步。（前点步）站"丁"字步，右（左）脚顺脚尖方向伸出，绷脚点地，大腿外旋。

（6）虚步。站虚"丁"步，左（右）腿半蹲。

（7）弓箭步。右（左）脚向前迈出，屈膝，小腿垂直，脚尖朝前，左腿（或右腿）挺直，脚尖稍内扣；重心在两腿中间，上身与右（左）脚尖在同一方向。

（8）横弓步。将弓步的上身左（右）转成与左（右）脚尖在同一方向。

（二）步法

（1）圆场步。沿圆线行进，左脚上一步，脚跟靠在右脚尖前，脚跟先着地，再移至前脚掌，同时右脚跟提起。右脚做法同左脚，两脚动作保持在一条线上。

（2）矮步。两腿半屈，勾脚尖，迅速、连续地以脚跟到脚尖滚动向前行进；每步大小约为本人的一脚长。

（3）弧形步。两腿微屈，两脚迅速、连续向前行进；每步大小略比肩宽，走弧形路线；眼注视龙体。

（4）单碾步。预备势脚站小"八"字步，手握把位成上举姿势，右脚以脚掌为轴，脚跟微提起，左脚以脚跟为轴，脚掌微提起，两脚同时向右旁碾动，由正小"八"字步碾成反小"八"字步，然后右脚以脚跟为轴，左脚以脚掌为轴，同时向右旁碾动，成正小"八"字步，反复按此进行。

（5）双碾步。预备势站正步，以双脚跟为轴，双脚尖同时向右（左）碾动，然后再以双脚尖为轴，双脚跟同时向右（左）碾动，反复按此进行。

（6）腾空箭弹。右脚向前上步，膝关节伸直，以脚后跟着地；右臂前摆，持龙珠后摆；眼视前方；接着右脚踏实蹬地向上跳起，左脚随之向前、向上摆起，同时右脚蹬地向上跳起，使身体腾起；右腿迅速挺膝向前上方弹踢，脚面绷平，左腿屈膝回收。

三、舞龙基本动作

舞龙所用龙具有5把一珠和9把一珠之分，以下以9把一珠龙具为例。执龙珠者为0号队员，龙头者为1号队员，龙身队员按序向龙尾依次为2、3、4、5、6、7、8号队员，执龙尾者为9号队员。

（一）"8"字舞龙动作

1. 跪步舞龙

动作要领：全体队员大"八"字步前后一臂距离成一列纵队站立，龙体在队员两侧做"8"字形环绕舞龙1次后，除龙头队员外，其他队员降低重心，单膝着地成跪步，龙体不停顿，继续在队员两侧做"8"字形环绕舞龙4次以上。

要求：跪步要整齐，跪步舞龙时队员挺胸立腰，加大向上和左右的舞动幅度。

2. 靠背舞龙

动作要领：全体队员大"八"字步前后一臂距离成一列纵队站立，3、5、7、9号队员向后180°转身分别与2、4、6、8号队员背对背成"人"字形造型，同时龙体不停，继续在队员身体两侧做"8"字舞龙4次以上。

要求：队员转身动作连贯顺畅，龙形饱满，不停顿。

3. "8"字舞龙磨转

动作要领：全体队员大"八"字步前后一臂距离成一列纵队站立做"8"字舞龙动作不停，同时以5号队员为圆心，逆时针方向磨转一周。

要求：磨转过程中全体队员要始终保持好前后一臂距离的直线队形不变，磨转一周完成6~8次的"8"字舞龙动作。

4. 站腿舞龙

动作要领：站腿舞龙时，双数号队员马步站立，上体前倾，双臂尽力前伸，在以手为中心的大立圆内"8"字舞龙，双手以拧把为主，龙杆运行前后的幅度一定要小；单数号队员双脚紧扣其下队员的腰腿部，屈膝内扣贴紧其肩背部，上体尽力弯曲前倾。"8"字舞龙的上下幅度要大。

要求：队员站腿要稳，马步与站腿队员舞龙动作配合要顺畅，不塌肚，不扯龙，完成4次"8"字舞龙动作。

(二) 游龙动作

1. 单侧起伏跑小圆场

动作要领：龙珠引龙体逆时针方向走小圆场，同时龙体在队员右侧快速大幅度上下起伏。

要求：队员互相靠近，身体重心随龙形变化而变化，龙体上下起伏如波浪般流畅，不塌肚，不扯龙。

2. 快速跑斜圆场

动作要领：龙头起伏一次后正向跑斜圆场。动作的掌握可以先分两步进行：第一步，龙体成圆，龙头要内扣咬住龙尾，为保持龙形饱满，各节要尽量将龙杆向外撑开。第二步，成一斜圆。要达到此目的，首先要把握好一个最低点和最高点，在最低点每把都要放到最低，同时身体重心也要降到最低；在最高点，每把都要将龙杆上滑，双手持龙杆举至最高点，同时脚尖踮起，身体重心升至最高点。在最高点和最低点之间的转化要匀速均衡，每把龙杆在两点之间的转化是始终处在上升和下降的运动过程中的，绝不可出现"拖龙"现象。

要求：龙头、龙珠、龙尾相接成斜圆盘，斜圆场跑动时圆心要相对固定，尽量减少前后和左右的偏移。

3. "S"形游龙

动作要领：龙珠引龙体快速左右曲线起伏，成"S"形行进，改变3个以上方向。

要求：龙体圆顺，队员改变方向时要沿切线向外走，不要向内切，以保持龙形饱满，不塌肚。

4. 骑肩双杆起伏行进

动作要领：龙珠引龙体行进成圆后向内聚拢，3、5、7、9号队员分别接2、4、6、8号队员龙把后，持双杆分别骑在2、4、6、8号队员肩上，在龙珠引导下，龙头带领龙体上下起伏行进。

要求：聚拢成形动作要快，一气呵成，不拖沓，双杆舞龙配合协调，龙体运行流畅。

(三) 穿腾动作

1. 龙穿身

动作要领：龙头沿弧线由右侧穿第5节龙身，在穿过之前，6号队员引身后龙体左右摆动,保持龙形活跃,在龙头穿过之后,6号队员顺龙体先下运行之势下滑龙把,7、8、9号队员换把矮步依次从6号队员身前穿过。

要求:6号队员和龙头配合协调,穿过与滑把衔接紧凑。

2. 穿第八、五节龙身

动作要领:龙珠引龙体逆时针跑圆场,成圆后,龙头带龙身穿越龙尾,之后换把反向顺时针跑弧线,依次穿越第八、五节龙身,当3号队员穿过第八节龙身后,6、7、8号队员分别跳越第一、二、三节龙身,随龙头行进。

要求:龙头穿越后内扣行进,使龙体向中心聚合,不松散。

3. 快腾进

动作要领:龙珠引龙体弧线行进成半圆后,龙头左后急转弯走直线穿越第五节龙身,6、7、8、9号队员分别腾越第一、二、三、四节龙身后随龙头弧线行进成半圆,反复三次以上。

要求:龙体一环扣一环,始终保持一个半环。

4. 慢腾进

动作要领:龙珠引龙体弧线行进成半圆,龙珠左后急转弯举珠带领龙头腾越第四节龙身,龙头腾越第五节龙身随珠而行,2、3、4号队员分别交叉越过第六、七、八节龙身。龙珠右转弯引龙体重复以上腾越动作。

要求:龙体一环扣一环,始终保持一个半环。

(四)翻滚动作

1. 快速逆向跳龙行进

动作要领:龙头带领龙身,在龙珠的引导下举龙快速行进,逆时针方向连续舞两次立圆行进。各龙节迅速依次跳跃,龙身随龙头行进。

要求:队员在跳龙时要高举龙把至最高点,为了进一步加大立圆的饱满度,队员在跳龙时做"S"形曲线行进,跳龙后恢复直线行进。

2. 大立圆螺旋行进

动作要领:龙头在内侧,身体重心随龙体起伏,顺时针方向舞大立圆三次,使龙体连续螺旋状翻滚行进。

要求:龙形旋转立圆一致,队员腾越龙身轻松利索,不碰踩龙体,不拖地。

3. 360°斜圆盘跳龙

动作要领:龙头引龙体做原地"8"字舞龙二次后,高抛龙头,逆时针转体360°,舞斜圆扫2号队员脚下,当龙杆运行到2号队员脚下的时候,2号队员起跳,空中转体180°,从第一节龙杆上跳过,随即下蹲,将龙杆扫向第三节,落地后不停,顺势转回原来方向……以此类推。注意不同的只是以后每节从龙身上跳过,而不是从龙杆上跳过。

要求:龙体运行连贯顺畅,不打地。

(五)连续螺旋跳龙

动作要领:龙头逆时针方向舞立圆,队员迅速从龙身上依次跳过,如此反复四次以上,使龙体连续螺旋翻转。

要求:连续跳龙要圆顺,速度要均匀,幅度要统一。

（六）组图造型动作

1. 龙门造型

动作要领："8"字舞龙，龙头高抛从5号队员前穿过，然后自打一结，同时，龙尾从5号队员后穿过再从8号队员前穿过打一结。第四、五、六节成一直线。接着4、6号队员跪步扶龙杆撑地，5号队员蹲下放龙身时第四、五、六节龙体成一"V"字造型。7、9号队员靠拢弓步相对，8号立于其腿上，1、2、3号队员动作同7、8、9号队员动作。然后，龙珠空翻从第五节跳进，成龙门造型。

要求：龙门造型规范，左右对称。

2. 蝴蝶盘花造型

动作要领：龙头高抛换把，端龙内扣，龙头、龙尾相接成一圆场，高擎龙之后，9号队员换把下滑龙杆端，龙反向内扣走弧线，5号队员不动，然后4、6号队员与5号队员靠拢成一直线，单跪步龙杆撑地，龙头、龙尾队员高擎龙相接，其余各节向内龙珠靠拢，成一团身龙舟造型。然后龙珠从内跳出，1号队员骑3号队员肩，9号队员骑7号队员肩，2、8号队员将龙杆向外撑出，其余各节动作基本不变，接着1、9号队员跳出龙身，同时，其余各节内扣靠拢，成蝴蝶盘花造型。

要求：造型规范，左右对称，形象逼真。

3. 高塔盘造型

动作要领：龙体在龙珠引导下走圆，向内两周螺旋收缩，到位后龙头迅速站上2号队员肩上组成高塔盘螺旋造型，接着顺时针方向自转一周。

要求：螺旋造型协调、稳定，龙头站肩迅速、稳定。

4. 大横"8"字花慢行进

动作要领：龙珠引龙体左右上下起伏缓慢行进，整个龙体组成明显的大横"8"字花图案造型，重复四次以上。

要求：首尾相连成一完整"8"字形，两边对称，行进过程慢而不断，柔中带刚。

第三节　舞龙运动比赛规则

一、竞赛人员及其有关规定

参加人员包括领队、教练员、运动员。为确保比赛顺利，须遵守以下规定。

（1）每支运动队人数不超过16人，其中领队1人，教练1人，运动员14人（包括替换队员兼鼓手4人）。

（2）每名运动员每次只能代表一支队伍参赛，违者取消比赛资格。

（3）比赛套路完成时间为7~8分钟。

（4）比赛时，运动员应穿具有特色的表演服装。要求穿戴整洁，服饰的款式、色彩须与舞龙器材相协调，执龙珠队员的服饰与其他队员应有区别。运动员上场比赛须佩戴号码，执龙珠者为"0"号，执龙头者为"1"号，其余依次顺延，替换队员、伴奏队员均应佩戴号码。

二、竞赛场地

竞赛场地为边长20米的正方形场地（特殊情况除外），最小面积为不得小于边长为18米的正方形，要求地面平整、清洁，场地边线宽0.05米，边线内沿为比赛场地。边线周围至少有1米宽的无障碍区。上空从地面量起，至少有8米的无障碍空间。

三、比赛器材

（1）龙珠：球体直径不少于0.33米，杆高（含珠）不低于1.7米。

（2）龙头：重量不得少于2.5千克，杆高（含龙头）不低于1.85米。

（3）龙身：以九节布龙参赛，龙身为封闭式圆筒形，直径不少于0.33米，全长不少于18米，龙身杆高（含龙身直径）不低于1.6米，两杆之间间距大致相等。

（4）龙体、龙尾、龙珠的重量不受限制。

（5）凡器材不符合规定者，不准参加比赛。

第四节 舞狮运动的分类

一、北狮运动

（一）表演欣赏

北狮表演不拘形式，多种多样，一般分为对狮或群狮表演。狮子舞最大的特点就是喜庆、活跃，单狮动作讲究轻巧，以跳跃、翻腾和一些技艺造型动作为主体，群狮则讲究集体造型和队形变化。表演的场地器材也不受限制，场地有广场、舞台等，器材有高台、梅花桩、跳板、大球等。表演时间没有限制，一般为30分钟左右。音乐伴奏可以用京鼓、京锣、京钹，也可以播放现代的民族吹打乐伴奏。总之，有舞狮的出现就标志着有喜庆节日或庆典活动的到来。

（二）竞赛欣赏

北狮竞赛是指在严格遵守竞赛规则要求的前提下所进行的北狮表演活动。有关规则规定，北狮竞赛上场队员10人，其中包括鼓乐5人、引狮员1人、舞狮员4人，比赛场地为20米×20米的正方形，比赛时间为10~15分钟。器材按规则要求自行设计。比赛有规定套路比赛和自选套路比赛。现在舞狮比赛基本采取自选套路比赛。

自选套路编排要求内容丰富、构思巧妙、结构新颖、风格别致。舞狮技巧难度、创新动作借助器材的设计来演绎，表达山、岭、岩、谷、溪、涧、水、桥、洞等意境，展现狮子喜、怒、醉、睡、醒、动、静、惊、疑、怕、寻、探、望和翻、滚、卧、闪、腾、扑、跃、戏、跳等情态和动作。其动作与鼓乐伴奏和谐一致，既有观赏价值，又有健身价值。

欣赏北狮竞赛，应从整套动作的编排、音乐的配合及动作的完成情况三个方面去进行。

二、南狮运动

（一）南狮的起源和发展

南狮在唐朝时开始盛行，在1 000多年的发展过程中，狮舞形成了南、北两种不同的表演风格。南派狮舞在表演时讲究表情细腻、柔和而稳重，有搔痒、舔毛、抖毛、打滚、飞跃等动作，惟妙惟肖，逗人喜爱，着重刻画狮子温顺可爱及雄伟、俊武、勇猛的性格。南狮以广东为中心，并风行于港澳、东南亚及海外华人、华侨居住的地方。南狮由一人舞狮头，一人舞狮尾。舞狮者穿各种灯笼裤，上身穿密纽扣的唐装灯笼袖衫或短文化衫。狮背用五彩布条或绸布做成。"狮子郎"头戴大头佛面具，身穿长袍，腰束彩带，手握葵扇以逗引狮子，以此舞出各种优美的招式，动作滑稽风趣，雄壮威武。南狮流派众多，有广州、佛山的"大头狮"，高鹤、中山的"鸭嘴狮"，东莞的"麒麟狮"，等等。南狮除外形与北狮不同外，尚有性格不同。黄头狮舞法沉着刚健，威严有力，民间称为"刘备狮"；红头狮舞姿勇猛雄伟，气概非凡，人称"关公狮"；黑头狮动作粗犷好战，俗称"张飞狮"。

（二）南狮的形神表现

南狮表演，注重形象的表现，要求表现出狮子生动活泼、威武稳重、刚健、勇猛、多疑、贪玩、贪食等特征。如狮子睡醒后懒惰的动作，探洞时多疑的性格，登山时的昂首阔步，过桥时看到水中影子的惊愕，戏水时欢愉的情绪，采食灵芝时贪馋的表情，吞食时的得意，呕吐时的沮丧，月夜吐球时的谨慎等各种形神，都要生动传神地表现出来。形神表现主要由喜、怒、醉、乐、醒、动、静、惊、疑、猛等组成，舞狮者在鼓乐的伴奏下，须将其各种神态淋漓尽致地表现出来，配合生动的步形、步法，给予观众美的享受。

（三）南狮的演练和欣赏

南狮比赛套路分传统南狮与高桩狮两类。根据故事内容，以采青为主题，分开始部分、发展部分、主体部分、结束部分。

1. 开始部分

主要表现狮子睡醒后饥饿外出觅食的情景。主要套路动作有平地直线行跑，平地左右行进，醒狮惊望、擦、舔、抹、平地行拜，平地各种步形、步法等表演动作。鼓法配以擂鼓、平鼓、步鼓、快鼓。

2. 发展部分

主要表现狮子游山玩水过程中发现崇山峻岭，危机重重，疑惑四起，经过试探，仍左右徘徊的状态。主要套路动作有平地360°环回快走，平地180°回头跳，平地腾起，平地上双腿站立，卧地惊望等连接和动态表现动作。鼓法配以震鼓、三星鼓、平鼓、快鼓等。

3. 主体部分

主要表现狮子发现山上有仙草一把，一时兴起，以百兽之王的英雄气概，不怕艰险，不顾一切勇敢冲向山上。经过几番跋山涉水，险象环生，终于排除万难，成功采得仙草。主要套路动作有2.8米高桩坐头造型，180°回头跳接坐头，桩上飞跃，台上飞跃，观青、探青、采青、吃青、吞青、吐青及洗、舔、擦脚等动态、静态连接表现动作。鼓法配以击鼓边、震鼓、平鼓、快鼓、擂鼓、七星鼓等。

4. 结束部分

主要表现狮子饱食一顿，睡醒后愉快而归。主要套路动作有连续飞跃、桩上跳下、地上接滚翻、醒狮舔、擦、抹、平地行拜等动态动作。鼓法配以擂鼓、快鼓、三星鼓、七星鼓、平鼓等。

思考题

1. 舞龙运动基本技术有哪些?
2. 简述龙狮运动的核心素养。

第十六章

跆拳道运动

第一节 跆拳道运动概述

一、跆拳道运动的起源和发展

大约公元前1世纪，朝鲜最古老的三个国家新罗国、高丽国和百济国先后兴起。三国连年征战不断。三国都把跆拳道作为一项强身健体、保卫国家的搏击武艺来进行严格的训练。

1955年，正式称朝鲜的自卫术为"跆拳道"。1961年9月，韩国成立了唐手道协会，后更名为跆拳道协会，并成为全国运动会正式竞赛项目。1966年，第一个国际组织——国际跆拳道联盟形成。1973年5月，在汉城（今首尔）成立了世界跆拳道联合会（简称世界跆联）。1975年，世界跆联被国际体育联合会接纳为正式会员。1980年，国际奥委会正式承认世界跆联。1994年，在法国巴黎召开的国际奥委会第103届会议决议上，跆拳道项目被列入2000年奥运会正式比赛项目。同样，跆拳道也是世界大学生运动会、友好运动会、东南亚运动会、南美运动会、南太平洋运动会、世界军人运动会等一系列国际体育赛会的正式比赛项目。为了适应国际重大比赛，跆拳道的技术在不断地变革和发展。

二、跆拳道运动的特点

（一）以腿为主，拳脚并用

由于竞赛的需要、规则的限制和跆拳道进攻方法的特点，使得跆拳道以腿法攻击为主。据统计，在跆拳道技术当中，腿法约占总技法的70%。腿击无论是在攻击范围还是在攻击力量等方面都远远超过拳法的攻击，而拳法的招式一般偏重防守和格挡。

（二）动作追求速度、力量和效果，以击破为测试功力的手段

跆拳道不讲究花架子，所有动作都以技击格斗为核心，要求速度快，力量大，击打效果好。在功力的检测方面，则以击破力为测试的手段。就是分别以拳脚击碎木板等，以击碎的厚度来判定功力。

（三）强调呼吸，发声扬威

在跆拳道的练习当中，要求在气势上给人以威严的感觉，练习者常以洪亮并带有威慑力的声音来显示自己的威力。日本有关研究资料证明，人在无负荷工作时，10%的肌肉会由于发声使他们的收缩速度提高9%，在有负荷工作时更是可以提高14%。这就是

为什么在比赛当中运动员会发出响亮的喊叫声的原因。在发声的同时停止呼吸，可以使人体内部的阻力减小，提高动作速度，集中精力，使动作发挥出更大的威力。

（四）以刚制刚，直来直往

在跆拳道比赛中，练习者使用的技术多是以刚制刚，以直接接触为主，方法比较硬朗简练。进攻时都采用直线的连续进攻，以快速连贯的腿法组合打击对手；而防守时的动作也是以直接的格挡为主，讲究以硬抗硬，以快制快。

（五）礼始礼终，内外兼修

在任何场合下，跆拳道练习者始终以礼相待。练习活动都要以礼开始，以礼结束，以养成谦虚、友好、忍让的作风，在道德修养方面不断地提高自己。

三、跆拳道运动的核心素养

跆拳道是同场对抗性格斗项目，通过冲拳、砸拳、劈肘、顶肘等上肢基本动作和横踢、下劈、后踢、旋风踢等下肢技术动作的练习，能够提高练习者的速度、力量、耐力、灵敏、柔韧和协调等综合身体素质能力，并通过技击攻防的空间转换，提高身体感知能力及其神经系统的灵活性和身体机能水平。

跆拳道要"以礼始、以礼终"，在这种貌似繁文缛节的礼仪中，潜移默化地促进学生养成良好的行为规范，塑造人与人之相互尊重的思想意识，有助于形成和谐交流、合作团结的品质。跆拳道规范的道服礼仪与严谨的段位制的习练体制，进阶的层次追求，有助于培养学生严于律己、积极进取的坚韧意志。跆拳道基于"礼仪"的运动过程对人的教养、礼貌、尊重、德性等具有潜移默化的育人效应。

第二节　跆拳道运动基本技术

对初学者来讲，了解并学习跆拳道运动基本技术是很有必要的，它是练习者完成连贯动作的基础，也是熟练运用所有技术动作的保证。因此，在学习跆拳道的过程中，必须经常复习巩固，以便提高水平。

一、跆拳道运动的使用部位

（一）手

手的使用包括拳、掌、指三部分。

1. 拳

拳是跆拳道中使用最广泛的部位之一。拳的作用是攻击对方面部、胸部、腹部和进行防守。

拳的握法：四指并拢，回屈握紧，将拇指内屈贴紧食指和中指的第二关节处[图16-1(a)]，拳面要平。

拳峰：即握紧的拳的峰面[图16-1(b)]。利用拳峰直接攻击对方，力点是拳的峰面。

拳背：握紧的拳背部，中指和食指的掌指关节突出部分[图16-1(c)]。用于抖腕和伸肘向外侧摆动击打。

锤拳：拳握紧后，小手指以下腕关节以上的小鱼际肌的外侧[图16-1(d)]。用锤拳由上向下直接锤击最有效。

平拳：手指第二指关节弯曲，四指尖贴紧手掌，拇指扣于虎口处[图16-1(e)]。实战可用平拳冲击对方的上唇、眼睛和颈部，动作短促有力。

指节拳：拳握紧后，将食指第二指关节特别突出形成食指节拳[图16-1(f)]。将中指第二关节特别突出形成中指节拳[图16-1(g)]。实战中用指节拳攻击对方的上唇、眼睛、太阳穴、两肋、腹腔，效果极佳。

(a)握拳　(b)拳峰　(c)拳背　(d)锤拳　(e)平拳　(f)食指节拳　(g)中指节拳

图16-1　拳

2. 掌

掌即所谓的刀。手刀，也叫空手刀。将四指并拢伸直，拇指弯曲贴紧食指，小指的外侧沿即形成手刀[图16-2(a)]，拇指的内侧形成背刀[图16-2(b)]。手刀和背刀在实战中用于砍击或截击。

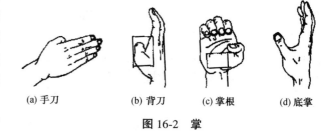

(a)手刀　(b)背刀　(c)掌根　(d)底掌

图16-2　掌

掌根：也称熊掌。将四指并拢，从第二指关节处全部弯曲扣紧，拇指扣紧虎口处[图16-2(c)]。实战时用掌根击打对方的头部、下颌和锁骨。

底掌：也称弧形掌。四指并拢，指关节微屈，拇指外展屈，掌成弧形[图16-2(d)]。可用掌根底部攻击，也可用拇指和食指掐击颈部。

3. 指

贯手：手形和手刀相似，中指和食指微屈，基本保持四指尖平齐，大拇指向掌内贴紧[图16-3(a)]。实战时用来戳中对方的主要器官。

二指贯手：伸展食指和中指呈"V"形，拇指压紧无名指第二指关节处，小指内扣[图16-3(b)]。主要用来插击对方的眼睛。

(a)贯手　(b)二指贯手

图16-3　指

（二）臂

臂的使用包括腕部和肘部。

（1）腕部：是指腕关节的四周部位。利用腕关节的内、外、上、下四个部位进行格挡防守。

（2）肘部：是指上臂、前臂之间的骨联结——肘关节部分（图16-4）。由于肘关节距身体中心近、运动灵活，属较大肌群工作关

图16-4　肘

节,因而肘的进攻威力极大,也可用于格挡防守。

(三) 腿

腿部主要使用的是膝关节。

膝部:是指股骨和胫、腓骨之间的骨联结——膝关节(图 16-5)。膝关节是人体最典型的骨关节,其组成骨骼大而粗壮,股肌和腓胫肌直接作用于膝关节,因而该关节动作既灵活又有力量,杀伤力极大,既可进攻又可防守。

图 16-5 膝

(四) 足

足是指脚的踝关节及以下的各部位。

(1) 脚前掌:指脚底前部的骨和肌肉部分[图 16-6(a)]。进攻时主要用于前踢、旋踢和抡踢。

(2) 脚后掌:指脚底后部的跟骨下缘和肌肉部分[图 16-6(b)]。进攻时主要用于转踢和蹬踢。

(3) 正脚背:指脚的正面,踝关节以下至第一趾关节以上部位[图 16-6(c)]。进攻时常用于横踢、摆踢、跳踢和飞踢。其作用距离远,力量大。

(4) 足刀:指脚底和脚背相联结的脚外侧边缘部位[图 16-6(d)]。主要用于侧踹或侧铲。

(5) 脚后跟:指脚后部踝关节以下的部位[图 16-6(e)]。进攻时主要用于后蹬、劈腿和转身后摆。

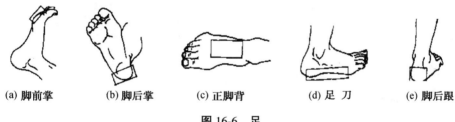

(a) 脚前掌   (b) 脚后掌   (c) 正脚背   (d) 足 刀   (e) 脚后跟

图 16-6 足

(五) 额

跆拳道中可用自己的额部顶撞对方的脸部。

二、跆拳道运动的基本步型

(一) 准备势

两脚开立,与肩同宽,两手握拳置于腹前[图 16-7(a)]。

(二) 开立步

身体直立,两脚开立,与肩同宽,两膝微屈,脚尖正对前方,两手握拳置于体侧[图 16-7(b)]。

(三) 马步

两脚开立,较肩宽,两脚尖向前或略内扣,挺胸直背,两腿屈膝半蹲,重心落在两脚之间[图 16-7(c)]。

（四）弓步

两脚前后分立，相距约一步半，前腿屈膝、后腿伸直，前腿膝关节与脚尖垂直，重心大部分落在前脚上[图 16-7(d)]。左脚在前称左弓步，右脚在前称右弓步。

（五）后弓步

两脚前后分立，相距约一步，后脚脚尖外展约 90°，屈膝如同骑马状，前腿膝关节略屈，重心大部分落在后脚上[图 16-7(e)]。左脚在前称右后弓步，右脚在前称左后弓步。

（六）前探步

如走路姿势，两脚前后分立，距离小于弓步，上体略前倾，前腿膝关节略屈，重心大部分落在前脚上[图 16-7(f)]。左脚在前称左前探步，右脚在前称右前探步。

（七）虚步

与后弓步相似，前脚掌点地，脚跟提起，重心落在后脚[图 16-7(g)]。左脚在前称左虚步，右脚在前称右虚步。

(a)准备势　(b)开立步　(c)马步　(d)弓步　(e)后弓步

(f)前探步　(g)虚步　(h)交叉步　(i)并步　(j)单脚立

图 16-7　基本步型

（八）交叉步

一脚向另一脚的前侧（前交叉步）或后侧（后交叉步）落步，脚尖着地，两腿屈膝交叉[图 16-7(h)]。

（九）并步

两腿直立，两脚跟并拢[图 16-7(i)]。

（十）单脚立

提起一条腿并将脚置于另一腿的膝关节处，只用一条腿站立[图 16-7(j)]。

三、跆拳道的基本步法

在跆拳道运动中，能否合理运用腿法准确和强有力地击打对方，是影响比赛胜负的重要因素。腿法的运用是以机动、灵活、稳固的步法作为纽带来实现的，因此步法训练在跆拳道练习中非常重要。

（一）进步

动作特点：主要用于快速进攻，使自己处于有利的进攻位置。

动作方法：实战姿势（左势），后脚朝前跨一步，换为实战姿势（右势）。

要点：以前脚为轴，后脚掌蹬地，拧腰转髋迅速，上步时上体保持平稳。

易犯错误：上步时步子过大或过小，重心起伏不稳，动作脱节，有跳步的现象。

纠正方法：上步时两脚间距离约为本人两个脚掌长，上步脚接近地面，使身体保持平稳，进步快、连贯、自然，不可跳步。

（二）退步

动作特点：主要用以快速退防，从而使自己处在防守的最佳位置，由被动变主动。

动作方法：实战姿势（左势），右脚向后退一步，换为实战姿势（右势）。

要点：以后脚为轴，前脚掌蹬地，拧腰转髋迅速，退步时重心保持平稳。

易犯错误：退步速度慢，重心不稳，动作脱节，有跳步现象。

纠正方法：快速拧腰退步，两脚间距约为本人两个脚掌长，重心平稳，不可起伏；动作连贯，退步脚接近地面，避免跳步。

四、跆拳道实战基本姿势

（一）准备姿势

准备姿势也称实战姿势或预备姿势，是跆拳道比赛双方开始时的基本站立姿势。准备姿势应便于进攻、防守、反击，以及进行步法的移动。

1. 动作过程

（1）两脚开立，与肩同宽，两臂垂于体侧。

（2）左脚或右脚向另一脚的前方迈出，两脚相距一步距离前后站立，使身体侧对对方，同时两手半握拳，沉肩，两臂屈肘自然垂放（左脚在后是左架准备姿势，右脚在后是右架准备姿势），重心落在两脚之间，膝部略弯曲，眼睛平视对方面部，下颌微收（图16-8）。

图16-8　准备姿势

2. 动作要领

（1）两臂所放位置可以是固定的，也可以一臂垂下或两臂都垂下。

（2）两脚之间的距离和重心的高低可根据具体情况进行调整，原则上是在移动时能最快调整好身体重心。

（3）若重心下降，大、小腿之间的夹角几乎等于90°，则为低位准备姿势。

（二）与对手相关的站位

1. 开式站位

开式站位指和对方体前相对应的站位，即自己的身体前面相对对方的身体前面，包括左势对右势[图16-9(a)]和右势对左势[图16-9(b)]两种形式。

2. 闭式站位

闭式站位指和对方的体前侧不相对应的站位，即自己的体前对应对方的体后，包括左势对左势［图16-10(a)］和右势对右势［图16-10(b)］两种形式。

图16-9　开式站位　　　　　　　　图16-10　闭式站位

五、跆拳道实战的基本进攻技术

跆拳道实战的基本进攻技术主要包括拳法、掌法、肘法、膝法和脚踢法。

（一）拳的基本进攻技术

拳法是跆拳道比赛中较为常用的动作之一，但往往很难得分，不是运动员得分的主要技术，它主要用来防守或配合腿的进攻。出拳的基本原则是从腰间发力将拳击出，抱拳于腰间时拳心向上，拳击出的过程中手臂要做内旋的动作，拳击至最远端时手臂伸直，击打目标后放松收回。拳的基本进攻技术有冲拳、挑拳、劈拳、后手拳等。

下面介绍后手拳。

（1）右架站立，右脚向后蹬地，腰部与上体快速有力地向左方扭转，借以增加出拳的速度和力量；在右脚蹬地的同时，右臂快速前伸，肘关节抬起，前臂内旋，拳心向下方转动，使拳面、前臂、肘关节与肩成一条直线并处在一个水平面上；同时身体重心移至左腿上，用拳击打对方胸腹部（图16-11）。

图16-11　拳的基本进攻技术

（2）在击打中目标后，有一个制动的过程，然后手臂迅速放松，并借左腿的支撑力量将手臂收回，恢复成右架准备姿势。

（二）掌的基本进攻技术

掌法在跆拳道实战中是非常多见的。虽然正式的跆拳道比赛不准使用掌法，但是掌法在跆拳道品势练习、实战格斗及防身自卫中，具有非同寻常的攻击效果，轻者致伤，重者致残致命，因而练好掌法对增强实战格斗和防身自卫能力有着重大的意义。掌的基本进攻技术有砍掌（手刀砍）、插掌（贯手）、底掌掐击、掌根推击、双插掌等。

（三）肘的基本进攻技术

基于肘关节骨结构本身的特点，使用肘的骨尖部击打的力度和威胁都很大，尤其是在贴身的近距离攻击中，更能充分发挥肘的威力，给对方以强有力的打击。肘关节灵活性大，进攻时可以向不同方向击出。肘的基本进攻技术有顶肘、挑肘、摆肘、砸肘等。

（四）膝的基本进攻技术

膝关节在跆拳道实战格斗中是近距离攻击对方的主要武器之一。膝关节是人体武器化关节中最具力量的一种，而且使用简单，一旦击中会置敌于死地。膝关节的主要使用技术是顶膝和撞膝技术。

（五）脚踢的基本进攻技术

跆拳道以其变幻莫测、优美潇洒的腿法著称于世，被世人称为"踢的艺术"，这也是跆拳道区别于其他格斗术的一个重要特点。跆拳道实战中脚踢进攻时一般使用的部位包括脚前掌、脚趾、脚背、足刀、脚后跟、脚后掌（脚跟底部）。利用这些部位可以进行站立踢、跳动踢、助跑踢、转身踢和飞踢等不同形式的进攻，而且每种踢法踢击的部位各有不同。实战过程中，运用脚踢时要根据具体情况，选择不同的踢法。

1. 前踢

动作要领：提起右腿时，两大腿内侧之间的距离应尽量小，即右腿尽量直线出腿；为保持重心，躯干可稍向后倾，尽量将髋部向前送出；击打时脚面绷直；小腿弹出后，在弹直的一刹那，要有一个制动的过程，使脚产生鞭打的效果；脚尖朝向前上方。

前踢

前踢主要用来攻击对方的面部、下颌。

2. 横踢

这是跆拳道比赛中最为常用的动作，也是运动员得分的主要技术。

动作要领：横踢腿的膝盖方向在击打的前一时刻，瞬间转髋朝向对方的腹部；提膝应尽量随着转髋同时进行，不能完全转髋后再提膝，这样会造成膝盖过早偏向左侧；左脚应积极配合髋部的转动，转动时可稍有一点跃起。

横踢

横踢主要用来攻击对方腰腹部、面部及两肋部。

3. 后踢

后踢是跆拳道比赛中最为常用的动作之一，也是运动员反击对方进攻的主要技术。

动作要领（图16-12）：身体向右后方转动时，快速提起右膝；身体转到背朝对方时要制动，同时右脚后提，膝盖此时的方向应与左腿膝盖方向一致；在提起右腿时，两大腿内侧之间的距离应尽量小；身体转动时，头部配合同向转动；左脚应积极配合髋部的转动，调整好身体重心。

后踢主要攻击对方的胸腹部、头部和两肋部。

图16-12　后踢

后踢

4. 后旋踢（简称后旋）

后旋踢是跆拳道比赛中运动员反击对方进攻的主要技术。

动作要领：右腿并不是抡圆了去划弧，在开始时有一个向斜后方向蹬伸的动作；身体向右后方转动时，要快速提起右腿；身体转动时，头

后旋踢

部配合同向转动；小腿在开始时要自然放松，在接触对方头部前再瞬时绷紧脚面，脚掌呈水平弧线鞭打；左脚应积极配合髋部的转动，在完成整个动作之前重心一直落在左脚掌前半部分。

后旋踢主要用来攻击对方的面部。

5. 劈腿

也称下劈，是跆拳道比赛中进攻和反击对方进攻的主要技术。

动作要领：劈腿时稍有一点转髋，并且提腿向上时，积极向上送髋，大、小腿之间也可有一定的弯曲度；在下劈时，身体重心向前移；上提右腿时，右脚脚面不需要绷直，应自然放松，而下劈腿时要稍绷直［也可直接用左腿劈腿，右脚进行跟步（即随着身体重心向前移动而向前跳动）］；左脚应积极配合身体的向前移动，调整好身体重心。

劈腿

劈腿主要用来攻击对方面部。

6. 双飞踢（简称双飞）

双飞踢是跆拳道比赛中常用的技术方法之一，也是运动员得分的主要手段。

动作要领：使用双飞踢的较好时机是对手处于中远距离时；击打第一个横踢时，身体可稍后倾，以利于第二个横踢；两腿交换之间，髋部要快速扭转；小腿弹出后，在弹直的一刹那，要有一个制动的过程，使脚产生鞭打的效果。

双飞踢

用双飞踢主要攻击对方的胸腹部、两肋部和面部。

第三节　跆拳道比赛主要规则

一、比赛场地

跆拳道的比赛场地是大小为12米×12米的正方形区域，建在离地面约1米高的平台上，上面铺有弹性的垫子，为安全起见，平台的两侧面略微向地面倾斜。场地正中是一个8米×8米的蓝色正方形区域，其外边为红色的警告区，提醒选手正接近边线或平台的边缘。一旦选手的脚踏入警告区则裁判自动暂停比赛。故意进入警告区可判为警告，而故意跨过边线将被扣分。

二、选手的服装

（1）选手必须穿戴跆拳道联盟所指定的跆拳道服装及防护用具。

（2）选手上衣的背后须绣上号码。

（3）选手不能穿其他任何衣服，以及佩戴附属品（如眼镜及装饰品）。

三、比赛方法

跆拳道比赛的种类分为个人赛和团体赛两种，比赛采用单败淘汰制和循环赛。

跆拳道比赛分为3局，每局的比赛时间为3分钟，局间休息1分钟。女子和世界青年锦标赛每场比赛为3局，每局比赛为2分钟，局间休息1分钟。经世界跆拳道联盟批准，男子比赛时间也可设为每局 2 分钟。

四、跆拳道比赛允许的技术和攻击的部位

（1）跆拳道比赛可用拳或脚的技术攻击髋骨以上至锁骨以下及两肋部，但背部没有被护具保护的部位禁止攻击；从两耳向前的头颈的前部，只允许用脚的技术攻击。

（2）使用拳的技术时，必须紧握拳，用拳正面的食指和中指部分击打；使用脚的技术时，必须用踝关节以下的脚的前部击打。

五、得分

（1）有效得分部位为躯干（包括腹部和两肋部）和面部允许被攻击的部位。用脚踢击对手躯干部位一次，得 1 分；以后踢、双飞踢、后旋踢、旋风踢、下劈等高难度技术动作击中躯干部位，得 2 分；而用脚击打到对手头部，则可以得 3 分；如果击倒对手，裁判员读秒后再加分。

（2）使用允许的技术，攻击被护具保护的非有效得分部位，击倒对方时，按得分计。

（3）比分为 3 局比赛得分总计。

六、跆拳道比赛的犯规行为

（1）任何犯规行为将由主裁判员判罚。

（2）如属于多重犯规，选择严重的一项处罚。

（3）处罚分为警告（Kyong-go）和扣分（Gam-jeom）。警告（Kyong-go）两次扣 1 分（-1），警告次数为奇数时，最后一次不计；扣分（Gam-jeom）一次扣 1 分（-1）。

（4）判罚警告的犯规行为。

接触行为：包括抓住对手，搂抱对手，推对手，用躯干贴靠对手。

消极行为：包括故意越出警戒线，转身背向对手逃避进攻，故意倒地，伪装受伤。

攻击行为：用膝部顶撞对手，故意攻击对手裆部，故意蹬踏对手的腿部和脚，用掌或拳击打对手面部。

不当行为：教练员或运动员示意得分或扣分，教练员或运动员有不文明语言或不得体行为，比赛中教练员离开规定位置。

（5）判罚扣分的犯规行为。

接触行为：抱摔对手，抓住对手进攻的脚，故意将其摔倒。

消极行为：超出边界线，故意拖延比赛时间。

攻击行为：攻击倒地的对手，故意击打对手后脑或后背，用手重击对手面部。

不当行为：教练员或运动员有严重的过激表示或行为。

七、犯规败

（1）运动员违背竞赛规则和故意不服从裁判员时，主裁判员有权直接判其"犯规败"。

（2）犯规累计扣 4 分（-4）者，判其"犯规败"（警告和扣分按 3 局累计）。

八、跆拳道比赛结果的判定

（1）击倒胜（KO 胜）。

（2）主裁判员终止比赛胜（胜）。

（3）比分或优势胜（判定胜）。

（4）对方弃权胜（弃权胜）。

（5）对方失去资格胜（失格胜）。

（6）主裁判员判罚犯规胜（犯规胜）。

（7）加时赛：在一场比赛中，如果双方打满3局而出现平分的情况，要进行加时赛。加时赛实行"突然死亡法"，即先得1分的一方获胜。

思考题

1. 简述跆拳道运动的含义。
2. 跆拳道运动有哪些特点？
3. 简述跆拳道比赛允许的技术和攻击的部位。

第十七章

健美操运动

第一节 健美操运动概述

一、健美操运动的起源和发展

健美操是在音乐伴奏下，运用各种不同类型的操化动作，融体操、舞蹈、音乐为一体的身体练习，既是健身美体、陶冶情操的大众健身方式，又是一种竞技运动项目。随着社会的进步、科学技术的飞速发展，人们的物质生活条件得到改善，为了抵御现代社会引发的健康危机，人们采用各种手段和方法进行身体锻炼，以增进健康、塑造形体，实现对美的追求。

现代健美操是在欧洲体操流派的基础上，吸收了东方体操的基本动作和非洲舞蹈的优美、节奏感等特点而产生和发展起来的。健美操简单易学，不受场地、气候、年龄的限制，因此备受人们的青睐。20 世纪 70 年代中期，美国著名影星简·方达创编的健美操大大促进了有氧体操的普及。《简·方达健美操》自 1981 年公之于世后，很快被译成 19 种文字，畅销 20 多个国家，引起了世界的轰动。20 世纪 80 年代以来，健美操以其强大的生命力，在世界范围内广泛开展起来。1985 年，美国正式举办一年一度的健美操锦标赛，并确定了竞赛项目和规则，使健美操逐步发展成为竞技性运动项目。

健美操于 20 世纪 70 年代末传入我国。随着健美操运动的普及和发展，相关赛事日益增多，全国大中小城市也相继举办各种形式的健美操比赛，使该运动得到迅速发展。为了有组织、有计划地推动全国大学生健美操运动的发展，1992 年 2 月，在北京成立了中国大学生体育健美操、艺术体操协会。1992 年 9 月，中国健美操协会在北京正式成立，标志着我国健美操运动进入一个崭新的发展阶段。

二、健美操运动的特点

（一）健身美体的实效性

健美操是以人体解剖学、人体生理学、体育美学、体育心理学等多学科理论为基础，以健身美体为目的而创立的健身运动。与其他体育运动项目相比，健美操动作讲究健美大方、强度、力度和弹性，以不停顿地连续走、跳、跑消耗练习者过剩的脂肪，增加肌肉力量，提高协调性、灵敏性，表现健美的姿态。可以说，健美操对塑造健美的体形，培养健美的体态，提高人的协调性和弹跳能力，培养人的审美意识作用较大。

（二）强烈的时代感与律动性

健美操把基本体操、现代舞蹈和有节奏感的音乐巧妙地融于一体，是具有鲜明特色和强烈时代感的新型体育项目，其动作素材多为富有时代感的现代舞蹈、时尚体操，其音乐多取材于迪斯科、爵士、摇滚等现代音乐。与艺术体操、花样游泳、自由体操、技巧运动等具有音乐伴奏的体育项目相比，健美操的配乐更强调旋律的激昂振奋、节奏的鲜明强劲，健美操体现出一种鲜明的节律感，充满青春活力。健美操由于其自娱自乐的特点而深受青年学生的喜爱。

（三）高度的艺术性

健美操是一项追求健与美的运动项目，强调艺术性，与其他同样具有艺术性的体育运动项目相比，健美操比健美运动更具动感和弹性，比艺术体操更强调健美和力度，比基本体操更讲究多变与活力。参加健美操锻炼，练习者不仅可以锻炼身体、增强体质，而且还能从中获得美的享受，增强审美意识，提高艺术修养。

（四）广泛的适用性

健美操既能健身美体，又符合现代人追求健美身心的需要。在激昂振奋的音乐声中，舒活筋骨、自娱自乐，能给人们带来欢乐奔放的情感体验。健美操的动作套路形式多样，节奏有快有慢，套路有长有短，动作有难有易，运动负荷和运动强度的大小可以任意调节，适合不同行业、不同年龄、不同性别、不同体质的练习者锻炼，各种人群都能从健美操练习中得到锻炼。

三、健美操运动的核心素养

健美操是一项以有氧运动为基础，以健、力、美为特征，融体操、舞蹈、音乐为一体的身体练习。它既是健身美体、陶冶情操的大众健身方式，又是竞技运动的一个项目。健美操运动需要人体各个机能和关节都参与锻炼，从而不断地优化身体的各个系统，实现加快体内新陈代谢，重新建立人体更高技能水平的目的。通过练习健美操，提高学生的协调性、柔韧性和力量等身体素质，体会运动带来不同的愉悦和享受，舒缓紧张情绪与压力，从而促进学生的身心健康，最终达到强身健体的目的。

在学习健美操的过程中，能够提升学生鉴赏美、发现美的能力。不管从表演者的服装、发饰、妆容还是动作的编排或整齐度，无一不展现健美操的美；通过形成正确的、优美的身姿体态，使人体匀称和谐地收展；在跳健美操的过程中，展示自己的姿态美，有利于学生树立正确的审美观。一些学生往往会由于自身性格方面或自身形体的欠缺而出现畏缩或自卑的心理，可以通过培养正确的审美观，了解塑造形体美的知识，进行站、立、行基本姿态训练，增强自信心。

在健美操的创编过程中，需要学生充分发挥想象力和创造力。另外，健美操教学训练过程还要求学生之间密切配合、团队协作，在比赛中要有集体意识，每个人都是整体的一部分，要有强烈的责任意识和团队意识。健美操一些表演训练能够培养学生的集体荣誉感，可以锻炼学生们吃苦耐劳、积极向上、勇往直前的精神，勇于克服训练过程中的各种困难。

通过健美操运动可以让人得到心理感受和情绪的体验，练习者表现出来的快乐与自信、热情与活力，自我实现的成就感，在锻炼过程中收获的克服困难、解决问题、磨炼意志、释放天性的体育品德，以及从健美操运动中获得自我认同以后的长期坚持的运动健康行为，终身体育锻炼的意识，科学锻炼的习惯，遵守规则、与人合作交流、公平竞争的意识等，都是对体育精神的很好诠释。

第二节　健美操运动基本动作

一、健美操运动基本徒手动作

健美操运动基本徒手动作是根据人体结构及活动特点而确定的。常见的基本徒手动作有以下几种。

（一）头颈动作

形式：头颈的屈、头颈的转、头颈的平移、头颈的绕及绕环。

方向：向前、向后、向左、向右的屈和平移；向左、向右的转、绕和绕环。

要求：做各种形式头颈动作时，节奏一定要慢，上体保持正直。

（二）肩部动作

形式：单肩的、双肩的提肩、沉肩、收肩和展肩；单肩的、双肩的绕和绕环、振肩。

方向：向前、向后的绕及绕环。

要求：提肩、沉肩时两肩在一曲面尽量上下运动；收肩、展肩幅度要大，肩部要平；振肩动作要有速度、力度和弹性。

（三）上肢动作

1. 手型

健美操的手型有很多种，主要有拳和掌两种。手型运用得好，会使健美操动作更加丰富多彩、生动活泼，更具有感染力。

（1）并拢式：五指伸直，相互并拢，大拇指微屈，指关节贴于食指旁[图17-1(a)]。

（2）分开式：五指用力伸直，充分张开[图17-1(b)]。

（3）芭蕾手式：五指微屈，后三指并拢、稍内收，拇指内扣[图17-1(c)]。

（4）拳式：握拳，拇指在外，指关节弯曲，紧贴于食指和中指[图17-1(d)]。

（5）立掌式：五指伸直，手掌用力上翘[图17-1(e)]。

（6）西班牙舞手式：五指用力，小指、无名指、中指自掌指关节处依次屈，拇指稍内扣[图17-1(f)]。

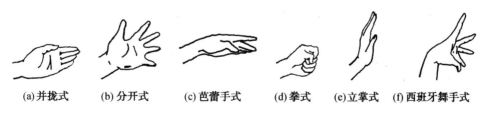

(a)并拢式　　(b)分开式　　(c)芭蕾手式　　(d)拳式　　(e)立掌式　　(f)西班牙舞手式

图17-1　手型

2. 手臂动作

形式：臂的举、臂的屈伸、臂的摆动、臂的绕及绕环、臂的振等。

方向：向前、向后、向左、向右、向上、向下等。

要求：做臂的举、屈伸时，肩下沉；做臂的摆动、绕及绕环时，肩拉开用力。

（四）胸部动作

形式：含胸、展胸、振胸。

要求：练习时，收腹、立腰。

（五）腰部动作

形式：腰的屈、腰的转、腰的绕和绕环。

方向：向前、向后、向左、向右。

要求：腰前屈、转时，上体立直；腰绕和绕环时，速度放慢。

（六）髋部动作

形式：顶髋、提髋、摆髋、绕和绕环髋、行进间正髋和反髋走。

方向：向前、向后、向左、向右。

要求：髋部练习时，上体放松。

二、健美操运动基本步伐

健美操运动基本步伐是体现健美操练习者下肢动作基本姿态的主要练习手段，根据动作的特点及运动强度差异，健美操的基本步伐分为两大类：踏步类和跑步类。

（一）踏步类

1. 踏步

种类：脚尖不离地的踏步、脚离地的踏步、高抬脚的大幅度踏步。

形式：原位踏步、移动踏步及转体的踏步。

方向：向前、向后、向左、向右走的踏步。

要点：落地时，由脚尖过渡到脚跟着地，屈膝时，胯微收，两臂自然前后摆动。

2. 点地

种类：脚尖点地、脚跟点地。

形式：原位点地、移动点地及转体的点地。

方向：脚尖向前、向侧、向后、向斜方向的点地；脚跟向前、向侧、向斜方向的点地。

要点：点地时脚伸直。

3. 移重心

种类：移动的移重心、移重心或单脚站立。

形式：原位的移重心、移动的移重心、转体的移重心。

方向：向前、向后、向左、向右的移重心。

要点：身体重心从一端移向另一端时，必须经两腿之间。

4. 并步

种类：两腿同时屈、一直一屈的并步。

形式：原位的并步、移动的并步（"之"字步）、转体的并步。

方向：向前、向后、向左、向右的并步。

要点：一脚并于另一脚，重心要随之移动，两膝自然屈伸。

5. 弓步

种类：静力性的弓步、动力性的弓步。

形式：原位的弓步、移动的弓步、转体的弓步、跳的弓步。

方向：上步弓步、后撤弓步、向侧伸弓步。

要点：一腿屈膝，脚尖与膝垂直，另一腿伸直，重心落于两腿之间。由于弓步的形式很多，因此在做法上有所不同。

6. 交叉步

形式：平移的交叉步、转方向的交叉步、小幅度跳的交叉步。

方向：向前、向后、向侧的交叉步。

要点：一脚迈出，另一脚在前或后交叉，重心随之移动，落于两腿之间。

7. "V"字步

种类：正"V"字步、倒"V"字步。

形式：平移的、转体的和小幅度跳的正"V"字步和倒"V"字步。

方向：左、右腿的正和倒"V"字步。

要点：一脚迈出，另一脚随之迈出成一条平线，两脚距离略比肩宽，两膝自然弯曲，然后依次收回。

8. 恰恰步

形式：平移的和转体的恰恰步。

方向：向前、向后、向侧的恰恰步。

要点：在2拍节奏中，快速踏步3次。

(二) 跑跳类

1. 点跳

形式：原位的点跳、移动的点跳、转体的点跳。

方向：向侧、向前、向后的点跳。

要点：点地时身体重心在一条腿上。

2. 后踢腿跳

形式：原位的后踢腿跳、移动的后踢腿跳、转体的后踢腿跳。

方向：向后的后踢腿跳。

要点：髋和膝在一条线上，小腿叠于大腿。

3. 吸腿跳

形式：原位的吸腿跳、移动的吸腿跳和转体的吸腿跳。

方向：向侧、向前、向后的吸腿跳。

要点：大腿用力上提，小腿自然下垂。

4. 摆腿跳

形式：原位的摆腿跳、移动的摆腿跳和转体的摆腿跳。

方向：向侧、向前、向后的摆腿跳。

要点：摆腿时上体顺势前倾或后倒或侧倾。

5. 弹踢腿跳

形式：原位的弹踢腿跳、移动的弹踢腿跳和转体的弹踢腿跳。

方向：向前、向侧、向斜前的弹踢腿跳。

要点：大腿抬起至一定角度后，小腿自然弹直。

6. 踢腿跳

种类：小幅度的踢腿跳、大幅度的踢腿跳。

形式：原位的踢腿跳、移动的踢腿跳和转体的踢腿跳。

方向：向前、向侧、向后、向斜前的踢腿跳。

要点：腿上踢时，须加速用力；立腰，上体保持不动。

7. 弓步跳

种类：单跳双落的弓步跳、双跳双落的弓步跳。

形式：原位的弓步跳、移动的弓步跳和转体的弓步跳。

方向：向前、向侧、向后的弓步跳。

要点：跳成弓步时，身体重心在两腿之间。

8. 开合跳

种类：单起双落的开合跳、双起双落的开合跳。

形式：原位的开合跳、移动的开合跳和转体的开合跳。

方向：向前的开合跳。

要点：分腿时，两腿自然外开，膝关节沿脚尖方向弯曲；跳起与落地时，注意屈膝缓冲。

第三节 健美操运动成套动作

国家体育总局和大学生"两操"协会于1998—2009年连续向社会推广了《全国健美操大众锻炼标准》（简称《锻炼标准》多级别的成套规定动作，《锻炼标准》共分为六个等级，四个层次。一级为入门；二、三级为初级；四、五级为中级；六级为高级。一级面向大众；二、三级面向有意参加健美操的锻炼者；四、五级面向健美操爱好者；六级面向有意于健美操深造及准备进入竞技健美操的训练者。

下面介绍《锻炼标准》第三套（三级）动作，要求是：第一，掌握基本动作；第二，学习健美操典型动作；第三，以下肢单动作配合上肢简单动作为主；第四，保持中低强度有氧训练；第五，以上肢、腰、腹、臀部的力量和弓步及各部位拉伸练习为主。

一、组合一

节拍		下肢步伐	上肢动作
一	1~4	右脚开始向侧迈步后屈腿两次，2 右转 90°	1~2 右臂摆至侧上举，左臂摆至胸前平屈，3~4 同 1~2，但方向相反
	5~8	向右迈步后屈腿两次，6 右转 180°	双手叉腰

节拍		下肢步伐	上肢动作
二	1~2	1/2 "V" 字步	1 右臂侧上举，2 左臂侧上举
	3~8	6 漫步，8 右转 90°	随脚的动作自然前后摆动

节拍		下肢步伐	上肢动作
三	1~8	右脚开始交叉步两次，右转 90°，呈 "L" 形	1 双臂前举，2 胸前平屈，3 同 1，4 击掌。5~8 同 1~4

节拍		下肢步伐	上肢动作
四	1~4	右脚侧并步跳，1/2 后漫步	1~2 双臂侧上举，3~4 左臂摆至体后，右臂摆至体前
	5~8	左转 90°，左脚开始小马跳两次	5~6 右臂上举，7~8 左臂上举
第五至第八个 8 拍的动作与第一至第四个 8 拍的动作相同，但方向相反。			

二、组合二

组合二动作			
	节拍	下肢步伐	上肢动作
一	1~4	右脚向右前上步吸腿两次	双臂自然摆动
	5~6	左脚向后交换步	双臂随下肢动作自然摆动
	7~8	右脚上步吸腿	双臂自然摆动
动作			
	节拍	下肢步伐	上肢动作
二	1~2	左脚开始向右侧交叉步	双臂随步伐向反方向臂屈伸
	5~8	右转45°，左脚漫步	5~6 双臂肩侧屈外展，7~8 经体前交叉摆至侧下举
动作			
	节拍	下肢步伐	上肢动作
三	1~4	左脚开始"十"字步，同时左转90°	双臂自然摆动
	5~8	左脚开始向侧并步跳两次	双臂自然摆动
动作			
	节拍	下肢步伐	上肢动作
四	1~8	左腿漫步两次，右转90°	双臂自然摆动

第五至第八个8拍的动作与第一至第四个8拍的动作相同，但方向相反

三、组合三

节拍		下肢步伐	上肢动作
一	1~6	右脚开始做侧点地三次	1~2右臂向下臂伸，3~4左臂向下臂屈伸，5~6同1~2动作
	7~8	左脚开始向前走两步	击掌两次

节拍		下肢步伐	上肢动作
二	1~4	左脚开始吸腿跳两次	1侧上举，2双臂胸前平屈，3同1，4双手叉腰
	5~8	吸右腿跳，向后落地，转体180°，吸右腿跳	双手叉腰

节拍		下肢步伐	上肢动作
三	1~4	左脚开始向前走三步吸腿跳，同时左转体180°	1~3叉腰，4击掌
	5~8	右脚开始向前走三步吸腿跳	5~6手臂同时经前向下摆，7~8经肩侧屈外展至体前击掌

节拍		下肢步伐	上肢动作
四	1~8	左脚开始侧并步四次，呈"L"形	双臂做屈臂提拉四次

第五至第八个8拍的动作与第一至第四个8拍的动作相同，但方向相反

四、组合四

节拍		下肢步伐	上肢动作
一	1~4	右腿上步吸腿	双臂向前冲拳，后拉两次
	5~8	左脚向前走三步吸腿	手臂同时经前向下摆，8击掌

节拍		下肢步伐	上肢动作
二	1~4	1 右脚向侧迈步，2~3 向右前 1/2 前漫步，4 左脚向左侧迈步	1 侧上举，2~3 随脚的动作自然摆动，4 同 1 动作
	5~8	右脚向左前方漫步	双臂自然摆动

节拍		下肢步伐	上肢动作
三	1~6	右脚开始上步吸腿三次	1 肩侧屈外展，2 击掌，3~4、5~6 同 1~2 动作
	7~8	左脚前 1/2 漫步	双臂自然摆动

节拍		下肢步伐	上肢动作
四	1~8	左转 90°，向左做侧交叉步，转体 180°，接侧交叉步	1~4 双臂做外展、内收、外展、击掌，5~8 同 1~4 动作

第五至第八个 8 拍的动作与第一至第四个 8 拍的动作相同，但方向相反

五、力量练习部分

开始动作 1×4				过渡动作一 1×8		

节拍分段			动作描述
开始动作	4拍	1~2	右腿向右一步成开立，右臂侧下举，左臂侧下举，掌心向前
		3~4	击掌两次
过渡动作	一	1~2	向右转体90°，右腿后伸成大弓步，右手撑地，左臂侧举向上
		3~8	3~4 左转180°成屈膝坐，5~6 双手前上举，后倒成仰卧，7~8 双臂经体侧至头后

腹肌练习二 1×8		腹肌练习三 1×8	

节拍分段			动作描述
腹肌练习	二	1~8	1~4 收腹抬起上体，5~8 还原
	三	1~8	1~2 抬起上体，3~4 双手右腿后击掌，5~6 双手左腿后击掌，7~8 还原
	四至五	1~8	动作同第二至第三个8拍

过渡动作六 1×8		过渡动作七 1×8	

续表

节拍分段			动作描述
过渡动作	六	1~2	抬起上体，双手抱右腿膝
		3~4	同 1~2 动作，抱左膝
		5~8	右转 90°成侧卧，右腿后屈，左小臂撑地
	七	1~8	1~4 搬左侧腿，5~8 左转 90°成屈腿坐，双手体后支撑，指尖向前

腹背练习八 1×4

过渡动作九 1×8

腹背练习十 1×8

节拍分段			动作描述
腹背练习	八	1~8	1~2 抬起髋部，右腿水平伸直，3~4 还原，5~8 换另一腿
过渡动作	九	1~8	1~4 左转 90°成左腿后屈侧卧，小臂撑地，搬右侧腿，5~8 还原成屈腿坐
腹背练习	十	1~8	动作同八，但方向相反

过渡动作十一 1×8

俯卧撑练习十二至十五 1×8

续表

节拍分段			动作描述
过渡动作	十一	1~8	1~2 双腿伸直，3~4 右转180°成俯撑，双手体侧撑地，5~6 屈腿，7~8 双手伸直撑起成跪撑
俯卧撑练习	十二至十五	1~8	1~4 屈臂，身体保持稳定，5~8 还原。4同3相反，5~8 还原

节拍分段			动作描述
过渡动作	十六	1~8	左转180°，左脚向前迈步，左手撑膝站起
	十七	1~8	右脚向侧迈步成开立，1~2 右臂经肩侧屈至侧平举，3~4 左臂经肩侧屈至侧平举，5~6 双臂上举，双手互握，7~8 双手握拳至胸前
结束动作	一拍	1	右脚向左前方迈步，屈膝，上体右转，双臂侧下举

第四节　健美操比赛规则

一、健美操比赛的种类、内容

（一）健美操比赛的种类

按照目的和任务，健美操比赛分为大众健美操比赛和竞技健美操比赛。

大众健美操比赛主要是指以健身、推动群众性运动及提高社会参与性为目的，并根据健美操项目自身发展和社会需求来举办的各种类型比赛。其比赛的基本形式有全国万人健美操大众锻炼标准大赛、全国亿万职工健身活动暨健美操大赛等。

竞技健美操是以夺标和提高运动技术水平为目的的比赛，要求参赛者必须具备一定的身体素质和专项技术水平，并严格执行竞赛规则。其比赛形式有世界健美操锦标赛、健美操世界杯、世界健美操冠军赛及全国锦标赛、冠军赛、青少年锦标赛、大奖赛、运动员等级赛等。

（二）健美操比赛的内容

健美操比赛有规定动作比赛和自编动作比赛。

规定动作比赛是主办单位根据比赛目的、任务、参赛对象层次而特意在赛前创编好成套动作，参赛队共同按此比赛套路进行比赛。

自编动作比赛是参赛单位按照赛前下发的竞赛规程和特定的竞赛规则要求，如对选用的音乐时间、队形变化及难度动作等做具体的规定和限制，自编操化动作、过渡连接等形成完整的成套动作来参加不同项目的自编动作比赛，每个项目都有严格的评分规则。

二、大众健美操比赛评比规则

2009 年版全国大众健美操比赛评分规则在 2003 年版规则的基础上，根据近年来的执行情况进行了一定的修改，从而更加适合当前大众健美操的发展情况，为各层次和各级别的群众性健美操比赛提供科学可行的评分参考。本评分规则的适用范围为全国大众健美操比赛和所有层次的比赛，包括各省、市、区、县、单位、学校的群众性健美操比赛，以及健美操大众锻炼标准分区赛和全国总决赛。

（一）总则

健身健美操是在音乐伴奏下，以身体练习为基本手段、以有氧运动为基础，达到增进健康、塑造形体、改善气质、娱乐休闲的目的的一项运动。

制定本规则的目标是保证全国大众健美操比赛评分的客观性、规范性和公正性。

大众健美操比赛包括规定动作比赛（《全国健美操大众锻炼标准》）和自选动作比赛。

（二）年龄与分组

儿童组（小学生）12 岁以下，少年组（中学生）13~17 岁，青年组 18~34 岁，中年组 35~49 岁，老年组 50 岁以上。

（三）参赛人数

规定动作：每队 6 人，性别不限，或按比赛规程执行。

自选动作：每队 3~16 人，性别不限，或按比赛规程执行。

（四）比赛场地与设备

赛台高 80~100 厘米，比赛场地为 12 米×12 米的地板或地毯，后面有背景遮挡。有专业的放音设备和舞台灯光。裁判席设在比赛场地的正前方。

（五）成套动作时间

规定动作按《全国健美操大众锻炼标准》的规定时间执行。自选动作的成套动作时间为 2 分 30 秒至 3 分，计时从动作开始到动作结束。

（六）音乐伴奏

（1）规定动作音乐由主办单位提供，音乐为《全国健美操大众锻炼标准》中规定的动作音乐，并统一播放。

（2）自选动作音乐由参赛队自备，必须录在数码储存器的开头，须备 2 份，其中 1

份报到后交大会放音组。自选动作音乐允许有 2×8 拍的前奏，音乐速度不限，但必须是高质量的。

（七）比赛服装

（1）着健身服或运动式休闲服和运动鞋（旅游鞋式，不可穿球鞋、体操鞋等）。

（2）服装上可有亮片等装饰物，女运动员可化淡妆；比赛时运动员不得佩戴首饰。

（八）裁判组组成

裁判组由 1 名裁判长、5~7 名裁判员、1 名记录长、2~3 名记录员、1 名计时员（自选动作比赛）、1~2 名放音员、2~3 名检录员、1 名宣告员组成，也可根据比赛规模的大小适当增减裁判人员。

（九）评分方法

（1）采取公开示分的方法，成套动作满分为 10 分，裁判员的评分精确到 0.1 分。

（2）裁判员的评分去掉一个最高分和一个最低分，中间 3 个分数的平均分即为总分，再减去裁判长减分即为最后得分。

（3）不接受对比赛成绩和结果的申述。

思考题

1. 简述健美操运动的特点。
2. 健美操运动有哪几种基本步伐？

第十八章

瑜伽运动

第一节 瑜伽运动概述

一、瑜伽运动的起源和发展

瑜伽运动诞生于公元前，起源于印度，流行于世界。瑜伽运动是东方最古老的强身术之一，是人类智慧的结晶。瑜伽运动也是印度先贤在最深沉的思想和静定状态下，直觉了悟生命的认知。

瑜伽一词源于梵文音译，有结合、联系之义，这也是瑜伽运动的宗旨和目的，是为达到冥想而集中意识之义。修炼瑜伽能把散乱的精神集中并使之平静下来。瑜伽修炼首先要着眼于身体的强健，然后要求身心融合为一，在此基础上，引导修持者进入无上完美的境界。在修炼瑜伽的过程中，修持者逐渐深化自己的内在精神，从外到内，从感觉到精神、理性，而后到意识，最后使自我同内在的精神融合为一，达到天人合一。

而今的瑜伽，已经是印度人民几千年来从实践中总结出的人体科学的修炼法，再也不是只限于少数隐居人的秘密。目前瑜伽作为一种健身方法已在全世界广泛传播，是一套从肉体到精神极其完备的锻炼方法。它超越了哲学和宗教的范畴，具有更广泛的含义，是一项集健身、美容和健心于一体的时尚运动。瑜伽有多个门派，当今世界最盛行的是以呼吸与体位法为中心的体动健身瑜伽。健身瑜伽是由呼吸法、体位法、冥想法所构成的一种协调身心平衡的养生法则，通过深层的呼吸、筋骨的伸展及平静的心灵来探索及观看自己的身体，以达到身心平衡协调的发展。

二、瑜伽运动的核心素养

瑜伽是一项具有较高健身价值的运动项目，通过站、坐、跪、卧、倒立等动静结合的体式练习，配合正确的呼吸方式，缓慢调姿，充分弯曲、伸展、扭转人体各个部位，活化僵硬的关节，刺激各穴位和经络，增进气血流通，按摩人体各个器官，改善内脏功能，或调节体内环境，增进呼吸系统、消化系统、泌尿系统等各系统的功能，增强人体免疫力，通过瑜伽的练习，拉伸肌肉、韧带，提高身体的柔韧性、协调性、平衡能力，增强内脏的功能，纠正不良的身体姿势，改善形体，增进自然治愈力，进而促进身体健康。

瑜伽作为身心结合的体育运动，强调平和稳定，追求身心和谐。通过冥想、呼吸法净化心灵，缓解压力，增强大脑的灵敏性和记忆力，培养平和、宽容、乐观、积极向上的品质。瑜伽要求练习者在练习与生活中保持平和心境，引导人们释放心灵，培养人们冷静客观的良好心态、善良自信的生活态度，有效改善疲劳、焦虑、抑郁、气愤等不良情绪，对调节人的心理健康状况、改善心理亚健康状态有良好的功效，对乐观积极、心怀感恩地面对生活具有重要价值。练习瑜伽可以使人意志坚强、心平气和，使练习者能够在面临当今社会巨大的挑战和压力之下，从容不迫地应对各种困难。此外，初步掌握瑜伽冥想、呼吸、体位、放松等练习方法，可以使学生具备自我练习的能力，为终身体育奠定基础。

第二节　瑜伽运动基本动作

一、瑜伽体位法

（一）瑜伽体位法的含义

瑜伽体位法的梵文为Asana，其意义为在某一个舒适的动作或姿势上维持一段时间。瑜伽利用一些扭转、弯曲、伸展的静态动作及动作间的止息时间，刺激腺体、按摩内脏，有松弛神经、伸展肌肉、强化身体、镇静心灵的功效。

（二）瑜伽体位法的分类

瑜伽体位法可分为站姿、坐姿、跪姿、俯卧和仰卧、平衡、倒立六个类别。

1. 站姿

瑜伽站姿练习可以消除紧张和压力感，恢复体力，振作精神，伸展脊柱，放松身心。练习正确的站姿方法，能增强身体的力量，增加稳定性和平衡感。

瑜伽站姿有树式、三角伸展式和战士一式等多种。

　　基本坐姿　　　　　　树式　　　　　三角伸展式　　　　战士一式

2. 坐姿

坐姿不仅能安抚整个神经系统，还能使大脑镇定下来。通过练习坐姿，可加强两髋、两膝和两踝力量，滋养和加强神经系统，减轻和消除风湿和关节炎等病症。

坐姿有半莲花坐、磨豆功、束角式、脊柱扭转式、牛面式和单腿抬起触头式等多种。

　　　　束角式　　　　　　牛面式

3. 跪姿

跪姿是瑜伽中的常见姿势，它有调整背部和脊柱、纠正驼背、强化神经系统、缓解疲劳和按摩腹部器官等作用。

跪姿有钻石式、骆驼式、门闩式、月亮式、婴儿式、狮子式、放气式、腹部按摩式、蜥蜴式等多种。

骆驼式

4. 俯卧和仰卧

俯卧一般要求身体具备灵活性，而仰卧则要求身体强而有力。同时，仰卧还是加固和调养身体的有效方式，特别是对背部、腿部和臀部的肌肉有强化作用。

（1）俯卧：增强脊柱弹性，强化腰部肌肉。俯卧有眼镜蛇式、弓式等。

（2）仰卧：有益于腹部内脏器官。仰卧有脊柱扭动式、下半身摇动式、船式、卧角式等。

眼镜蛇式

船式

5. 平衡

平衡的练习可以强壮手臂和手腕、小腿和脚踝的肌肉力量，增强平衡感，强健腹部器官，全面提高身体素质。平衡的姿势有乌鸦式、双手蛇式、脚尖式、秋千式、起重机式、独身者式、舞蹈式等。

舞蹈式

6. 倒立

倒立姿势是瑜伽练习中不可或缺的一部分，它们有消除疲劳、加强免疫系统的功能、消除紧张情绪、恢复大脑活力等作用。倒立姿势主要有头倒立式、肩倒立式、犁式和蝎子式等几种。

从生理上说，倒立姿势能促进全身的血液循环，帮助身体各部分组织得到营养。它对人体的分泌系统也有益，并影响人体免疫系统的功能。

肩倒立式

倒立姿势中的反引力姿势使人体的消化系统得到充分休息，可加强消化系统的功能。倒立姿势还能让心脏充分休息，恢复脑细胞的活力，提高记忆力。

从人体的能量水平来看，倒立姿势主要锻炼头部能量中心，即顶轮，这个能量中心被称为"第三只眼"，与人类更高级的意识形态相关。

倒立姿势有助于消除长期以来重力对人的压迫感，消解紧张。通过拉伸和活动脊柱、刺激脊髓，这一部位的神经可以更好地传输信息。这将对整个人体产生积极影响，使身体充满活力。

（三）瑜伽放松式

（1）全休息式（大休息、摊尸式）。背部贴地仰卧，两手放在身体两侧，手心向上，脚舒适地分开。在任何情况下实行此式，短时间内即可恢复失去的活力。

（2）俯卧式。俯卧地上，额头贴地，两臂放于体侧，手心向上。俯卧式能给人以全面的休息、松弛和心灵的警醒感觉，使整个身心都得到放松，是一个极佳的放松姿势。

（3）鳄鱼休息式。俯卧在地板上，双腿适度张开，脚趾朝向身体外侧。左手抓住右手上臂，两手放于身前，前额放在左臂上，使胸部不与地面接触。做鳄鱼休息式时使用腹式呼吸，可使人们正确地进行呼吸。

（4）婴儿式。膝盖靠地，大脚趾相碰，坐在脚跟上，分开膝盖，与臀部同宽。呼气，躯干向前靠在大腿上，前额靠地。手臂垂放于身体两侧，手掌向上，手背靠地。让肩膀放松，自然下沉。

（5）鱼戏式。俯卧在地，头部转向右侧，十指交叉，放在头部下方。鱼戏式有助于恢复精力。

（四）瑜伽动态体位——拜日式

也称为向太阳致敬式或向太阳礼拜式，是在开始瑜伽前的热身运动，也是瑜伽基础柔软术。拜日式是由一组瑜伽姿势组成的动作。它来源于一系列对初升太阳进行膜拜的动作。拜日式由12个姿势（祈祷式、展臂式、前屈式、骑马式、顶峰式、五体投地式、眼镜蛇式、顶峰式、骑马式、前屈式、展臂式、祈祷式）组成，用不同的方法活动脊椎并伸展四肢。它能锻炼人身体的柔韧性，能调节呼吸和集中意识。练习时应循序渐进，开始时每次练习至少2~3次，之后逐渐增多，直到最后达到12次。注意不要勉强，达到自己极限即可。

二、瑜伽呼吸和调息

（一）调息法

呼吸是沟通肉体和精神的桥梁，对瑜伽修习起着至关重要的作用。

呼吸是基础，调息能加强我们身体对吸入气体的利用与控制。调息除了具有以上功能外，最重要的功能是用来调整人体经络中生命之气的运行与平衡流通，起到平和、净化身心的作用。调息法是呼吸的艺术，而且通过呼吸，能专心和有规律地对生命力进行调节或控制。

调息法是一种通过呼吸净化身体及大脑思维的方式。它能使神经系统安静下来，让大脑的注意力更加集中。因此，它能创造一个由内而外的宁静环境，在冥想前进行调息，能够极大地益于瑜伽练习。

（二）呼吸周期

瑜伽调息时，呼吸周期包括吸气、呼气和屏息（也称悬息）三部分：吸气时有意识地延长吸气，使肺部充满纯净、新鲜的空气；呼气时排出陈腐空气，清空肺部；屏息指的是吸气、呼气间正常的停顿。一呼一吸后才算一次调息。屏息分为内悬息和外悬息两种。将体内吸满气体，蓄气不呼，成为内悬息；将体内的气体全部排出，屏而不吸，称为外悬息。

瑜伽调息最重要的部分是屏息。专家建议练习三个月的无屏息瑜伽调息后，才能尝试屏息。如果练习屏息不当，会严重伤害肺部。因此，练习瑜伽调息时，主要练习吸气和呼气，控制呼吸后再开始练习屏息，不可操之过急。

吸气、呼气、屏息之间应该有一个固定的比例，吸气、屏息、呼气之间的比例分别是1:4:2，根据这一比例，吸气4秒，屏息16秒，呼气8秒。对于初学者来说，要达到这一比例非常困难，可以从1:1:2的比例练起。

（三）呼吸和调息方法的分类

瑜伽的呼吸方法大概有10多种，基本的、较为简单也易为初学者所掌握的有"胸式呼吸法""腹式呼吸法""鼻孔交互呼气法"等；稍复杂些的、常为程度较高的瑜伽研习者所常用的有"蜜蜂调息法""风箱调息法"等。

从呼吸的部位来分，呼吸方法可分为腹式呼吸、胸式呼吸和腹胸式完全呼吸。

（1）腹式呼吸：以肺的底部进行呼吸，感觉只是腹部在鼓动，胸部相对不动。

（2）胸式呼吸：以肺的中上部分进行呼吸，感觉只是胸部在张缩鼓动，腹部相对不动。

（3）完全呼吸：肺的上、中、下三部分都参与呼吸的运动。腹部、胸部乃至全身都在起伏张缩。

唯有第三种呼吸才符合瑜伽的呼吸要求。

从呼吸的过程来分，有屏息与不屏息两种，而屏息又分为呼气前的屏息与呼气后的屏息两种。

从呼吸的功用来分，有左鼻孔呼吸、右鼻孔呼吸、左右鼻孔交替呼吸三种。

（四）收束法

练习瑜伽的呼吸法时重要的一点是一定要配合相应的收束法来进行。收束法的主要目的是防止体能混乱而耗散，将能量运送到需要的部位，并刺激特殊的腺体。

呼吸的收束法主要有三种。

（1）下巴收束法。在呼吸的过程中始终以下巴抵住胸骨（与其说下巴向下抵胸部，不如说是提起胸部，使其与下落的下巴相结合）。肋骨要抬起，头、胸骨、肚脐和两大腿之间要处于一正中线上。

（2）会阴收束法。垂直收缩肛门与生殖器之间的中心部位。

（3）腹部收束法。一般是配合呼气时进行。通过横膈膜，一边将内脏向后上方的背脊牵拉，一边向上移，感觉腹部完全凹扁下去。

三、瑜伽冥想

冥想是瑜伽修炼中达到专注的方式。冥想是有意识地把注意力集中在某一点或某一想法上，在长时间的反复练习下，使大脑进入更高的意识，身心宁静，达到身、心、灵的全面合一，最终达到天人合一。

（一）冥想方式

进行冥想的方法有很多，下面介绍几种常用的方式。

1. 语音冥想

语音冥想又称"曼陀（mantra）冥想。"梵语"曼陀"的意思是把人的心灵从种种世俗的思想、欲念中摆脱出去。语音冥想是利用声音的振动来保护自己，并让自己得到自由的冥想法，是所有瑜伽冥想术中最完全、最流行的一种。

最常用的经典瑜伽语音是"OM"，它作为冥想的工具已经被瑜伽修习者唱颂了几千年。

2. 呼吸冥想

即冥想时要观察呼吸、感觉器官，观察身体的各个部位。最简单的冥想技巧是花2~3分钟把注意力集中到感觉和呼吸的节奏上，使它渐渐变得缓慢而深沉。可以根据自己的状态来调节冥想时间的长短。

3. 注目凝视冥想

注目凝视冥想又称特拉他卡法。它是观察某一物体后，把印象刻在眉心的一种冥想法，也就是持续地盯着一个视觉刺激物，把思想引导到集中的一点上。传统的做法是烛光冥想术。

（二）瑜伽冥想坐姿

（1）简易坐。这是最简单的一种坐式，适合瑜伽初学者在练习瑜伽动作和冥想时应用。坐在地上，两腿向前伸直，自然呼吸。双腿交叉，左脚压在右腿下方，右脚压在左腿下方，同时挺直脊背，下颌收紧。

（2）莲花坐。莲花坐是最古老的一种瑜伽姿势，它是各种姿势的基石。双腿伸直，平坐于地面上，以双手握住右脚踝，将右腿放在左大腿上，脚心朝上。以双手握住左脚踝，将左腿放在右大腿上，脚心朝上。挺直脊背，收紧下巴，让鼻尖同肚脐保持在一条线上。完成莲花坐后，自然呼吸，直到心平气和为止。

（3）半莲花坐。坐在地上，双腿向前伸直。右小腿弯曲，右脚脚底板抵住左大腿内侧，脚心向上。屈起左腿，将左脚放在右大腿的上面，这就是半莲花坐。

（4）霹雳坐。又称雷电坐、金刚座，是其他瑜伽姿势的入门姿势，必须常加练习以达到熟练的程度。两膝跪地，脚跟分离，两脚的脚趾微微接触，但不重叠。臀部后坐于两脚内侧，同时，手掌心向下，置于大腿部位。完成霹雳坐以后，自然呼吸，意识集中于鼻尖。

（5）至善坐。顾名思义，这在瑜伽里是一个最好的姿势。瑜伽认为，至善坐有助于清理人体经络，从而利于生命之气的提升。两腿伸直，坐于地上，两手置于臀侧。屈左腿，左脚跟顶住会阴部位，左脚板底紧靠右大腿。屈右腿，右脚放在左脚踝上。右腿跟靠近耻骨，右脚放在左腿小腿上，两手自然地放在膝盖上，两只眼睛凝视鼻尖，尽可能长久地保持这个姿势。

（6）吉祥坐。坐在地上，两脚向前伸直，两手放在膝盖上。弯起左小腿，把左脚板底顶住右大腿，右脚放在左小腿腿肚上，两脚脚趾分别插入两膝盖窝，两手放在两膝上。

（三）瑜伽手印与身印

手印是指瑜伽修炼时手的姿势，又称为印契。不同的手印对身心的影响是不同的，这些瑜伽手印，象征特殊的愿力，非常有助于净化心灵。瑜伽有8种常见的手印。智慧手印和禅那手印是调息和冥想时最常用的手印。

（1）智慧手印。又称降魔手印。手掌向上，大拇指与食指相加，其他三指自然伸展。此手印代表人与自然合一，可以让人很快进入平静的状态；可安神、强记、开启创造力，并可缓解和治疗失眠、抑郁等各种神经官能症。

（2）能量手印。无名指、中指和大拇指自然相加，其他手指自然伸展。此手印可以排出体内的毒素，消除泌尿系统的疾病，帮助肝脏完好，调节大脑平衡，让人更有耐心、充满自信。

（3）生命手印。又称明目手印。大拇指、小拇指、无名指相加，其他两指自然伸展。它可以增强一个人的活力，增强力量，明目健视，使紧张、疲惫者顿觉精力充沛。

（4）流体手印。大拇指和小拇指相加，其他三指自然伸展。它可以帮助我们平衡体内流体，改善眼睛视力，减轻嘴巴过干的现象。

（5）禅那手印。两手叠成碗状，将拇指尖相连，将完成姿势的手放在踝骨上。这是比较古典的手印，意味着空而充满力量的容器。女性右脚和右手在上，男性左脚和左手在上。可以平和、稳定精神。

（6）双手合十手印。即阴阳平衡手印。双手合掌，放在胸前做成冥想的姿势，意味着身体和心灵的合一、大自然和人类的合一。此手印可以增强人的专注能力。

（7）秦手印。也称下巴式。手势手掌向下，大拇指和食指指端轻贴一起。作用与智慧手印相同。

（8）莲花手印。代表纯洁。这个手印可帮助打开心轮，接受爱和慰藉。心轮是纯洁的象征。

相对于"手印"的是"身印"。身印是瑜伽调息、体位（姿势）、收束法乃至心理观想的一些特定的组合，可进一步活化体内的气血和能量，使之达到新的平衡，为冥想做更好的准备。

瑜伽契合法可以认为是一种高层次的精神修炼，但是这只有在练习者完成坐法和调息的训练之后才能实现。流传下来的经典瑜伽契合法有十来种甚至更多，对于初学者或一般的练习者，每次取其一种，专心地练习，容易更快地找到感觉、进入状态。例如，与调息法相结合的身印乌鸦契合法、与体位相结合的身印大契合法、与收束法相结合的身印提肛契合法，这些可能是最安全、最方便的，因而也是最广泛、有效的契合法练习，无论坐卧立行，都可以随时随地练习，想练多久都可以，而且绝对无害。

第三节　瑜伽运动饮食、准备及注意事项

一、饮食

（一）饮食分类

瑜伽把食物分成三种：悦性食物、变性食物及惰性食物。

1. 悦性食物

悦性食物是宇宙间最纯粹的食物，也是最适合于瑜伽习练者的饮食。这类食物使身体变得健康、纯洁、轻松、精力充沛，使心灵宁静而又愉快，创造身心平衡。它包括水果、部分蔬菜、豆制品、牛奶和乳类制品、坚果、温和的香料和谷类制品等。这类食物很少选用香料和调料，烹饪方法简单。

2. 变性食物

变性食物是指有益身体，但不一定有益心灵，多吃了常会引起身心浮躁不安的食

物，多指味道浓重的食品。它们破坏身心平衡，消耗脑力，经常食用，身心会浮躁不安。

变性食物包括辣椒、强烈调味品、咖啡、浓茶、巧克力、食盐等。过快的饮食也是变相食用变性食物。

3. 惰性食物

惰性食物是容易引起怠慢、疾病和心灵迟钝的食物。此类食物对心灵有害，对身体无益。这些食物的烹饪是经过煎炸、烘烤的，有些使用了咖喱粉做调料，味道很浓。

惰性食物包括肉类食品、洋葱、芥末、葱、蒜及含酒精饮料、烟草等。暴饮暴食也是变相地食用惰性食物。过多地食肉易引起癌症、高血压和心脏病等顽症。

(二) 瑜伽饮食观

一切悦性食物如加上辛辣或其他刺激性强的调料就会变成变性食物，而成为不健康食品。这种食物的分类会随着气候、个人身体状况而变，如气候寒冷的地方，变性食物变为悦性食物，惰性食物变为变性食物。

瑜伽修行者非常注重饮食的平衡，认为任何食物都能影响个人身体状况，饮食不当的话，便会致病。为了身体健康、心灵的平静，瑜伽主张人要多吃悦性食物，少吃变性食物，完全不吃惰性食物。过量饮食等于食用惰性食物。同时，大量饮水非常重要，因为水可以消除内脏器官的污垢。

瑜伽倡导的饮食方式是瑜伽生活方式最为重要的一个环节。饮食在瑜伽体系中占有决定性的地位，这是因为食品的种类和质量直接影响机体和精神状况，同时也影响其心灵和意识。

二、做好前期准备

(一) 身心准备

瑜伽是一项注重人的内在心灵、追求身心融合的运动，因此，在你准备要进入瑜伽的世界时，除了身体准备，还要多做一些心理准备，这将帮助你更深刻地体验到瑜伽在改善体能之外的功用。

虽然瑜伽适合每个人学习，但第一步仍需要了解自己的体能与健康，这样才能达到预期的效果。心理测验是剖析自己常遇到的情绪问题及心理障碍，从精神上为练习瑜伽做准备。同时，练习瑜伽时身体要放松，并保持愉快的心情。

(二) 瑜伽用品准备

练习瑜伽时，可准备毛巾、垫子等辅助工具。由于瑜伽有大量扭曲和伸展躯干、四肢的动作，因此练习时要穿宽松舒适的服装，这样练习时无拘无束、舒服畅快。

瑜伽练习时必须保持安静，避免交谈和心理活动。熏香、精油或柔软的灯光、轻柔的音乐，均可帮助练习者在宁静的气氛下顺利进行练习。

(三) 场地准备

瑜伽是最不受场地限制的运动之一，只要有一个可容全身平躺的空间就可以了。但是，瑜伽对场所还是有以下的一些基本要求的：练习瑜伽时要选择安静、清洁、空气新鲜的地方，尽量离开房间而选择露天的自然地；在房间中注意保持空气的流通，这对于调息练习尤为重要；练习瑜伽时地上需要铺上松软的毯子或垫子。

（四）固定练习时间

瑜伽练习没有具体的时间要求，符合自己生活、工作规律的时间就是最适宜的时间。一般来说，练瑜伽需要空腹，可以在进餐以外的所有时间进行，最好在饭后的三四个小时后进行。清晨或者傍晚是瑜伽锻炼的最佳时间，因为这是人体最平静的两个阶段。

总之，练习者应该选择对自己最为方便的时间，争取每天在固定的时间内练习。同时，每周应至少练习三次。

三、注意事项

瑜伽是全身性的运动，没有年龄的限制，任何人都可以学习。在练习时，有几点要特别注意：空腹，轻装，热身，练习前后勿洗浴，等等。此外，还要保持健康的生活。

（一）保持空腹

瑜伽一定要空腹练习。如果胃里有食物的话，练习时就会感觉身体沉重，不能充分扭转、伸拉身体。瑜伽练习最好的时间就是在早上空腹时。如果吃了丰盛的食物的话，至少要间隔三到四个小时才能练习。而且练习完以后要等半个小时才能吃东西。

（二）洗浴后不宜立即练瑜伽

洗浴、桑拿前后30分钟内不宜做瑜伽。练习之后10分钟内不要洗浴，最好等到心率恢复正常之后再洗浴。一般练习瑜伽动作时毛细血管会扩张，在此前后若洗浴，会使血液循环加快，增加心脏的负担。

（三）穿舒适及有弹性的衣服

练习瑜伽要穿宽松舒适的衣服，不要穿有腰带的裤子，最好是棉质衣服，运动服或休闲服都是很好的选择。同时，女生应取下所有饰物，光脚，最好去掉胸衣、束腹带等；男士宜去掉皮带，摘掉手表，使身体更舒适自然。

（四）热身

热身很重要，它能让你把注意力集中到呼吸上，并通过深呼吸增加吸入的氧气，从而增强体力，为练习瑜伽做准备。不要一开始就做高难度的动作，以免造成运动伤害。最好先做一些瑜伽热身动作，循序渐进。

（五）瑜伽练习应按部就班

瑜伽练习的每一步骤都要谨慎从事，不可操之过急，练习过程中要配合呼吸，动作要尽量舒缓，要保持整体动作的平衡。动作不要过度，不舒服应立即停止。

（六）健康的生活

瑜伽不只是一套对身体、心灵的锻炼方法，更是一种全面健康、纯净的生活方式，因为它提供了健康的生活规范，如戒掉坏习惯，按规律生活，让我们对生活持宽容、仁慈的态度，等等。

思考题

1. 瑜伽运动基本动作有哪些？
2. 简述瑜伽练习的注意事项。

第十九章

形体训练

第一节 形体训练概述

一、形体训练的基本概念

形体训练是一项比较优美、高雅的健身项目，主要通过舒展优美的舞蹈基础练习（以芭蕾为基础），结合古典舞、身韵、民族民间舞蹈进行综合训练，可塑造人们优美的体态，培养高雅的气质，纠正生活中不正确的姿态。可以说它是所有运动项目的基础。

形体训练塑造体形美，主要体现在三个方面：骨骼、肌肉、肤色。要求：头部五官端正、面部红润、眼光有神、头发光泽；颈部挺直而灵活，并与头部配合协调，双肩对称，男宽女沉，两臂修长，两臂伸展之长与身高相等；胸部宽厚、比例协调，男性胸肌坚实，女性乳房丰满、挺而不垂；腰部是连接上、下体的立柱，呈圆柱形，细而有力；腹部应扁平，臀部圆满微显上翘不下坠，男性臀大肌鼓实；大腿修长，小腿长而腓肠肌位置高，并稍突出；人体骨骼发育正常，无畸形，身体各部位比例匀称。男子形体强调上肢力量及肌肉发达，整个体形呈侧梯形，女子形体强调身体比例匀称，线条流畅，整个体形呈曲线形；肤色应是红润而有光泽，健康光滑有弹性。形体训练能塑造姿态美，而均匀的体形与正确的姿态能塑造美的形体。形体训练还能塑造心灵美，通过形体训练，就能经常注意自身的修养，形成高雅的气质风度，而高雅的气质风度又往往影响着人体良好姿态的体现。形体本身非常讲究美的统一：姿态美、体态美、线条美、心灵美和外部形态与内部情感统一的和谐美。所有这些，只有通过量力而行、持之以恒的形体训练及适当的营养和休息才可成就。那么，什么是形体训练呢？

形体是指人体结构的外在表现，人体只有四肢、躯干、头部及五官的合理配合，才能显示出姿态优美、体形匀称的整体美。形体训练是以人体科学理论为基础，通过徒手或利用各种器械，运用专门的动作方式和方法，以改变人的形体的原始状态、提高灵活性、增强可塑性为目的的形体素质基本练习，同时也是以提高人的形体表现力为目的的形体技巧训练。它不像健美运动那样强调发达肌肉，而是在先天体形的基础上，通过形体练习使体形匀称发展，使仪表姿态变得更加健美端庄。因此，它是一项适应学生的特点和需要，借鉴和综合了健美运动和体操、舞蹈等形体练习的内容，而提出的具有较新内涵的体育锻炼形式。形体训练可以采用各种徒手练习，如徒手姿态操、韵律操、健美操、太极拳、按摩、健身跑及各种舞蹈动作，也可以用不同的运动器械进行各种练习，如把杆、绳、圈、带、球、肋木、哑铃、械铃、壶铃等，以及各种特制的综合力量练习架，也可采用现代技术开发出来的多功能的一些健身器械。

形体训练的动作方式和内容是多种多样的，但其基本的内容离不开基本功训练和基本形态训练。为了增加形体训练的趣味性，可进行健美操、舞蹈、野外健身跑等训练。形体训练简单易行、适用性强，能有效地增强人们的体质，增进健康，改善人们体形、体态，陶冶情操。

二、形体训练的基本特点

（一）没有年龄限制

不论男女老少，不论何种职业，根据各自不同年龄、性别、能力、爱好，都可以参加改善和发展身体各部分需要的各种形式的练习。因为它不仅能够使机体新陈代谢旺盛，各器官功能得以改善，增强体质，延年益寿，而且可以有针对性地改善身体某一部分（发达肌肉、去脂减肥、矫治畸形），使体形匀称、协调、优美。

（二）训练内容丰富

从形体训练的内容上看，基本动作、器械及项目都是十分丰富的。形体训练的动作主要有用于身体局部练习的系列动作，也有用于身体整体练习的单个动作，还有用于形体练习的健身系列的成套动作及用于矫治康复的专门动作。每个动作的设计和成套动作的编排，都是严格按照人体解剖的部位，有顺序、有目的地来设计和编排的。

（三）训练项目多种

形体训练的项目有用来健身强体的健美体形的练习；有用来训练正确的坐、立、行走姿势的专门练习；有适合中老年人健身强体的练习；有适合瘦人发达肌肉、丰肌健美的锻炼；有适合胖人减肥的练习；也有适合疗疾康复的练习。形体训练的器械更是繁多，有专门的单项器械，有联合器械，还有自制的娱乐器械。

（四）练习形式多样

从练习的形式上看：有单人练习，也有双人练习，还有集体练习；有徒手的练习，也有持轻器械的练习；有站姿的练习，也有坐姿的练习，还有垫上的练习；有柔和的慢节奏练习，也有动感很强的快节奏练习；有局部的练习，也有全身性的练习。

（五）训练方法多变

从形体训练的方法上看，它是在人体解剖学、运动心理学、运动训练学、运动生理学、人体艺术造型等科学理论指导下进行的。根据不同的训练目的和各自的水平，不同的年龄和不同的性别，选择不同的方法，且它不受场地、器材、时间的限制。

（六）训练音乐悦人

音乐是形体训练的灵魂，是完成形体训练动作必不可少的组成部分。它可以丰富练习者的想象力和表现力，激励练习者尽力完成形体训练的计划，把握动作的节奏，准确地完成动作。同时，也可激发练习者的欲望及激情，使人在锻炼中更加愉快，更有兴趣，达到忘我的境界。根据不同风格的乐曲，选择和创造出不同风格、形式的形体训练动作，可以提高成套形体练习的感染力，以此提高练习者的音乐素养和培养其良好气质，愉悦身心。

三、形体运动的核心素养

形体运动是以项身体训练为基本手段，均匀和谐地发展人体，增强体质，促进人体形态更加健美的一项体育运动。形体训练包括形体素质训练、身体基本形态训练和形体综合训练。形体素质训练主要是训练形体的控制力和表现力，它包括身体力量、柔韧性、协调性、耐力和灵活性的训练。通过科学、合理地训练，学生身体肌肉更有弹性，线条更美，动作舒展，幅度适当，同时也锻炼动作的协调性，提升肢体美感，改善身体形态的同时全面提高身体素质。身体基本形态训练培养练习者正确的体态和完成动作的协调性、准确性，进一步改善身体形态的原始状态，逐渐形成正确的站姿、坐姿、走姿及优雅的举止，提高形体动作的灵活性和表达能力。形体综合训练可提高练习者的有氧代谢能力，促进其身体全面均衡地发展，提高节奏感、音乐表现力、形态表达能力，增强练习者的兴趣，陶冶情操，培养高雅的气质和风度，提高练习者对美的感受和欣赏能力，丰富其想象力和创造力，保持健美体形，促进优美体态的形成。

掌握形体训练的基础理论和相关学科的基本知识及塑造形体美的一般规律，掌握形体训练的基本技术、基本技能和各类动作的基本核心动作，可提高鉴别和评价形体美、动作美、气质风度美及表现美的基本能力。形体训练不仅能培养学生端庄的外在形象、匀称健美的身体状态、积极向上的精神面貌，而且能够增强其综合能力与素养，拓展成长与发展空间。强度适宜的形体训练，能够适当缓解其学习与生活中的压力，使学生追求更加健康、积极的生活态度，帮助学生养成良好的生活习惯和学习习惯。总之，形体训练可以陶冶情操、美化心灵，培养学生热爱生活、乐观积极的品格，激发学生对生活的自信心和进取心，形成豁达、乐观、开朗的良好心境，极大地促进身心的健康。

第二节　形体训练的基本内容、要求及基本动作

一、形体训练的基本要求和内容

（一）形体训练的基本要求

（1）训练前必须做好准备活动。

（2）训练时要穿有弹性的紧身服装或宽松的休闲服或舞蹈鞋、健身鞋。

（3）训练时不能佩戴饰物，以免发生伤害事故。

（4）训练时要有计划、有步骤，循序渐进，切忌忽冷忽热、断断续续。要持之以恒，力求系统地掌握形体训练的有关知识和方法。

（5）要保持训练场的整洁和安静。

（6）在做器械练习时，要有专人指导和帮助，掌握对器械的运用，要注意训练的安全。

（7）在训练中和训练后要注意补充适当的水，注意饮食营养的合理搭配。

（二）形体训练的基本内容

1. 基本姿态练习

人的基本姿态是指坐、立、行、卧。当这些基本姿态呈现在人们面前时会给人一种感觉。例如，身体形态所显示的端庄、挺拔与高雅，给人的印象是赏心悦目的美感（包括日常活动的全部）。俗话说，坐有坐相，站有站样。但是一个人若光有好的体形，而不注意自己的基本姿态，也不会让人觉得健美。自古以来就有"站如松，坐如钟，行如风，卧如弓"的说法，实质是对人基本姿态的形象比喻和健美的要求。由于姿态具有较强的可塑性，也具有一定的稳定性，通过一定的训练，可以改变诸多不良体态，如斜肩、含胸、松胯、行走时屈膝、晃体、弓腰、腆肚、拖步等。

2. 基本素质练习

形体基本素质练习是形体练习的重要内容之一，在练习中可采用单人练习和双人配合练习两种形式。通过大量的练习，可对人体的肩、胸、腰、腹、腿等部位进行训练，以提高人体的支撑能力和柔韧性，为塑造良好的人体形态，改善形体的控制力打下良好的基础。形体基本功练习的内容较多，在训练时，应本着从易到难、从简单到复杂的原则；不能超负荷，以免发生伤害事故。

3. 基本形态控制练习

基本形态控制练习是对练习者身体形态进行系统训练的专门练习，是提高和改善人体形态控制能力的重要内容。通过徒手、把杆、双人姿态等大量动作的训练，进一步改变身体形态的原始状态，逐步形成正确的站姿、坐姿、走姿，提高形体动作的灵活性。这部分练习比较简单，个别动作要求比较严格，训练必须从严要求，持之以恒。

二、形体训练的基本动作

形体训练通常采用韵律体操、健美操中的基本动作，因为练习韵律体操、健美操等能将身体练习与音乐结合起来，利用徒手和轻器械进行基本姿态与基本动作的训练，能有效地改善形体。

基本姿态是人最基本的姿势，包括立、坐、走等。形体训练，就应从最基本姿态开始。

（一）立姿练习

动作说明：站立姿势是否优美、挺拔，受人体脊柱的影响，主要是由脊柱周围的肌肉收缩和韧带固定来维持的。站立时屈伸肌肉应是均匀的，因而人通过站立训练，可以使某些部位过于松弛的肌肉得以均衡紧张，长期训练可以帮助矫正驼背、"O"形腿及"X"形腿等不良姿态，还能防止颈部、肩部、背部、腹部、腰部、腿部的肌肉松弛，等等。形体训练，首先要学会站立的动作，因为几乎所有动作的肌肉感觉，都是建立在站立动作的基础上的。

正确立姿：两腿伸直并立，两脚跟靠拢，两脚尖打开约一脚宽，成小"八"字，头颈、躯干、腿在一条垂直线上。正头、直颈、顶髋、立腰、挺胸、收腹、夹臀、提气，肩胛骨与臀部肌肉内收，两肩放松下沉，两臂自然下垂伸直于体侧，目视前方并富有神态，显示出人体的曲线美和高雅的气质。站立要挺拔有气质，防止动作过分紧张而造成动作僵化。

动作练习：

（1）靠墙立。要求同正确的立姿。脚跟、腿、臀、肩胛骨和头紧靠墙。此练习借助于墙面来培养和训练练习者站立时上体挺拔，保持头、躯干和腿在一条垂线上。

（2）分腿立。两腿在小"八"字立的基础上分开，与肩同宽，双手叉腰，双肘微向前扣。上体姿势同立姿。此练习主要训练臀、腹及上体的正确感觉，夹臀与收腹协同紧张。

（3）单腿立。在正确的立姿基础上，一腿支撑，另一腿屈膝上抬，绷脚贴于支撑腿，双手叉腰，上体微微向侧转。此练习主要训练腿的挺直及控制力。

（二）坐姿练习

动作说明：优美、端庄的坐姿，能给人以美感。正确的坐姿如同行走一样，都是形体训练的重要内容，一般可分为凳上坐、椅上坐、沙发上坐和地面坐等。

正确坐姿：在双腿没有体重负担，身体重心落在臀部上时，身体各部位不能过分松弛，要挺胸、收腹、立腰提气，肋骨上提，头、颈向上伸，微收下颌，肩放松，四肢摆放要注意规范端正，切不要摆得太开，给人举止粗鲁的印象。保持正确的坐姿，既能使人显得精神饱满，也可使颈、胸、背、腹、腰等部位的肌肉得到锻炼。

动作练习：

（1）盘腿坐（地面）。上体姿势同正确的坐姿。两腿弯曲，两脚脚心相对盘于腹前，双肘放松，手腕搭于腹上，也可双手背于身后。

（2）正步坐。上体姿势同正确的坐姿。两脚并拢，脚尖正对前方，两膝稍稍分开，两臂自然弯曲，两手自然扶于大腿处，上体正直，微向前倾，肩放松下沉，立腰，头、肩、臀应在一条线上。

（3）倒坐。上体姿势同正确的坐姿。上体微向侧转，两臂自然放松扶于腿处，两腿弯曲并拢，双膝稍移向一边，靠外侧的脚略放在前面，这样臀部和大腿看起来比较苗条，给人以美的感觉。

（三）走姿练习

动作说明：行走是在正确的站立姿势基础上形成的，除了要保持正确、优美、挺拔的站立姿势外，还要注意步履轻捷和移动正直平稳，两腿在一条直线的左、右侧交替前移，膝关节正对前方，不能紧张僵直；两臂自然下垂，前后协调摆动；肩部下沉稍后展，挺胸抬头，两眼平视前方。要特别注意避免内、外"八"字脚及上体左右拧转、摇晃、弓腰、腆肚等不良姿态。

动作练习：走姿动作练习主要是提踵走，姿态同动作说明。但要提脚跟，用前脚掌行走。提踵走的练习对提高足、膝、胯的力量有很大的帮助，可增强身体在行走过程中的控制能力。

思考题

1. 形体训练的基本动作有哪些？
2. 形体训练的基本要求是什么？

第二十章

体育舞蹈

第一节 体育舞蹈概述

一、体育舞蹈的起源和发展

体育舞蹈起源于欧洲、拉丁美洲，由民间舞蹈演变而成，人们以前叫它为国际标准交谊舞，原名称为"社交舞"，为欧洲贵族在宫廷举行的交谊舞会。社交舞早在14~15世纪于意大利出现，16世纪传入法国，并在1768年在巴黎开办了第一家交际舞厅，法国革命后"社交舞"流传民间至今。第二次世界大战后，美国人将该舞蹈传播到全国各地，并形成一股跳舞热潮，至今不衰。

体育舞蹈是以男女为伴的一种步行式双人舞的竞赛项目，按照体育舞蹈的风格和技术结构可分为摩登舞、拉丁舞；按照竞赛项目可分成摩登舞、拉丁舞、团体舞（队列舞）。摩登舞包括华尔兹、维也纳华尔兹、探戈、狐步和快步5个舞种，拉丁舞包括伦巴、恰恰恰、桑巴、牛仔舞和斗牛舞5个舞种。10个舞种均有各自的舞曲、舞步及风格。根据各舞曲的乐曲和动作要求，编成各自的成套动作。团体舞（队列舞）包括拉丁集体舞和摩登集体舞。

1950年，由英国ICBD（世界舞蹈组织）主办了首届世界性舞蹈大赛"黑池舞蹈节"，并把规范后的舞蹈命名为国际标准交谊舞，以后每年的5月底，在英国的"黑池"举办一届世界性的大赛。

国际标准交谊舞于20世纪30年代传入中国，80年代发展较快。1991年5月，中国体育舞蹈运动协会成立。从1998年开始，体育舞蹈被列入中国文化部"荷花奖"的评奖单项，从此体育舞蹈在中国开辟了一个崭新的篇章。

二、体育舞蹈的特点

（一）严格的规范性

规范性首先表现在体育舞蹈是一个完整的舞蹈系统，它是经过数百年历史的锤炼、几代人的加工而成的；其次表现在技术的规范性上，它严格到多一分嫌过，少一点欠火。

（二）表演、观赏性

体育舞蹈融音乐、舞蹈、服装、风度、体态美于一体，既有观赏的价值，又有参与的可能，被认为是一种"真正的艺术"。

(三) 体育性

(1) 竞技性。即比成绩，拿冠军，为国争光。

(2) 锻炼价值。科研人员对体育舞蹈对人体生理和心理的作用研究显示，跳华尔兹和探戈舞时，人体能量代谢指数为7.57，高于网球7.30，与羽毛球8.0相近；跳体育舞蹈时最高心率女子为197次/分，男子为210次/分。可见，体育舞蹈促进人体生理变化是明显的，它是陶冶情操、锻炼体魄的一种极好形式。

三、体育舞蹈运动的核心素养

体育舞蹈是体育、舞蹈、音乐相结合的一项体育运动，是一种新型的、全面的、综合性的运动方式。通过体育舞蹈的学练，可增强柔韧、协调、力量、耐力等身体素质，有效地提高心肺机能，改变体型，保持健美的体型和良好的体态。经常参加体育舞蹈锻炼，可以增强音乐感、节奏感，能使人调整身心，促进人际交往，消除情绪障碍，以取得心态平衡，保持乐观的心情，培养良好的心理品质，促进身心健康全面发展。

通过各类体育舞蹈练习、比赛及表演，了解自我、展示自我，增强自信心，提升沟通交流能力，尊重他人意见和行为，培养优秀的团结协作精神，提高社会交往能力和文明健康的礼仪。通过对体育舞蹈文化内涵的了解，在体育舞蹈"美"的熏陶和引导下，培养感受美、鉴赏美、表现美和创造美的意识与能力，提升学生审美水平及文化品位。学生通过不断地学习研究，培养探究学习的习惯，促进实践能力和创造能力的形成，并能运用体育舞蹈手段和方法在指导社会体育活动中发挥作用，使得其价值观、人生观和感情观都能够得到极大程度的优化。

第二节 体育舞蹈基础知识

一、体育舞蹈的基本术语

(一) 舞程线

跳舞者必须按逆时针方向前进，这个行进线路就叫舞程线。国标舞以男伴面对舞程线方向为基准，对舞步的行进方向规定了八条线。只要舞者沿着舞程线行进，无论到哪个点上，都可以按八条线来区分方位和角度。八条线如图20-1所示。

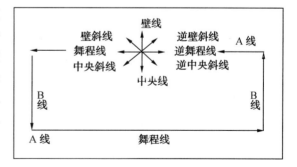

图20-1 八条线

(二) 角度与方位

旋转时以每转360°为一周；旋转45°为1/8；旋转90°为1/4周；依次类推。为了便于舞蹈进行中正确地辨别方位和检查旋转的角度，根据国际上记录各种舞蹈的惯例，在舞场上要规定一定的方位。选定一个面为"1点"，按顺时针方向每转动45°变动一个方位，分别定义为2、3、4、5、6、

7、8点。

（三）赛场

体育舞蹈的场地应平整光滑，赛场一般长23米，宽15米，长的两条边叫A线，短的两条边叫B线。

（四）闭式舞姿

男女舞伴面对面而立，双手扶握，它是体育舞蹈中最基本的舞姿。

（五）侧行位舞姿

侧行位舞姿是指男士的右侧与女士的左侧身体紧密贴靠，身体的另一侧略向外展开成"V"字形的站立或行进的身体姿势。

（六）反身动作

反身动作是指一侧脚前进或后退时，异侧肩和胯后让或前送，使身体与舞步形成反向配合的身体动作。

（七）升降动作

升降动作是指在跳舞时身体的上升与下降。升降动作是在膝、踝、趾关节的屈和伸动作的转换中完成的。

（八）摆荡动作

舞者在身体上升做斜向或横向移动时，像钟摆似的使身体摆动起来，为摆荡动作。

（九）倾斜动作

倾斜动作是指在跳一些舞步时身体的倾斜。从形体上来说，它是指肩的平衡线向左或向右的倾斜，它与地面的水平线成三角斜线。

（十）节奏

节奏通常是指以一定规律反复出现的具有特色的节拍的音乐。

二、体育舞蹈的编排

体育舞蹈的编排，就是将单个动作，按一定的时间、场地、范围和路线，合理地贯穿起来，组成一套动作。体育舞蹈的编排在体育舞蹈教学、训练和比赛中都占有十分重要的地位。一套动作的编排不是简单的单个动作的罗列，而是动作间的有机联系、和谐配合及完整统一，是具有空间要素的立体艺术，是一项创造性的工作。

（一）体育舞蹈编排的几个要素

1. 动作要素

一套成套动作是由若干个单个动作组成的，单个动作是构成成套动作的基本要素，所以，选择、确定和创造动作是编排时首先要考虑的要素。这些动作可以基本确定该套动作的难度、技术价值和艺术价值。

2. 节奏要素

在体育舞蹈中，除表演和团队舞是事先选好的音乐外，竞技比赛的音乐是由组委会提供的，但不论选用什么音乐，每种舞蹈的基本节奏都是不变的。所以，在编排成套动作时，必须符合该舞种的基本节奏和风格。

3. 空间要素

空间主要表现在动作方向、路线的变化及移动上。成套动作中的单个动作必须用不同的方向、路线将它们贯穿起来，左右变化，高低起伏，前后移动。方向路线是不可缺少的重要空间要素，在编排时要根据舞蹈的特性对舞蹈的流向、舞步的行进距离、场地的大小等因素合理地进行编排。

4. 时间要素

根据比赛或表演的需要合理编排套路，控制套路的长短。在团体舞蹈项目中对于时间是有严格规定的。

（二）个人成套动作的编排

编排个人成套动作时，在充分体现舞蹈风格的前提下还应该突出个人风格。选手根据自己的身体、技术、素质及表现力等方面的特点来确定自己的风格。

（三）团体舞的编排

团体舞是摩登舞或拉丁舞的混合舞，由8对选手组成，借助音乐的引导，将各种舞蹈在变幻莫测的队形变动中编织出丰富多样的图案，它将音乐、舞姿、队形、图案融为一体，选手们和谐配合，达到完美的统一，使舞蹈的风格特点有更为鲜明的表现。

团体舞的编排，首先，要注意音乐的选编，应根据队员的实际情况合理选定每个舞种的时间和交替次数，注意音乐的快与慢、强与弱、平和与高潮的合理搭配。其次，丰富多样的队形变化是团体舞的主要特点。在编排中可把不同的队形图案先设计出来，再使之和音乐有机地结合。整个队形之间的变化要自然、合理，能完美体现摩登舞和拉丁舞的特点。

第三节 摩登舞和拉丁舞

一、摩登舞简介

摩登舞又称"现代舞"，是体育舞蹈项目之一，包括华尔兹、维也纳华尔兹、探戈、狐步和快步。其特点是由贴身握抱的姿势开始，沿着舞程线逆时针方向绕场行进。步法规范严谨，上体和胯部保持相对稳定挺拔，完成各种前进、后退、横向、旋转、造型等舞步动作，具有端庄、典雅的绅士风度。曲调大多抒情优美，旋律感强。服饰雍容华贵，一般男着燕尾服，女着过膝蓬松长裙。

摩登舞

（一）华尔兹（Waltz）

用W表示，也称"慢三步"，摩登舞项目之一。舞曲旋律优美抒情，节奏为3/4的中慢板，每分钟28~30小节。每小节三拍为一组舞步，每拍一步，第一拍为重拍，三步一起伏循环。通过膝、踝、足底和掌趾的动作，结合身体的升降、倾斜、摆荡，带动舞步移动，使舞步起伏连绵，舞姿华丽典雅。它是维也纳华尔兹（快三步）的变化舞种。19世纪中叶，维也纳华尔兹传到美国，当时美国崇尚舒缓、优美的舞蹈和音乐，于是将快节奏的维也纳华尔兹逐渐改变成悠扬而缓慢、有抒发性旋律的慢华尔兹舞曲，舞蹈也改变成连贯滑动的慢速步型，即现代华尔兹舞。

（二）维也纳华尔兹（ViennaseWaltz）

用V表示，也称"快三步"，摩登舞项目之一。舞曲旋律流畅华丽，节奏轻松明快，为3/4拍节奏，每分钟56~60小节，每小节为三拍，第一拍为重拍，第三拍为次重拍。基本步法是六拍走六步，二小节为一循环，每一小节为一次起伏，基本动作是左右快速旋转步，完成反身、倾斜、摆荡、升降等技巧。舞步平衡轻快，翩跹回旋，热烈奔放；舞姿高雅庄重。维也纳华尔兹源于奥地利的一种农民舞蹈，由男女成对扶腰搭肩共同围成一个圆圈而舞，故被称为"圆舞"。著名的约翰·施特劳斯为其谱写了许多著名的圆舞曲。

（三）探戈（Tango）

用T表示，是摩登舞项目之一。2/4拍节奏，每分钟30~34小节。每小节二拍，第一拍为重拍。舞步有快步和慢步，快步（Quick）占半拍，用Q表示；慢步（Slow）占一拍，用S表示。基本节奏是慢、慢、快、快、慢（S、S、Q、Q、S）。舞曲节奏带有停顿并强调切分音；舞步顿挫有力，潇洒豪放；身体无起伏、无升降、无旋转；表情严肃，有左顾右盼的头部闪动动作。探戈源于阿根廷民间，20世纪传入欧洲上层社会，后流行于世界各国。

（四）狐步（Foxtrot）

也称"福克斯"，用F表示，摩登舞项目之一。舞曲抒情流畅，节奏为4/4拍，每分钟28~30小节，每小节为四拍，第一拍为重拍，第三拍为次重拍。基本步伐是四拍走三步，每四拍为一循环。分快、慢步，第一步为慢步（S），占二拍；第二、三步为快步（Q），各占一拍。基本节奏为慢、快、快（S、Q、Q）。以足踝、足底、掌趾的动作，完成升降起伏，注重反身、肩引导和倾斜技术。舞步流畅平滑，步幅宽大，舞态优雅，从容飘逸，似行云流水。狐步舞20世纪起源于欧美，后流行于全球，据传系模仿狐狸走路的习性创作而成。

（五）快步舞（QuickStep）

用Q表示，摩登舞项目之一。舞曲明亮欢快，舞步轻快灵活，跳跃感强，是体育舞蹈中一种轻快欢乐的舞蹈。节奏为4/4拍，每分钟50~52小节。每小节四拍，第一拍为重拍，第三拍为次重拍。舞步分快步和慢步。快步用Q表示，时值为一拍；慢步用S表示，时值为二拍。基本节奏是慢、慢、快、快、慢（S、S、Q、Q、S）。舞步组合有跳步、荡腿、滑步等动作。快步舞起源于美国，20世纪流行于欧美和全球。

二、拉丁舞简介

拉丁舞属体育舞蹈中的一大类，包括伦巴、恰恰恰、桑巴、牛仔舞和斗牛舞。其特点是舞伴之间可贴身，可分离，各自在固定范围内辐射式地变换方向角度，展现舞姿；步法灵活多变，各舞种通过对胯部及身体摆动技术的不同要求，完成各种舞步，表现各种风格；舞姿妩媚潇洒，婀娜多姿；风格生动活泼，热情奔放；曲调缠绵浪漫，活泼热烈，节奏感强；着装浪漫洒脱，男着上短下长的紧身或宽松装，女着紧身短裙，显露女性的曲线美。

拉丁舞

（一）伦巴（Rumba）

用 R 表示，拉丁舞项目之一。节奏为 4/4 拍，每分钟 27~29 小节，每小节四拍。乐曲旋律的特点是强拍落在每小节的第四拍。舞步从第四拍起跳，由一个慢步和两个快步组成。四拍走三步，慢步占两拍（第四拍和下一小节的第一拍），快步各占一拍（第二拍和第三拍）。胯部摆动三次。胯部动作是由控制重心的脚向另一脚移动，向两侧做"∞"型摆动，具有舒展优美、婀娜多姿、柔媚抒情的风格。其产生与西班牙和非洲的舞蹈有密切关系，后在古巴得到发展。

（二）恰恰恰（Cha-Cha-Cha）

用 C 表示，拉丁舞项目之一。节奏为 4/4 拍，每分钟 30~32 小节。舞曲热情奔放，舞步花哨利落，步频较快，诙谐风趣。该舞源于非洲，后传入拉丁美洲，在古巴得到发展。

（三）桑巴（Samba）

用 S 表示，拉丁舞项目之一。舞曲欢快热烈，节奏为 2/4 拍或 4/4 拍，每分钟 52~54 小节。强拍落在每小节的第二拍或第四拍。每小节完成一个基本舞步。舞步在全脚掌踏地和半脚掌跐步之间交替完成，通过膝盖上下屈伸弹动，使全身前后摇摆，并沿着舞程线绕场行进，属"游走型"舞蹈。其特点是流动性大，律动感强，步法摇曳紧凑，风格热烈奔放。该舞源于巴西，是巴西一年一度狂欢节的舞蹈。

（四）牛仔舞（Jive）

用 J 表示，拉丁舞项目之一。旋律欢快，强烈跳跃，节奏为 4/4 拍，每分钟 42~44 小节，六拍跳八步。由基本舞步踏步、并合步，结合跳跃、旋转等动作组合而成。要求脚掌踏地，腰和胯部做钟摆式摆动。其特点是舞步敏捷、跳跃，舞姿轻松、热情、欢快。它源于美国，原是美国西部牛仔跳的踢踏舞，20 世纪 50 年代爵士乐的流行加速和完善了这种舞蹈，但风格上还保持美国西部牛仔刚健、浪漫、豪爽的气派。

（五）斗牛舞（Pasodouck）

用 P 表示，拉丁舞项目之一。音乐为旋律高昂雄壮、鲜明有力的西班牙进行曲。节奏为 2/4 拍，每分钟 60~62 小节。一拍一步，八拍一循环。其特点是舞步流动大，沿着舞程线绕场行进，属"游走型"舞蹈。舞姿挺拔，无胯部动作及过分膝盖屈伸。用踝关节和脚掌平踏地面完成舞步。动静鲜明，力度感强，发力迅速，收步敏捷顿挫，源于法国，盛行于西班牙，系据西班牙斗牛场面创作而成。男为斗牛士，气宇轩昂，刚劲威猛；女戴红色斗篷，英姿飒爽，柔美多变。

第四节　体育舞蹈比赛主要规则

一、体育舞蹈比赛的特点

（一）比赛内容

体育舞蹈比赛包括两个系列的舞蹈：摩登舞系列和拉丁舞系列。两个系列分开进行比赛。此外还有 5 个舞种混合编排的集体舞。

(二) 比赛种类

体育舞蹈比赛分锦标赛、公开赛、邀请赛和表演赛。从竞赛规模来看有国际性的、全国性的和地区性的，也有基层组织的。它的最高级别是世界锦标赛。在我国，根据中国体育舞蹈运动协会的规定，由中国体育舞蹈运动协会主办的锦标赛和公开赛属全国性的正式比赛，其他则属于地区性的比赛。

(三) 体育舞蹈比赛的组别设置

1. 国际比赛

国际体育舞蹈专业比赛设公开组和新人组，每组又分为摩登舞系和拉丁舞系，各组都跳5项舞。国际体育舞蹈业余比赛设公开组、新人组、中年组、青年组和少年组。

2. 国内比赛

国内比赛通常设职业组、职业新人组、甲组（公开、新人）、乙组（公开、新人）、丙组、青年组、少年组、儿童组和团队舞组。

(四) 体育舞蹈比赛的一般规定

1. 比赛程序

一般的比赛程序都必须经过初赛（淘汰赛）、复赛（选拔赛）、半决赛（资格赛）和决赛（名次赛）。

2. 比赛的舞种

凡是参加甲组及甲组以上组别比赛的选手都必须举行5个舞种的比赛。其他组别的舞种确定都由主办单位根据比赛的性质及地区体育舞蹈开展的情况研究确定后写入比赛规程。

3. 比赛场地

进行体育舞蹈比赛的场地有一定的规定。赛场地面应平整光滑，场地大小应为15米×23米的长方形。

二、体育舞蹈的评判标准

在体育舞蹈比赛中，裁判员根据下列6项标准对参赛选手进行评定。

(一) 基本技术

1. 足部动作

(1) 各种步伐的方位、角度准确。

(2) 脚和地面接触部位准确。

(3) 舞步的时间值准确。

2. 姿态

(1) 各个不同舞种的握持动作准确。

(2) 运步过程中的姿态准确、优美。

3. 平衡和稳定

(1) 舞伴之间力的使用得当，动作能保持平衡、稳定。

(2) 在完成高难动作时能保持身体的平衡、稳定。

4. 移动

(1) 移动是由身体带动的，不只是脚的动作。

(2) 移动要流畅，根据不同舞种的移动特性，给予正确判断。

（二）对音乐的表现力

(1) 对各种舞种的节奏要求清晰，表现准确。

(2) 对各种音乐的风格有很好的理解，并能很好地体现音乐的风格和情调。

(3) 脚步应踩在节拍上，身体应在旋律中移动，要求舞者能跳出音乐的境界。

（三）对舞蹈风格的体现

(1) 能细致区别出各种舞种在风格、韵味上的差别。

(2) 在表现出各舞种风格的同时，还能体现出舞者个人的风格。

（四）舞蹈的编排

(1) 动作编排流畅新颖，运用自如。

(2) 舞蹈的编排既能体现出舞蹈的基本风韵，又含有一定的技术难度。

(3) 动作编排有章法，并符合音乐的风格及结构。

（五）临场表现

(1) 比赛现场遇到意外情况时有应变能力。

(2) 比赛能保持良好的竞技状态，专心、自信并有控制力，临场发挥好。

（六）赛场效果

舞者的气质、风度、仪表、仪态、出场、退场的总体形象要好。

三、体育舞蹈的评分规则

体育舞蹈的评分以 Skating System（顺位法）为依据。所谓"顺位法"，是指决赛名次产生方法，即将决赛时评委给选手打的名次通过顺位排列的方法计算单项和全能的名次。

在决赛之前的比赛采用淘汰法，评委用"√"的方法标出自己认为应该进入下一轮比赛的选手，记分员按"√"的多少和规定名额录取下一轮比赛的选手。在决赛中将单项舞评分单上各评委评定的名次记入顺位表，再把各单项舞成绩顺位核计，算出选手单项舞名次。将单项舞名次数相加，依数值大小排出 1~6 名摩登舞或拉丁舞名次。

思考题

1. 体育舞蹈的编排要注意哪几个要素？
2. 简述体育舞蹈比赛的评判标准。

第二十一章

游泳运动

第一节 游泳运动概述

一、游泳运动的起源和发展

游泳是一项古老的运动,史前时代人们就要靠游泳渡过江河。希腊神话中也有很多关于游泳的记载,其中最著名的就是利安得每天晚上都游过达达尼尔海峡与他心爱的姑娘海洛幽会。现代游泳运动起源于英国。17世纪60年代,英国不少地区的游泳活动就开展得相当活跃。18世纪初,游泳运动传到法国,从此得以风靡欧洲。1837年,在英国伦敦成立了第一个游泳组织,同时举办英国最早的游泳比赛。1869年1月,在伦敦成立大城市游泳俱乐部联合会(即英国业余游泳协会前身),开始把游泳作为一个专门的运动项目正式固定下来,并随之传入英国各殖民地,继而传遍全世界。随着游泳运动的发展,游泳被分为实用游泳和竞技游泳两大类。实用游泳又被分为侧泳、潜泳、反蛙泳、踩水、救护、武装泅渡;竞技游泳又被分为蛙泳、自由泳、蝶泳、仰泳。

自1896年第1届现代奥运会以来,游泳就成为奥运会的正式比赛项目了。这些年来,游泳比赛项目逐渐增多。各种锦标赛、国际赛事不断推动着竞技类游泳的发展,运动员的技术、动作更完善,创造了一个又一个优异的成绩。

二、游泳运动的特点

(1)运动员受到了水的浮力和压力等陆上运动所没有的外力影响。

(2)人的身体姿态由陆上运动的直位改为水中的俯卧位或仰卧位。

(3)前进的动力由陆上运动的腿的作用转到水中运动的腿和臂的同时作用。

(4)呼吸方式由鼻式呼吸改为口式呼吸。呼吸与手臂动作的配合较为紧密,有较强的节奏感。

(5)手脚运动的配合有严格的节奏和比例。须符合流体力学的基本原理,符合人体形态的特点,符合人体生理功能的特点,符合竞赛规则的要求,是游泳技术合理性的必要条件。

三、游泳运动的核心素养

游泳是一项全面系统地锻炼运动者心肺功能、体能、肌肉力量等综合素质的有氧运动,对于增强大学生的体质、体能、心血管及呼吸系统的功能都有很大帮助。长时间坚持游泳，可以使生理机能得到改善，外部体态更健康。在游泳运动中由于水的阻力，人需承受较大的生理负荷，之后的超量恢复，可使学生的精力更为充沛。同时，游泳锻炼时的自我、专注、执着，对于大学生的心理健康成长也有很大帮助。通过游泳锻炼，学生学会游泳，掌握一项救助技能，不仅能在危险时保护自己，而且能在必要时施救他人。

与游泳相关的健康行为和体育品德会伴随学生终身。通过游泳运动，可培养学生坚强的意志品质，促进学生心理健康的发展，培养学生遵守社会规范的习惯，形成公平竞争的意识和行为。游泳救生技能的学习需要学生相互合作才能进行，因此，其能够提升学生的人际交往能力，克服恐水心理的经历也能树立学生的自信心，同时也培养了学生敬畏自然、敬畏生命的生命安全教育理念。

第二节 游泳运动基本技术

一、熟悉水性

（一）水中行走练习

6~7人一组，依次下水，手拉手向前行走。水中走动时，可向前、向后和向两侧走，并从浅水区向深水区过渡。

（二）呼吸练习

（1）面向池壁站立，两手扶池或拉住同伴双手，在水面上吸气后蹲下，将头没入水中憋气，坚持片刻，头出水后先呼气后吸气。反复练习。

（2）原地站立，深吸气后闭气，低头团身双手抱膝，背部露出水面，停留片刻；站立时，两臂前伸，手掌向下压水并抬头，同时两脚向正下方伸展。

（3）站立方法同上，两臂自然前伸，深吸气后身体前倾并低头，同时两脚向后下方蹬池底，使身体浮于水中。

二、蛙泳

（一）身体姿势

蛙泳的动作技术特点，使得游进时身体会上下起伏，所以应该注意控制上下的幅度，使身体保持呈流线型并充分伸展。

在完成蛙泳的一个周期动作中，只要头部有一次露出水面即可。当完成了一次吸气后，头部重潜入水，头顶部向前，蹬夹水动作结束后两脚并拢滑行时，应让下肢更接近水面，使身体形成更理想的流线型姿势。

蛙泳

（二）腿部动作

蛙泳的腿部动作可分为收（腿）、翻（脚）、蹬夹（水）和滑行几个环节（图21-1），目前，人们最广泛采用的是窄蹬腿技术。

收腿：应以大腿带动小腿，边收边分，膝部放松稍内旋。收腿时小腿尽量向臀部靠，大腿与躯干之间夹角为130°~140°，收腿速度由慢转快（图21-1之1—4）。

翻脚：当收腿即将结束时开始做向外翻脚动作，脚尖向外，膝关节内压，将两脚和小腿内侧作为蹬水面（图 21-1 之 3—5）。

蹬夹水：翻脚后即刻做向后的边蹬边夹动作，直至两腿蹬直、两脚并拢为止（图 21-1 之 5—9）。

滑行：蹬夹动作完成后不应立即收腿，而应让身体保持良好的流线型姿势，顺势滑行。

（三）手臂动作及臂与呼吸的配合

抱水：两臂并拢伸直，两手掌向外、向下划出，两臂稍内旋，手腕稍扣，当手划至同肩宽或比肩稍宽时开始屈臂，使掌心和前臂对准水，形成抱水动作。

划水：抱水后，两臂继续向外、向下、向后运动，做加速划水动作。

收手：手划至肩的垂直面时开始收手，此时手向内、向上、向前运动，两肘从下向前逐渐靠拢，手移至颏下时掌心相对，手臂放松。

前伸：依靠划水的惯性，提肩，手领先肘从颏下向正前方送出，直至两臂伸直。

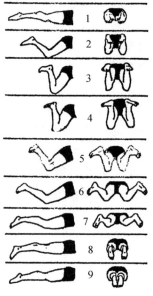

图 21-1　蛙泳

呼吸：采用早呼吸的方法比较容易掌握，即两臂开始划水时抬头吸气，至两臂收手前伸时结束；而晚呼吸技术是在收手后身体位置达到最高点时下颏前伸吸气。

（四）完整配合

蛙泳的完整配合技术一般采用划臂、蹬水各一次，其中进行一次呼吸的配合技术。用臂抱水和开始划水时抬头吸气，收腿结束，做完翻脚动作，手臂接近伸直时，开始向后蹬夹水，伸臂、蹬腿结束后身体保持良好的流线型姿势向前滑行。

三、爬泳

（一）身体姿势

游爬泳时要保持水平俯卧姿势，身体自然伸展，保持头部平稳，微收下颏，使水面高于发际，尽量减小迎面阻力。游进时，身体应随着转肩与转头呼吸动作绕纵轴做有节奏的转动。

（二）腿部动作

打水时，以髋关节为轴，大腿发力带动小腿和脚，做上下交替鞭打水的动作。两腿上下距离为 30~40 厘米，向下打水时膝关节弯曲成 160°左右，然后直腿，放松还原。

自由泳

（三）手臂动作与两臂配合

臂部动作的一个周期由入水、抱水、划水、出水和空中移臂五个连贯动作组成。两臂的交替配合一般可分为前交叉、中交叉和后交叉三种形式。前交叉配合是当一臂入水时，另一臂正处于肩前下方开始抱水。此方法比较适合初学者采用。

入水：手臂自然放松，手指伸直并拢，肘关节略高于手，掌心稍向外，斜插入水，入水点在肩的延长线上或在身体中线与肩延长线之间。

抱水：臂入水后要继续前伸、外旋下滑，然后屈腕屈肘，形成肘高于水的对水动作。抱水时，屈肘150°左右，上臂与水平面基本成30°角，前臂与水面约成60°角。

划水：划水动作可以分为拉水和推水两个阶段。拉水时，手掌在身下近中线处做向内、向上、向后运动；推水时，手掌做向后、向上、向外运动，直至推到大腿侧。整个划水动作是一个呈"S"形的逐渐加速的过程。

出水：推水结束，利用划水产生的惯性提肩，身体沿纵轴转动，上臂带动肘和前臂提出水面，臂与手腕完全放松。

空中移臂：移臂动作是出水动作的延续。移臂开始时，手落后于肘，手前摆过肩时与肘基本垂直。移臂过肩后，手继续前伸，超越肘关节，手掌由向后变为向下。整个移臂过程应注意放松，手指尖紧贴水面前移。

（四）臂与呼吸配合

爬泳时，一般采用两侧轮流转头吸气的方法。通常划水三次进行一次呼吸。以向右侧吸气为例：当右手入水后，用嘴、鼻慢慢呼气，右臂划水至肩的下方时，开始加大呼气量并向右侧转头，右臂推水至将结束时，嘴露出水面开张嘴吸气，在空中移臂过肩时吸气结束，同时头转入水，闭气。右臂入水后，又开始下一次的呼吸动作周期。

（五）完整配合

通常采用最多的是6次打水、2次划臂、1次呼吸的6∶2∶1式配合。

（1）蹬壁滑行打腿，一臂前伸，一臂划水。每划水2次进行1次换气，然后做前交叉换臂划水。

（2）滑行打水，做前交叉划臂练习。

（3）在上述练习的基础上，按6∶2∶1的配合方式，反复练习，逐渐增加游距。

四、仰泳

（一）身体姿势

仰泳时身体应自然伸展，平卧水中。头和肩略高于臀，形成一定迎角，后脑浸入水中，水没耳际，下颌微收，目视后方。身体呈流线型。

（二）腿部动作

仰泳的腿部动作基本与爬泳相同。

（1）两手反握池槽，身体仰卧漂于水面，髋部充分展开，两腿伸直稍带内旋，做鞭状打水动作。在打水时，膝和脚背面不能出水，水花应成团状。注意屈腿后上踢，直腿下压。

（2）在水中站立，头和上体慢慢后仰，由同伴托住头部，开始做打水练习。同伴根据游的速度，逐渐后退。

（3）两手握住池槽，双脚在水面蹬住池壁，然后轻轻放手，上体慢慢后仰，脚蹬池壁，两臂前伸，置于耳侧，做仰泳打水练习。

（三）手臂动作

仰泳的手臂动作类似于爬泳的动作，分为入水、抱水、划水、出水和空中移臂几个阶段。

入水：保持直臂，掌心向侧后方，大拇指在上、小拇指在下入水，手掌与前臂基本成150°~160°角，入水点在肩延长线上或身体纵轴与肩延长线之间。

抱水：臂入水后，依靠惯性，上体稍向入水臂一侧转动，使臂下滑到一定深度，然后立即开始伸肩抱水，转腕和肩臂内旋，使手掌、手臂形成极为有利的划水面。

划水：仰泳的划水也可分为拉水和推水两个阶段。拉水时手掌上移，肘部下降，形成较好的对水面；拉水过肩后进入推水阶段，此时利用拉水的速度，使手臂向后下方加速推压，推水至腹侧时，上臂带动小臂做加速转腕下压动作，掌心由向后转向下方，以手臂鞭状下压动作结束整个划水动作。手臂划水路线呈"S"形。

出水：借助手推压水的反作用力迅速提肩，使肩部带动上臂、小臂和手依次出水。

空中移臂：提臂出水后，迅速沿着肩的垂直面向前移动，当移臂过垂直部位后，手掌开始内旋，掌心向外翻转，为入水做好准备。

（四）完整配合

仰泳的腿、臂和呼吸的配合技术，一般都采用6∶2∶1的配合方式，呼吸要用口进行，一臂前移时开始吸气，做短暂的憋气，另一臂移臂时呼气。

（1）仰卧打水，一臂置于体侧或肩前伸直，做单臂划水练习。

（2）仰卧打水，配合两臂轮流划水，注意动作的连贯性。

五、蝶泳

（一）躯干与腿部动作

蝶泳打腿要依靠腰腹部肌肉发力，来带动腿部做两腿并拢的鞭状打水动作。

（1）手扶打水板中后端做蝶泳打水练习。应充分注意臂、头、肩部不能有明显起伏，腰部、髋部不能有明显的挺与提的动作，脚跟上提，尽量不露出水面。

（2）蹬池壁滑行后做两臂前伸的蝶泳打水练习。

（二）蝶泳手臂动作和臂与呼吸的配合

两臂同时做入水、抱水、划水、出水及空中移臂动作。

入水：大拇指在下斜插入水，手掌与水面成45°角，前臂、肘部依次入水。

抱水：肩臂前伸，略向外下侧屈腕抓水，随即转向后、向下形成高肘抱水。

划水：通常有"钥匙圈型""漏斗型""杯型"三种划水路线。

出水：蝶泳的出水动作相对早于爬泳的出水，当两手划水至髋时，利用推水的惯性，提肘，出水。

空中移臂：臂出水后，提肩，带动手臂沿身体两侧向前摆动，手掌向后、贴近水面向前斜插入水。

臂与呼吸配合：通常划两次臂呼吸一次。蝶泳也有早呼吸与晚呼吸之分，早呼吸即在两臂拉水时，下颌贴近水面前深吸气，在划水后半部分吸气结束；晚呼吸则在划水后三分之一，即划臂过肩垂直线后开始吸气，到推水完成和开始移臂时结束。

（三）完整配合

通常采用打两次腿划一次臂的配合技术，配合方法是：臂入水时向下打第一次水，划臂至腹下时打第二次水，推水结束，打水也结束。

单脚站立，上体前倾，一脚后伸，做配合练习。

（1）蹬池壁滑行后进行四次打水、划一次臂的配合练习。

（2）完整配合练习：由上述练习过渡到完整配合动作，并且划臂两次吸一口气。

第三节 游泳比赛的观赏

一、观看游泳比赛前必须了解比赛的规格、性质和影响力

游泳比赛级别越高、水平越高，就会吸引更多的优秀运动员来参加，比赛就更加激烈、精彩、耐人寻味。如每四年一届的奥运会和世界锦标赛都是水平最高的比赛，吸引了世界一流优秀运动员，所以，比赛更激烈，水平更高，更有欣赏价值。

二、从技术的角度去欣赏比赛

游泳技术是很复杂的，而且不同的姿势又有不同的技术，同一个技术在不同的阶段又有不同的要求。像蛙泳和自由泳，腿部动作截然不同。自由泳的划臂动作，分前、中、后交叉，现在很多优秀运动员都采用先进的后交叉技术。手臂与腿和呼吸的配合，随着距离的长短有所不同，短距离一般采用6∶2∶1的配合方式，而长距离一般采用4（2）∶2∶1的配合方式。在途中和冲刺阶段的频率又不同，冲刺阶段频率很快，甚至不呼吸。因此，我们可以通过观看比赛来了解技术的创新和发展。

三、从战术的角度去欣赏比赛

在大型比赛中，有些运动员在预赛时就出成绩，为的是能进入决赛；有些在预赛时成绩平平，为的是保存实力，在决赛时往往出好成绩；有些在前半程采用跟游战术，使对方产生心理压力而导致技术走形，到后半程发力赶超。因此，游泳比赛具有很大的悬念，同时还可以通过比赛了解到运动员的训练素养及水平的高低。

四、从美学的角度去欣赏比赛

游泳运动处处充满了美，尤其是运动员全身的肌肉线条十分匀称优美，有人称游泳运动员的身材是最美的。运动员的每一个动作都是经过千锤百炼的，是最合理的完美统一。另外，比赛的环境也是十分舒适优美，淡蓝色清澈见底的水和红白相间的泳道线构成了优美的游泳池，使人赏心悦目。这些往往会使你融入其中，使你情不自禁地跟着比赛的节奏，高潮迭起，忘我而又陶醉。

五、从高科技的角度去欣赏比赛

随着科学技术的不断发展，许多高科技的产物在比赛中已广泛应用，如减小阻力的"鲨鱼皮"装、高速水下摄像机、高清晰度的超大屏幕等，都能使你眼花缭乱，大开眼界。

第四节 游泳安全与救护方法

一、游泳的安全

俗话说"人命关天""水火无情"。在游泳过程中切不可麻痹大意，必须慎之又慎，特别是初学者，更应小心，以防事故发生。游泳的不安全因素主要有以下几个方面。

（1）技术欠佳却要逞能，不量力而行（一般要能连续游200米，并掌握踩水技术，才可算会游泳)。

(2) 水情不熟。游泳前应了解水情，包括水深、水质、水中或水底的障碍等。

(3) 潜水。长时间潜水会使脑部神经严重缺氧，在水下会发生休克等事故。

(4) 碰撞。这是非常容易出现的情况，如与人或与池底、池壁发生碰撞。

(5) 疲劳。在这种情况下，容易引起人体活动能力暂时下降，从而引起某些不良生理反应或其他症状。

(6) 抽筋。大多数是因忽视准备活动、疲劳、冷刺激、过分紧张、动作不协调或用力过猛等引起的。当人体抽筋时，切莫惊慌失措，可自救或呼救，同时尽可能采取有效的措施，主要是拉长抽筋的肌肉，使其放松。

二、救护方法

救护主要有间接救护和直接救护两种。一旦发现溺水事故或苗头，应迅速采取切实有效的措施，切不可延误时间。

(一) 间接救护

间接救护也称使用器材救护。使用的器材主要有救生圈、浮板、木块、救生绳等，一旦发现情况，要及时把救生器材送至溺水者或呼救者身边。

(二) 直接救护

它是指在不借助任何器材的情况下，徒手进行的施救技术。直接救护大致可以分为入水前观察、入水、游近溺水者（包括解脱）、拖带、上岸、抢救等过程。

1. 入水前观察

入水前边迅速脱去妨碍游泳的衣裤，边观察周围水情，选择最近入水点。

2. 入水

在游泳池或熟悉的水域可采用头朝下的跳水方式入水。在不熟悉的水域可采用骑跨式入水，两臂上举，两腿分开，当入水时，两臂下压，两腿蹬压水面，使头部不会没入水中，以便观察。

3. 游近溺水者

救护者一般采用头在水面的泳姿。如溺水者面向自己，可潜入水中，扶其髋部，转其背，使之背向自己，实行拖带。或正面接近溺水者后，用左（右）手握住他的右（左）手，用力向右（左）拉，使其背向自己，实行拖带。

4. 拖带

一般救护，在拖带时都采用侧泳或反蛙泳两种技术。

(1) 侧泳拖带法。有两种：一种是一手托其后脑，另一手在体侧划水，两腿蹬夹水；另一种是抱胸拖带法，即从背后沿其左肩上方至其右腋下斜抱住溺水者，另一手在体侧划水。

(2) 反蛙泳拖带法。也有两种：一种是扶颈拖带法；另一种是两手扶腋拖带法。

5. 上岸

有两种方法，一种是提拉上岸法，即到岸边后，施救者一手压住其手，另一手扶岸边，迅速上岸后，两手抓住其手腕，先顺势使其急速下沉，然后借助浮力，迅速将其提拉上岸；另一种是扶梯上岸法，即将溺水者搭于肩上，一手抱住其小腿，另一手抓住扶梯托其上岸，当其臀部升至岸边高度时，慢慢将其放下，一手托其颈部，把溺水者放倒，再行抢救。

6. 抢救

抢救工作应及时进行，一般情况下应经过以下几个过程。

（1）及时检查溺水者的情况，及时采取有效手段。

（2）清理溺水者口鼻中的脏物，如淤泥、杂物、呕吐物及活动假牙等。

（3）及时排除溺水者胃腹中的水。一般有两种方法：一种为屈膝压腹排水法，即救护者一腿跪地，另一腿弯曲，将溺水者的腹部贴于弯曲的大腿上，一手扶住其头部使其颈部伸直、食道张开，另一手压（拍）其背部，尽快排水；另一种为提腹排水法，即让溺水者俯卧在地上，救生员两手相交，托住其腹部将溺水者头朝下提起，并有节奏地上下用力抖动，排出其腹水。

（4）进行人工呼吸。主要有三种方法。

① 口对口呼吸法。这是效果最佳的方法。让溺者仰卧，头部抬高，稍向后仰，使气道开放，右手托其下颏，左手捏住鼻子，用嘴直接对口吹气，然后松开左手并压其胸部，帮助溺水者呼气。反复进行，每分钟做 12~15 次。

② 举臂压胸法。救护者跪于溺水者头部上方，握其两手腕，将溺水者双臂弯曲，用其前臂压迫双肋处以压出肺部空气，帮其呼气。频率与前法相同。

③ 体外心脏按压法。救护者双膝跪于溺水者胸部两侧，以一手的掌根放在溺水者的胸骨下端，手指放松前伸，另一手压在该手的手背上，以利加压；两手臂伸直，上身前倾，两手按压、放松交替进行，节律为 60~80 次/分。

思考题

1. 游泳运动的健身价值是什么？
2. 游泳运动的基本技术有哪些？
3. 安全游泳的注意事项有哪些？

第三部分 课外拓展篇

第二十二章 休闲娱乐类运动

第一节 街舞运动

一、街舞运动概述

(一) 街舞运动的起源和发展

街舞（Hip-Hop Dance）运动源于 20 世纪 60 年代美国的纽约市，其不拘于场地器材，出现在街头，通过身体的跳跃、扭动、旋转、摇摆、空翻、倒立、陀螺转等技巧性很强的动作，融合强烈的音乐冲击，来诠释独立不羁的个性心志。其舞姿不拘于形式、节奏动感，具有强烈的爆发力和感染力，以其独特的魅力迅速风靡世界，深受广大青少年的喜爱，成为一种时尚休闲运动。从 20 世纪 90 年代开始，随着全民健身活动的兴起，街舞在我国各地迅速发展。2003 年 10 月 24 日至 11 月 19 日，由中央电视台和中国健美操协会主办了第 1 届"全国街舞电视大赛"，大赛的举行标志着中国街舞运动开始与国际接轨，街舞在我国不断得到普及与发展。

(二) 街舞运动的特点

1. 艺术表现的多元性

街舞运动的艺术表现，主要体现在音乐、服饰、动作创编、艺术鉴赏、艺术表演等方面。从事街舞运动，可把握音乐与技艺契合的节奏感，提升动作创编的表现力、感染力。

2. 内容形式的多样性

街舞运动集健、力、美、技、艺于一体，融合了很多技巧动作、现代舞蹈元素和民族特点，并逐渐对诸多生活层面进行挖掘、综合、归纳，以及融汇多种艺术元素，在自身发展过程中，不断吸收新的血液和养分，从而得以不断地升华，表现出街舞强大的兼容性。

(三) 街舞运动的核心素养

街舞是一项比较青春、活力的运动项目。街舞动作是由各种走、跑、跳组合而成，由身体各关节的屈伸、转动、绕环、摆振、波浪形扭动等连贯动作组合而成的，各个动作都有其特定的健身效果，它既注意了上肢与下肢、腹部与背部、头部与躯干动作的协调，又注意了组成各环节各部分独立运动。街舞肢体动作夸张、爆发力强，多部位小关节和小肌肉运动较多，具有塑造身材的功能，同时能提高心肺功能，使压抑的神经和身体得到放松。

街舞动作没有固定的程式，即兴"斗舞"、自由表达是街舞的特性。练习者在街舞中思想放松，创造新颖、独特的动作，张扬个性，自由释放自我的情感，勇于挑战，这是街舞的精神内涵，它符合青少年群体的心理和生理特点，彰显自由与竞争的运动特性，在技较中帮助练习者增强自信心，勇于接受挑战，也利于培养团体合作能力。街舞运动的多元艺术动作融合的特点，使其具有较强的艺术渲染力，可提高练习者的审美意识和艺术修养；街舞的轻松、随意和个性化的特点，易于激发练习者的学练兴趣，促进其积极地参与锻炼。

二、街舞运动基本技术

下面介绍几种机械舞。

（一）机械舞

机械舞要求肌肉的振动大，振动方法正确，肢体各部分均可以动作。机械舞来源于模仿机器人的动作形态，加上一些喜剧和卡通影片里的滑稽动作，具有相当的幽默效果。

（二）霹雳舞

霹雳舞类似体操的一种地面动作，其动作是以旋转为主，翻身为辅，以手部为主要支撑点，以肢体在空中翻腾、旋转为特色的技巧性街舞。根据动作的幅度，霹雳舞大体上可以分为两种类型：用手、头、身体在地上旋转，称为大地板，代表动作有头转、拖马斯、风车、1990（俗称手转，倒立且旋转）、2000（倒立手转）、等。用肢体在地上踩出复杂变化的脚步动作，加上刁钻的倒立，称为小地板，代表动作有霹雳摔、地蹦、鱼跃、后翻、排腿等。

（三）锁舞

锁舞要求动作干净利落、舒展有力。其名称源于基本动作第二拍的"锁"（将关节锁住），动作的灵感来自被线控制着的小木偶。因此，就出现许多手臂架空，并使关节定位不动的点顿动作。后来，由于受中国功夫电影在美国的影响，街舞人模仿李小龙甩双节棍的手法，又出现了手臂大幅度的甩动动作及手转等。因此，锁舞的动作特点强调手部的旋转与定位，配合整个肢体的律动及极具爆发力的手臂转变动作，在短时间内的发力与对力量的控制，从而产生了身体运动之间的动与静的鲜明对比。

（四）电流

电流舞蹈有许多电流传导的舞蹈动作和造型，其动作就像电波传播流向身体的各个部位一样，但没有像触电似的一样颤抖，而是一种从四肢开始的波浪动作，一股无形的力量沿着关节顺序，力量平缓、滑顺地依次从各关节部位流向整个身体而律动起来。起波浪的动作轨迹是不容忽略或省去的，在传导到身体的末端时产生"停顿"，仿佛能量仍然保存在身体而没有像漏电那样失去能量。

第二节　飞镖运动

一、飞镖运动概述

（一）飞镖运动的起源和发展

飞镖运动起源于15世纪的英格兰，由士兵在战斗间隙向树墩投掷标枪，后逐渐演化成一种小型的室内运动。20世纪初期，飞镖成为英国酒吧里最受人们喜欢的、最前卫的休闲娱乐体育运动。飞镖运动在1908年正式被认定为技巧运动项目，后来飞镖运动在英国被广泛地开展起来，吸引了众多的参与者。

1999年，国家体育总局正式批准飞镖运动为我国体育运动项目，它也是中国正式开展的第95个体育运动项目，随后中国飞镖运动和北京市飞镖运动协会相续成立。从此，很多单位将飞镖运动作为职工健身、健心、休闲和比赛等娱乐项目，有些高校将飞镖运动设置为体育选修课程。目前已经有20多个省市相继建立了飞镖俱乐部。飞镖俱乐部的完善与发展，是普及和推广飞镖运动的又一支生力军。由于飞镖运动技术易于掌握，不需要专门的场地和设施，不受性别、年龄的限制，且运动量不大，消费低、平民化等特点，正逐渐被民众所接受，在群众普及方面，飞镖运动在我国发展的势头很好。

（二）飞镖运动的特点

1. 运动强度低

飞镖运动中主要参与运动的肌肉和关节有指、腕、肘、肩关节、三角肌、肱三头肌、腕、指部肌肉等，特别是对于一些较小的平时很少锻炼的肌肉的训练。运动量不大，还可调整，往返取镖也是一种很好的锻炼过程。

2. 适度性高，门槛低

飞镖运动占地小，不需要专门的特定场地和设施，在楼道或大厅里都可以安置标靶。器材简单，经久耐用，场地场所简单易得，为飞镖运动的推广和普及创造了优势。

（三）飞镖运动的核心素养

飞镖运动中镖手在远距离瞄准目标的基础上完成击发动作，美国眼科专家研究发现，经过长时间盯准目标训练后，运动员视觉肌强度有增加的趋势，而一般人的眼肌能平均只开发了30%~40%。在练习过程中适当地增加一些远距离目标瞄准的调节时间，可提高视觉系统和神经系统的抗疲劳能力；提高平衡能力，尤其是左右脑的平衡及手指发力的协调性，提高空间感知能力；飞镖运动强调动作的精确性，不断地练习，有助于提升神经对肌肉的控制能力。

飞镖运动，需要高度的意识集中状态，祛除干扰因素，促进"手、眼、身、法、步"的高度配合，提升自身动作的准确性和空间的判断能力及良好的心理素质；长期进行飞镖练习，有助于消减紧张和焦虑，调整心态，培养积极、乐观的态度与行为。

二、飞镖运动基本技术

飞镖运动基本技术由握镖、站立姿势和投镖三个基本动作构成。飞镖练习注重投掷技巧，力求使身体姿势优美平衡，持镖与出镖方式正确，手臂和手腕的动作协调，击靶数字搭配合理及注意力集中，也就是提高心、眼、手、脑协调配合的能力。

（一）握镖

握镖有两指法、三指法、五指法和毛笔式握法。选择什么姿势，取决于个人的爱好，最常用的握法是三指法，即用大拇指和食指、中指三个手指握住金属杆，大拇指在一侧，食指、中指在另一侧，共同用力夹住金属杆。握镖姿势无正确、错误之分，只有最佳。

（二）站立姿势

站立姿势是准确投镖的关键所在。通常提倡最自然投镖的动作，要求保持舒适、稳定和平衡的站立姿势。舒适是指镖手站立时要自然，全身放松；稳定是指站立时重心要稳定，身体不摇晃，投镖时身体不随手臂运动而摆动；平衡则要求身体各个部位协调。

站立时要注意双脚的位置。投掷时，双脚一般有三种站立姿势：第一种是身体直立，脚尖向前，双脚靠拢，脚尖与投掷线成直角；第二种是脚尖平行或成直角，两脚脚尖面向投掷线，这是一种最为普遍的姿势；第三种是一脚在前的姿势，这种姿势最适合初学者，站立时，右脚在前，左脚旋转一个度，以使自己站得很舒适为原则。实际上，站立习惯是因人而异的，一些人习惯双脚并排面向镖盘站立；一些人则喜欢双脚一前一后站立，如右脚在前，右手持镖，身体右半部分对着镖盘；还有一些人则喜欢双脚与镖盘成45°站立。投掷时最重要的一点就是，不管采取何种站立姿势，每位练习者都应找到一个适合自己的最佳姿势并保持住。此外，站立时还应注意身体与镖盘的关系，大多数选手习惯直接站立在镖盘的前方，投镖手臂正好直接对准牛眼，瞄准不同的数字时，或者当镖盘上的另一支镖挡住了视线时，左右稍微移动一下是非常有必要的。但优秀选手在连续投镖时一般不会经常移动。

（三）投镖

投镖包括三个步骤：预备、送镖和顺势动作。这三个连贯动作类似于篮球的投篮动作，动作基本要求也很相似，要做到流畅、舒展、协调。

1. 预备

以准备姿势站好，两眼盯着目标，肘关节抬起，上臂与地面平行，镖稍向后引，放在面前，准备投镖。

2. 送镖

送镖是指向镖盘上目标区域投镖。送镖时前臂发力，向前摆动，手指松开，将飞镖送出。对初学者来说，最常见的一个问题是不知道该用多大的力量送镖。准确但不要盲目用力，是成功击中目标的关键。投镖所用的力量要将镖恰好能插到盘上，优秀选手送镖动作轻盈，镖飞行时划出一道优美的弧线，表现出了不同于一般的连贯力量。投镖时不要用手臂或肩的全部力量。

3. 顺势动作

镖送出以后，手臂直接向镖盘方向伸出，这是保持正确一致的投镖动作的关键所在。镖送出以后，手臂自然向前跟进（像网球发球或棒球的投球一样）。投镖不是一个急停急起的动作，练习者无论是在身体上还是在精神上都要顺势跟上。

（四）飞镖的投掷方法

（1）小臂向肩部回收到极限，手心朝上，镖身近似水平；肘部不动，手腕向前翻转带动小臂做弧线运动将镖投出；镖离手后，手指松弛散开，手腕顺势下垂，小臂自然伸直，带动大臂缓缓下降。

（2）由于镖盘分值区域的不同，一般把镖盘分为上、下、左、右四个半区。即以红心（50分）为中心点，画一条横线。握镖的各手指应均匀用力，飞镖离手的早晚、手指用力的大小同样影响飞镖的落点；握镖用力过大，飞镖会出手过晚、落点偏低，相反会偏高。手指用力不均匀，会使飞镖的落点发生左右偏移。投镖时，除手、手腕和小臂外，身体其他部位特别是目光都一定要保持不动，其稳定性直接影响投中的命中率。

（3）投镖过程中要全神贯注，出镖瞬间屏住呼吸，防止手部发生微小的抖动。同时手部不应向左右偏移，并保持全部动作的连贯性，不能有间歇。此处，需特别注意的是，投镖时除小臂、手腕和手以外，身体其他部位保持不动，否则会影响投掷的质量。

第三节　台球运动

一、台球运动概述

（一）台球运动的起源和发展

台球是一项在国际上广泛流行的高雅室内体育运动，是一种用球杆在台上击球、依靠计算得分确定比赛胜负的室内娱乐体育项目。根据台球的起源划分，目前世界上流行的台球有中式八球、俄式落袋台球、英式落袋台球、开伦台球、美式落袋台球和斯诺克台球，其中斯诺克台球最为普遍，已成为一项比赛项目。1986年，我国成立了台球协会，各省市也相继成立地方的台球协会，此后台球比赛此起彼伏地开展起来。近几年随着台球运动的普及，更多的全国赛事相继开展起来，地方赛事更是层出不穷，数不胜数。

（二）台球运动的特点

1. 心与技的融合

台球运动是与对方无身体接触的对抗性项目，借助物理学、几何学的原理，与对手博弈，着重体现击球的准度、控球技术、战术、心理素质等，台球运动尤其需要技战术与心理素质融合，实现击打与走位的精准度。

2. 具有广泛的适用性

台球运动，具有安全性高、趣味性浓厚、互动性强的特点，基本上满足人们对运动的需求，适合更多的人参与，它的推广和发展能扩大全民健身的活动人群。

（三）台球运动的核心素养

台球运动通过身体站姿、握杆发力、打直线球、切角度球、母球的走位控制和防守等方面，需要参与者反复俯身、起身、绕球台走，对参与者的腿、腰腹肌肉群进行有效的锻炼；每击打一个球，需要眼睛、颈椎和肩、腰、腿各部位的协调配合，经常参与台球运动，能改善身体的协调性和对身体各关节的控制能力。

台球运动，要求个人思维缜密，要有良好的攻防战术分析能力及处变不惊的态度。经常参与台球运动，有益于调控情绪多变、遇事急躁等不良情绪表现，且能培养人的专注力。因其具安全性、竞技性、趣味性等特点，参与人群比较广泛，有助于培养人良好的人际交往能力。

二、台球运动基本技术

台球的基本技巧有高杆、缩杆、偏枪、跳球等，还有很多技巧是通过这些基本技巧演变而来的，比如刹车球、跳球、偏缩，还有加旋转的高杆及弧线球。

（一）握杆姿势

无论是右手握杆还是左手握杆，握杆的位置很重要，握得合适能轻松自如平稳击球。这是打台球开始的第一个重要因素，不可轻视。首先要找到球杆的重心，方法是：右手的拇指和食指捏在一起，做成一个圆圈或一个钩，把球杆套在圈里面；然后左右推动球杆调整直至平衡为止，套在球杆上的手指位置就是这支球杆的重心；再从这个重心向杆尾移动20~30厘米，这个部位便是一般握杆的合适位置。遇有特殊打法需要，还可以前后移动调整握杆位置。握杆时，不能握得太紧，不然手和手腕肌肉紧张，手臂僵硬，不能平顺滑动出杆击球。右手握杆时，拇指和食指在虎口处轻轻夹住球杆，好像一个吊环，切记握住球杆的是手的前部，即拇指和前两个手指实握，另外两个手指虚握，小指包绕在球杆底部，主要配合控制球杆的平衡稳定，使球杆保持直线运动。

（二）身体姿势

（1）右手持杆的选手，以右脚为重心脚，膝盖锁住，右脚掌自然向前，左脚向前迈一到半个脚掌的距离。俯身瞄球时，左膝盖自然弯曲。

（2）肘关节自然抬高，大臂稍用力控制整个手臂弯曲，与球杆、小臂三条线位于同一竖直平面内。小臂自然下垂，持杆手的手指自然握住球杆，杆与虎口间无缝隙。持杆手不要握杆过紧或过松。

（3）俯身下去后，台球杆应位于下巴正下方，距离控制在5~10厘米。

（4）先将整个手掌紧实地贴在球台上，五指尽量分开。食指与拇指的第二关节贴紧，手指紧绷，使得"手桥"足够牢固，从而令球杆在"手桥"上运杆时不会晃动。圈架的手势为食指弯曲，指股与拇指贴紧，使球杆从两指间穿过，架在中指的第三关节上。"手桥"一般与母球的距离控制在15~20厘米。

（三）基本杆法

1. 高杆

高杆击打母球中点上方，使母球击打到目标球后继续向前移动。

2. 缩杆

缩杆又叫拉杆、低杆，就是击打母球中点下方，使母球接触目标球后向后移动，要注意的是击球的力是向下的，而不是水平的。

3. 偏枪

击打母球左边或右边，使母球向前移动时自身旋转，使母球击中岸边或其他球后改变移动路线。旋转球在击打目标球前会有一定的变线，变线因力度、旋转大小的不同而不同，虽然有公式计算变线的弧度，但是要想打准，还需要锻炼球感。

4. 跳球

利用短杆（跳球杆）从母球上方击球，使母球跳跃，躲避障碍。

5. 刹车球

击打母球中点下方，使母球向后旋转一定距离后再向前滚动，击打到目标球后产生刹车（定球）效果。

6. 偏缩

偏缩和加旋转高杆一样，在缩杆或高杆的基础上，利用旋转改变母球的移动路线，以达到走位的目的。

（四）动作结构

1. 架杆

（1）培养正确的架杆和守备姿势，手臂自然伸长而不僵直，可借助架杆锁定目标球。

（2）经常练习拇指与四指之间的架桥高低姿势与位置，力求能够放松、扎实且稳定，其对出杆的准确性有绝对影响。

（3）不要仅用指尖握杆，不可使用手腕力量紧握球杆，轻提球杆方式最正确。

（4）母球与目标球接近时，应缩短架杆距离，而握杆位置也需适度配合前移；反之，则向后移。

2. 瞄准

（1）持杆的水平角度越小，撞击的准度越精确。

（2）握杆的肩膀线（中心线）要对准目标球的方向，肩膀点在双脚重心点正上方。

（3）保持下巴中心点在球杆的正上方，与鼻尖、眉心成一条直线。

（4）出杆前，3~5次的运杆即可，若反复多次运杆，容易失去节奏感，反而给自己增加不必要的压力。

3. 摆动

（1）运用球杆出杆摆动的速度来加强母球的速度；而非使用手臂的力量去增加撞击的力量。

（2）小臂自然下垂，轻提球杆，前后来回摆动，力求节奏平稳顺畅，速度尽量维持不变。

（3）回杆速度（出杆前最后一次抽回的动作）尽量缓慢，全神贯注，身体不动如山，一击而出，此为提高准确度的关键。

4. 出杆

（1）出杆时，不要使用肩膀和身体的力量，即使是轻柔的球，动作也应该果断、明确。

（2）出杆前全神贯注于架杆点与母球撞击点的精确位置，出杆时转移注意力集中于目标球。

（3）出杆前察觉试瞄不完整时，不可勉强出杆，应站起来重新调整基本姿势。

5. 延伸

（1）出击后，动作顺势而下，一气呵成，完成出杆动作。

（2）击球后，暂时保持原来姿势，不要立即站起来，务求达到完整节奏感及延伸的动作。

（3）球杆前截扬起或左右偏斜，以及身体各部分晃动，均会造成击球失误。

第四节　旱地冰壶运动

一、旱地冰壶运动概述

（一）旱地冰壶运动的起源和发展

冰壶运动，起源于14世纪中叶的苏格兰，由当时在贵族中盛行的冰上掷铁饼项目演变而来，冰壶运动集竞技性、娱乐性、健身性为一体，而且竞赛的氛围友好、和谐，兼具技巧与谋略的绅士运动，被誉为"冰上国际象棋"。而旱地冰壶则是冬季奥运会项目冰壶运动的普及版，其突破了冰雪场地的限制，只需场地平整光滑，室内外均可进行练习，且相对易于学习和掌握。与冰壶运动的比赛规则基本相同，旱地冰壶运动保留了冰壶运动的重要特质，是冰雪运动发展的创新项目，它为冰壶运动项目在我国的普及起了积极的作用。

（二）旱地冰壶运动的特点

1. 灵活多样，易于普及

旱地冰壶运动不受时间、季节、温度等条件的制约，室内外均可灵活开展；对参与者的体能要求不高、安全性强，可以让更多的人参与其中，真正体验到旱地冰壶运动的乐趣。

2. 简单易学，适用性强

旱地冰壶球保留了国际冰壶球的赛制，人们只要懂得基本的评分规则，掌握基本的发球姿势，就可以上手练习，强调在练习的过程中对技巧、规则与技能的掌握提升。

3. 提升思维，培育智力

旱地冰壶运动需要运用几何学、力学等知识原理，进行匡算和测量，优化线路，提高准确率。具体表现为对擦冰时机的把握与运行轨迹的分析与判断。

（三）旱地冰壶运动的核心素养

旱地冰壶运动，有助于参与者提升对身体力量的掌控和维持身体平衡等能力，有利于提高人体运动器官和前庭器官的机能，改善中枢神经系统对肌肉组织与内脏器官的调节功能。

旱地冰壶运动需要个人技术与团队战术密切配合，在击球方法、运行线路等方面，需要团队的协作、沟通、确定战术策略。由此，良好的团队合作是取胜的关键。这可帮助参与者深刻认识到协同合作的重要性，强化团队意识，实现个人与集体的价值目标的高度匹配，有利于增进感情和团队凝聚力，培育团队精神。

二、旱地冰壶运动基本技术

旱地冰壶的投掷环节，既体现了技术，也体现了战术，而投球是否准确又取决于投球的技术能力，一个技术含量高的投球配合主将的指挥及投球力度能够决定一局比赛的胜负。

（一）旱地冰壶的投掷目的

(1) 拉引击球（Draw）：将旱地冰壶掷在（得分区）营垒内。

(2) 防卫击球（Guard）：将旱地冰壶掷在拱线和得分区之间的自由防守区内，用来防御对手的投球进入营垒（大本营）。

（3）敲退击球（Freeze）：将旱地冰壶放在一个或多个已经存在营垒内的球前面。

（4）晋升击球（Promote）：将一颗在自由防守区内的旱地冰壶，以射球撞击进入营垒内。

（5）射击移位掷球（Hit and Roll）：一颗旱地冰壶被射球撞击之后，移除营垒内对方的旱地冰壶。

（二）旱地冰壶的投掷技巧

（1）运动员蹲下身子并做出成将身体坐在腿肚子上的姿势，伸直胳膊把冰壶石轻松地放在自己的前方。在身体放松的情况下，控制好身体平衡。

（2）在将冰壶石向前稍微移动的同时开始投石。在做投石动作之前，要先把躯干部分抬起。

（3）在抬起躯干的时候使胳膊保持伸直，肩膀保持垂直。其余只要掌握好冰壶石的握法与自我控制，并以正确的姿势投出冰壶石，便不会失误。

（4）靠伸直肩膀前后摇摆来调节投石距离。重要的是要控制好小横步，实际就是脚的转弯度。做投石运动时保持好重心也是非常重要的因素之一。把身体的重心移到右侧稍微弯曲的脚上，用左脚来控制并掌握身体平衡。

（5）投石运动员把冰壶石充分地提到自己的前方，右脚伸直至后方并将身体向前移动。使肩膀垂直于帮助调节平衡的刷子，这是非常重要的。在投出石的瞬间，前胸落到膝盖的内侧，冰壶石脱手而出，飞向目的地。

（6）投石结束后，使身体伸展到最低、最远的程度，到最后的一个动作完成为止，肩膀始终保持垂直，胳膊也要伸出去。为了不养成坏习惯，投出冰壶石后使身体保持最低的姿势，直到投石结束为止。

（三）旱地冰壶的运动规则

（1）每场比赛打 5 局，每局比赛共投 16 球。

（2）每场比赛两支球队，每队 8 名球员。每局每名球员可以投掷 1 次，1 局比赛 8 人，共投 16 球结束。

（3）比赛时，攻守双方轮流于赛场上，将冰壶球推入得分区（投手应在指定位置投壶区投壶，投壶时投手的脚不可超过底线。一旦违规，则视为无效球）。

（4）投掷队员力求将冰壶球滑向圆心，也可将对方冰壶球撞出或将本方冰壶球撞向圆心（进入大本营有效区的壶任何人不得触碰。壶在运动中任何人不得触碰，若投手方触碰壶，则视为无效球；若对方触碰，则由投手来决定是否重新掷球。）

（5）最后，双方队员掷完所有冰壶球，以场地上冰壶距离营垒圆心的远近决定胜负，每石 1 分，积分多者为胜。

思考题

1. 街舞运动有哪些特点？
2. 飞镖运动基本技术由哪几个运动组成？

第二十三章

户外拓展类运动

第一节 轮滑运动

一、轮滑运动概述

(一) 轮滑运动的起源和发展

轮滑运动是一项历史悠久的体育运动。它起源于欧洲，诞生于18世纪中期。一名荷兰的滑冰爱好者，当冬季的自然冰面融化时，为解决在其他季节可以继续滑冰的愿望，自己动手设计出将木线轴安装在皮鞋下面，在平滑的地面上也可以滑动的鞋，即最初的轮滑鞋。轮滑运动由此诞生。20世纪轮滑运动从西方传入我国，1980年我国正式成立了中国轮滑协会，同年9月国际轮滑联合会第36次例会通过决议，正式接纳中国轮滑协会为国际轮滑联合会51个会员之一。1982年5月，我国首次在上海举行了"金雀杯速度溜冰邀请赛"。1985年在中国杭州第一次承办了第3届亚洲轮滑锦标赛，标志着中国的轮滑运动正逐步与国际接轨。1987年1月，国家体委根据国际通用名称将中国俗称的"旱冰运动"正式命名为"轮滑运动"。1988年，中国轮滑协会技术委员会成立，进一步加强了我国轮滑运动的教学、训练、竞赛及科研工作。近年来，轮滑运动在我国发展得十分迅速，全国各地建立了许多轮滑俱乐部，从参加全国轮滑锦标赛队伍的数量、运动员数量上都可以看出轮滑运动的发展速度，这为进一步普及轮滑运动打下了坚实的基础。

(二) 轮滑运动的特点

1. 广泛的适用性

轮滑运动是一项有益于身心发展的休闲体育运动，大众化程度较高。我们可以看到许多学生穿着轮滑鞋在校园操场上进行有组织的活动，在公园、体育广场、江边等空旷区域也可看到进行轮滑运动的人们，无论是小孩还是大人都玩得不亦乐乎。轮滑运动极具趣味性，可强身健体，可放松心情、减轻压力，是一项适合全民参与的体育运动。

2. 器材的特殊性

轮滑运动是由滑冰运动（冲浪运动）延伸发展而来的，它是一种以带有轮子的鞋子（板面）为载体的滚轴类运动，是一种休闲娱乐性极强的体育运动。如今在高校开展的轮滑项目主要以轮滑鞋和滑板为载体。

3. 类型的多样性

轮滑具有不同的类型项目，体现出多样性运动技巧与玩法。如花样滑轮，源于花样滑冰，有着很强的艺术性和观赏性；自由式轮滑，也称为平地花式，包括花式绕桩和速度过桩，除此之外还有速降，主要在陡坡或山路上借由重力实现自由下落的滑行，具有很强的刺激性与挑战性；速度轮滑，分单排轮滑和双排轮滑，分短距离、长距离与超长距离，分场地赛、公路赛、马拉松赛、计时赛、淘汰赛等；极限轮滑，即特技轮滑，与极限滑板类似，以"U"型碗池为专业场地，动作技巧难度高，竞技性极强；等等。

（三）轮滑运动的核心素养

在轮滑运动过程中，膝盖和脚踝始终发力，各个关节特别是下肢各关节的协调性、灵活性增加，练习者的踝、膝、髋等关节的平衡稳定性增强，有助于增强腿部力量和身体的耐力性、协调性，提高人体肌肉系统运动时克服阻力的能力，长期的锻炼更能提高神经系统的控制能力。

轮滑运动具有冒险性，存在一定的难度动作技巧，需要具备坚持不懈的意志品质，勇于尝试、接受挑战的精神，对人的品格塑造和意志磨炼有着一定的促进作用。轮滑是极具魅力的运动项目之一，它可克服专门身体素质练习的单一、枯燥、易产生疲劳的缺点，营造出快乐体育运动的氛围，易于调动学生的参与意识，锤炼参与者的意志并逐步培养参与者的自信、自强及阳光开朗的性格。

二、轮滑运动基本技术

（一）轮滑的基本技术

1. 站立

先穿戴好适宜的轮滑鞋和护具，然后站起来，站好以后，可以试着让两臂从体侧平举至肩高，左脚跟顶住右脚内侧，成T字形站立。这是最基础的轮滑姿势，也是对胆量的第一个考验。

（1）丁字站立：两脚跟靠拢成丁字势站立，双膝微屈成150°左右，目视前方。

（2）平行站立：两脚左右分开，与肩齐宽，双脚自然踩正，双膝微屈，目视前方。

（3）压内刃站立：两脚自然分开，与肩齐宽，膝盖内扣，压内刃站立。

2. 平衡

两脚呈与肩同宽平行摆开，屈膝。将重心移到左腿上，注意鼻尖—膝盖—脚尖在一条直线上。最重要的是脚不能撇，一定要立正（轮不能倒）。然后换到右腿，如此往复练习。

3. 踏步

踏步包括原地踏步、侧踏步、踏步前行等动作。在踏步前行前，最好花几分钟时间热身，如可以做15次原地高抬腿、踏步及跺脚。然后双脚由T字变成外八字向前踏步，重心移至左腿，右腿稍抬起、放下；再把重心移至右腿，左腿稍抬起、放下。反复进行练习，逐渐加快速度。

4. 滑行

在练习一段时间的踏步前行后，可以开始学习滑行。滑行动作要领：左脚在前成弓步，右脚向侧蹬出，上身向前微倾斜，两臂平伸与肩同高，重心放在左脚上；然后右脚收回到左脚内侧，右脚向前滑出，左脚向后外侧蹬出，同时重心由左脚移动到右脚，收脚到右脚内侧。此外，弯道滑行也很重要。转弯的时候，注意重心下降，并落在一只脚上。

5. 停止

在滑行中，有时需要及时停止滑行，所以在初步掌握滑行基本动作的同时，就要学会停止滑行的方法。停止的方法分为正中切法、A字停刀、T字停刀、转弯急停。

（二）轮滑的基本技术种类

1. 速度轮滑

速度轮滑是最能体现轮滑运动竞技性的项目。它与速度滑冰的运动性质相近，但相对于速度滑冰，其在场地要求和气候条件要求等方面具有一定优势。速度轮滑的比赛分为场地赛和公路赛两大类，其正式比赛项目包括200米、300米、500米、1 000米、1 500米、2 000米、3 000米、5 000米、10 000米、15 000米、20 000米、30 000米、50 000米和42.195千米马拉松，比赛类型包括个人计时赛、团体计时赛、淘汰赛、群滑赛、耐力赛、定时赛、积分赛、接力赛、分段赛、追逐赛、淘汰积分赛等。

2. 花样轮滑

花样轮滑是最能体现轮滑运动艺术性和技巧性的项目。从运动性质上讲，它与花样滑冰相似，除使用的滑行器材和场地的区别外，从着装规定、技术要领到艺术表现力的要求几乎和花样滑冰完全一致。花样轮滑的正式比赛项目包括单人滑、双人滑、双人轮滑舞和精确集体舞等项目。

3. 轮滑球

轮滑球的最大特点是激烈的对抗性。轮滑球比赛是在由护栏围起来的长方形场地上进行的双排轮滑球，标准场地的大小为40米×20米，单排轮滑球标准场地的大小为60米×30米，每队上场5名运动员进行比赛，以进球多者为胜。

4. 极限轮滑

极限轮滑是轮滑运动中最为前卫、最富刺激性和观赏性的项目，也是脱胎于滑冰运动而更具独立特征的运动形式。这项运动的显著特点主要表现在参与者的服饰和场地上的道具器材方面。滑手一般穿着宽大的牛仔裤和有着奇异图案的宽大T恤，戴有另类象征意义的饰品如戒指、耳环等。极限轮滑的场地道具最具代表性的是"U"型台，或称"U"型池，其他还包括"金字塔"、滑杆等专项道具。滑手们在"U"型池内做出各种高难度的动作，充分展示自己的技巧和身体素质。极限轮滑运动的最大吸引力就在于其可以充分展示自我、张扬个性。

5. 自由式轮滑

自由式轮滑也称平地花式轮滑，是轮滑运动中的最新成员，它最能体现轮滑运动休闲性和趣味性的一面，其入门容易，场地和器材要求简单，它是目前轮滑运动各个单项中较适合在大众中普及和推广的运动。

第二节 滑板运动

一、滑板运动概述

(一) 滑板运动的起源和发展

滑板运动起源于20世纪50年代的美国沿海城市,由冲浪运动演变而来,经过不断的发展成为城市街头体育的重要内容,具有自由、个性、简约、兼容的运动文化特点。2016年8月,在里约召开的第129届IOC(国际奥林匹克委员会)会议上,正式把滑板运动列入2020东京奥运会的比赛项目。在此之前,滑板运动已经成为2018年雅加达亚运会的比赛项目,以验证在2020东京奥运会举办滑板比赛的可行性。滑板运动在"入奥"道路上的进展,标志着滑板运动的发展受到良好的认可度。

20世纪80年代末,滑板运动由北京体育大学引进。20世纪90年代,国际滑板比赛项目分为障碍跑、花样赛、自选动作比赛、速度对抗性比赛,其中障碍轮滑板陆地基本技术可分为滑行、刹车、急停、跳跃、侧板、滚板、绕脚滑板运动。在我国以商场的街头为主,显示了滑板运动的街头形象,成为城市年轻人以板会友和展现城市文化的天然舞台。群众性质的交流赛由业余滑板爱好者自行组织,长春、沈阳、大连、西安、成都、武汉等地的滑板爱好者依托于室内滑板馆举办定期或不定期的交流赛或嘉年华活动。2018年世界滑板日,国内有39个城市的53家滑板店参加了庆祝活动,参与的滑板爱好者超过2万人。除此类有组织的滑板运动之外,还有众多非组织的业余爱好者,夜幕降临,经常有滑板爱好者在城市的公园和广场自行练习,抑或踩着滑板飞驰而过,这些人的数量之多难以统计,滑板运动在我国具有广泛的群众基础。

(二) 滑板运动的特点

1. 运动的时尚性

滑板运动"帅""酷""炫"的运动形象,给人留下年轻、时尚、健康的印象,形成了一种时尚的符号文化,吸引着诸多青少年练习与追捧。

2. 内容的多样性

滑板运动在其自身发展过程中延伸出了不同规格的板面和不同种类的玩法,以满足爱好者们多样化、功能化的需求,包括双翘滑板、小鱼板、长板等大小、长短、宽窄各异的板面,以及速降、平花、"U"形池、舞蹈等多种玩法。

(三) 滑板运动的核心素养

滑板运动时反复进行的跳跃、转体、转弯及翻腾等的动作技术,持续不断地刺激本体感受器及中枢神经系统,促进本体感受器、前庭敏感性及中枢神经的综合分析和处理功能不断增强,强化肌肉、骨骼系统来控制身体活动以维持姿势的稳定,进而提高神经对肌肉的精确控制能力。

滑板运动的技术动作需要较强的身体素质作为基础,参与者必须通过反复的锻炼,在"摔倒"中站起来,在反复练习中逐步掌握动作要领,逐渐培养青少年勇敢顽强的性格、超越自我的品格、坚韧不拔的品质和坚持不懈的意志;滑板运动不拘泥于固定的运动模式,需要参与者自由发挥想象力和灵感,在运动过程中创造运动样式,展示自己,凸显个性,调整身心,帮助参与者形成良好的创新精神。滑板运动蕴含平等、互助、团结、公平的运动精神理念,在日常练习过程中,个人通过动作展示,相互交流,拓展人际交往范围,提高社会适应能力,养成良好的规则意识和公平竞赛行为。

二、滑板运动基本技术

(一) 滑行类技术

滑行类可分为四轮着地滑行、前两轮着地滑行和后两轮着地滑行。滑手站立在滑板上四轮滑行时的脚位可分为左脚在前右脚在后(Regular)和右脚在前左脚在后(Goofy)两种站姿,再根据正反脚位和滑行方向可分为正脚正滑、正脚倒滑、反脚正滑和反脚倒滑四种。

(二) 跳跃类技术

跳跃类(Ollie)是指滑手站立在滑板上滑行时向上跳起,利用滑板板面的韧性和人体自身的弹跳力,以使人与滑板同时离开地面并越过障碍物的技术。

(三) 跐类技术

跐类技术是指滑手使用滑板上的任一部分与障碍物产生动摩擦,包括跐桥(Grind)和跐板(Slide)两种,它们的区别在于跐桥利用滑板背面连接滑轮的前后桥部分在障碍物上摩擦,而跐板是利用滑板背面无砂纸覆盖的光滑部分在障碍物上摩擦。

(四) 旋转类技术

旋转类技术包括人板旋转和板旋转两种,两种旋转技术根据板的旋转方向分为外转和内转。以 Regular 站姿为例,板头顺时针旋转时为外转,逆时针旋转时为内转,Goofy 站姿相反。由于在使用旋转技术时,滑板围绕 Y 轴运动,运动时半径较长,所以旋转类技术旋转角度通常为 $90°$ 的倍数,这样既可以保证旋转类技术的正常实施,又可以保证结束后滑板和滑手沿着原来的运动方向移动。

(五) 翻转类技术

翻转类技术与旋转类技术有所不同,以板面中心点 O 建立三维立体坐标系,围绕 Y 轴旋转,称之为旋转技术,围绕 X 轴旋转,称之为翻转技术。翻转技术分为尖翻和跟翻,尖翻和跟翻的区别在于足部发力点和板面旋转方向的不同,尖翻顾名思义是使用脚前掌"点板",而跟翻是运用脚后跟"踢板"。在板面的旋转方向上,以 Regular 站姿为例,尖翻时板面向滑手身体一侧翻转,跟翻时板面向外翻转。翻转类技术的翻转角度多为 $360°$ 的倍数,这是由于滑板器械的重心偏向于滑板底部中心,每次落地时均以四个滑轮着地。

第三节　微马运动

一、微马运动概述

(一) 微马运动的起源和发展

微马,即微型马拉松赛事,长度大约是 5 千米。近年来随着"全民健身日"的提出及《关于加快发展体育产业 促进体育消费的若干意见》(国发〔2014〕46号)、《"健康中国2030"规划纲要》等政策的颁布,大众参与健身的热情和积极性普遍提高,城市马拉松作为一项吸引广大群众参与的全民健身运动,正以"星火燎原"之势席卷整个中国。《2018中国马拉松大数据分析报告》显示,2015年以来,马拉松及相关赛事保持持续快速增长。城市马拉松赛事如火如荼地开展,并逐渐走进校园。

(二)微马运动的特点

微马运动,集经济性、参与门槛低、不受场地限制、健身效果明显、易于普及、竞技性、休闲性、大众性等特点,并借助商业化运作,融合互联网发展,成为一种时尚运动,吸引人们积极参与,具有较好的群众基础。

(三)微马运动的核心素养

1. 运动与健体

校园微马赛距大部分为3~10千米,属于有氧代谢的体能类主导运动。有科学研究表明,中长跑运动有利于提高心血管系统及呼吸系统的功能,改善机体能源物质的存储状况,提高机体的物质代谢功能,提高运动器官的运动功能及心理耐受力,增强上下肌群的耐受力,提高各关节的强度,增强骨骼强度,增加骨骼密度。

2. 品德与行为

参与者参加微马运动,需要克服长时间的肌肉耐力负荷,可有效地改善其心理素质和心理状态,在不断超越自我、永不放弃的基础上又融入了愉悦身心、放松神经、张扬个性、回归自然、培养情趣等价值元素,有效地锻炼心理素质,树立自信心,锤炼意志品质。

二、微马运动基本技术

在跑时,上体微向前倾或保持正直。后蹬的力量较小,大腿向前上方的摆动比较低。从外形上看,蹬地后小腿向上摆的动作比长跑小些。脚的落地点离身体重心投影点较近,并且用全脚掌或脚的外侧先着地,再过渡到全脚掌着地,着地时应柔和而有弹性,腿应很好地弯曲、缓冲。两臂的摆动要自然,幅度不要过大。

在加速跑、终点冲刺和上坡跑时,两臂配合两腿做积极的摆动,有利于跑速的提高。步长与步子的频率应结合运动员的训练水平、身高、体重而确定,并根据途中地形的不同而进行调整,以保证用比较均匀的速度跑完全程。呼吸节奏要和跑速相适应,呼气要有适宜的深度。

沿斜坡向上跑时,身体应前倾些,步长可缩短,步频应加快,两臂要积极摆动,用前脚掌落地。顺斜坡往下跑时,步长可稍大些,可用全脚掌或脚跟着地(坡度较陡时),上体稍后仰,要控制跑速(保持适宜的步长与步频)。

在公路上跑时,应该跑路面的平坦处(一般在路面的中央)。马拉松跑的动作要协调、省力,跑速要均匀,要善于在地形起伏的公路上改变跑的动作。

微马运动跑时必须注意技术和节省体力,动作的节奏要合适,肌肉在不活动时要充分放松,以便休息。因此,在平时训练中,运动员要反复地体会动作,掌握合理的跑的技术,以求不断地提高运动能力。

第四节 定向越野运动

一、定向越野运动概述

（一）定向越野运动的起源和发展

定向越野，是利用标有地形、地貌，按照一定比例绘制成的地图和一个指北针，自由选择路线按顺序找到地图上所表示的各个检查点，以找到所有检查点用时较短者或者在规定时间找到检查点分数较多者为胜的体育运动。第一次定向越野比赛于1895年在当时的瑞典、挪威联合王国的一处军营中举行，从此以后，这项运动在北欧蓬勃发展，到1940年时，仅瑞典就有38万人参加此项运动。之后，定向越野运动以军事训练手段的方式流传到英、法、德、美、加拿大、澳大利亚等国家。定向越野运动最早传到中国香港地区，1983年在广州白云山开展了由解放军体育学院主办的定向越野比赛，它为定向越野运动在中国的发展奠定了基础。

（二）定向越野运动的特点

1. 广泛的群众性

由于定向越野比赛可根据不同性别、年龄编组，加之赛程可近可远，场地可难可易，因此，比赛靠体力与智力结合而决胜。

2. 趣味性、娱乐性和社交性

参赛时，选手要根据大会在图上标明的运动方向，对地图与实地进行对照，选择运动路线，寻找各检查站，这比单纯的步行或赛跑更能提高参赛者的兴趣，加之比赛是在野外进行的，整个运动具有旅游特点。比赛后，选手彼此之间交换整个赛程的路线选择、方向判断等经验，能拉近选手间的关系，尤其在国际赛事中，更能拓展良好的民间外交，建立私人间的国际友谊。

3. 激烈的竞争性

定向越野比赛不仅是体力方面的竞争，而且是智力和技巧方面的竞争，奔跑的速度靠体力，奔跑方向、路线选择得正确与否要靠认图和用指北针的技巧，故该项运动是体力与智力并存的运动。

（二）定向越野运动的核心素养

定向越野，需要参与者在运动过程中克服各种地表阻力，如斜坡、沟渠、障碍物等地形变化，有助于增强下肢力量，以及脚踝部位的灵活应变能力；同时，提高有氧耐力，改善心肺系统及呼吸系统的功能。

定向越野运动，在未知的山区、丘陵、森林等地进行，期间要跨越沟壑、穿越丛林等崎岖不平的路面，有时候能见度还比较低，需要参与者具有勇气、胆量，敢于迎难而上、不畏险阻、勇于拼搏、独立思考，果断解决困难。参与该项运动，还有利于培养参与者的竞争意识、协作意识，同时能启发智力，促进参与者具备良好的心理品质与行为。

二、定向越野运动基本技术

（一）识图

定向运动的识图训练通常在学习地形图后开展。参与者通过识图训练，可提高快速读图的能力和利用地图判定地形的能力。定向识图训练有以下几种方法。

1. 对定向运动图地物、地貌的识别

针对定向运动地图的特点，在图上开展作业。要求参与者掌握定向运动图的地图符号规律和特点，既要学会判定地貌的起伏、高差、坡度和简单的通视度等，又要牢记定向运动图上的特殊符号。对定向运动图地物、地貌识别训练可按如下步骤开展：

（1）通过阅读定向图，牢记地图符号。

（2）实施图上作业，在标有路线的图上让运动员独立完成越野路线，估算每段路线的实际距离与各点间的大致方位角等。

（3）开展记图训练，让参与者先看几分钟地图，然后凭记忆描述越野路线的大致地形，特别要描述出越野路线的距离和具有明显特征的地物。

2. 检查点说明符号的识别

对于国际定联规定的检查点说明符号，一定要记住，这样才能在野外寻找目标点时运用自如。

（1）浏览全部检查点说明符号，从同类符号中寻找规律，以帮助记忆。

（2）抽测参与者掌握的情况，特别是对相似的符号，一定要区分其含义。

（3）多做说明符号的解释练习，经常将以往比赛或训练中的检查点说明表发给练习者，让他们独立完成解释练习。

（二）用图

用图是在野外进展的一种技能。根据内容可分为运动中的方向（或标定地图）训练、运动中站立点和目标点的确定与图地对照等。

1. 运动中的方向训练

（1）利用指北针，在较简单的地形上，开展按方位角行进练习，以提高参与者的方向感和距离感。

（2）利用地图在不能以直线越野进行两点间的练习，在绕行过程中，检查参与者的方向感和距离掌握情况。

2. 运动中站立点和目标点的确定与图地对照

确定站立点和目标点是定向运动的关键技能，确定站立点和目标点与图地对照是结合在一起进行的，要相互配合开展训练。

三、定向越野的基本练习方法

1. 拇指辅行法

（1）明确自己的战立点、比赛路线、到达的目标。

（2）转动地图，使地图与实际方向一致。

（3）以左手拇指压在当前站立点上（可以适当往后一些）。

（4）行进中要根据自己所到达的位置，不断移动拇指，转动地图（即不断地自动标定地图），保持位置、方向的连贯性和准确性。做到"人在地上跑，指在图上移"。

2. 记忆法

（1）按运动的顺序，分段地记住前进路线的方向、距离、经过的地形点、两侧的特征物等内容。

（2）通过记忆，要具备这样一种能力：实地的情景能够不断地与记忆的内容叠影、印证，即"人在地上跑，心在图上移"。

3. 借线法

当单检查点位于线状地形或其附近时，可以采用此法。行进时，要先明确站立点，之后利用易于辨认的线状地形，如道路、围栏、输电线、山背线、坡度变换线等作为行进的引导。这种方法又称为"扶手法"。

4. 偏向瞄准法

这是由借线法延伸发展出来的一种技术，采用时需借助指北针精确定向。当检查点位于线状地物上或其附近时，我们所处的位置因与其遥遥相对而不是顺延，此时如果我们瞄准它直接前往，途中因各种因素造成的偏移会让我们在到达该线状地物后，无法确定检查点的方向，即向左还是向右。因此，我们一开始就需要有意识地将目标方向往左或者往右偏移一定的角度，这样在到达该线状地物后我们可以明确检查点的方向，直接纠正偏移带来的误差。

5. 借点法

当检查点近旁有高大或者明显的地形点时，可用这种方法。行进前，需要先辨认清楚该地形点，然后用最快的速度前往检查点。

6. 水平位移法

水平位移法实际上就是沿着等高线前进。

（1）站立点或者辅助点与检查点在同一高度上。

（2）站立点或者辅助点与检查点之间可通行或者没有不利于奔跑的障碍物。

7. 导线法

当站立点距离检查点较远，途中地形又很复杂时，可以采用这种方法。行进过程中，要多次利用各个明显地形点，确保前进方向与路线的正确性。但需要注意不要将相似的地形点用错。

思考题

1. 轮滑运动分为几类？
2. 定向越野运动基本技术有哪些？